弦誦悠長

南平书院古今

林文志 主编

南平市文化和旅游局
南平市朱子文化研究會 编

海峡出版发行集团
福建教育出版社

图书在版编目（CIP）数据

弦诵悠长：南平书院古今/南平市文化和旅游局，南平市朱子文化研究会编；林文志主编． —福州：福建教育出版社，2024.10． —ISBN 978-7-5758-0147-8

Ⅰ．G649.299.573

中国国家版本馆 CIP 数据核字第 2024WF0996 号

Xiansong Youchang

弦诵悠长
——南平书院古今
南平市文化和旅游局　南平市朱子文化研究会　编
林文志　主编

出版发行	福建教育出版社
	（福州市梦山路 27 号　邮编：350025　网址：www.fep.com.cn
	编辑部电话：0591-83763503
	发行部电话：0591-83721876　87115073　010-62024258）
出 版 人	江金辉
印　　刷	福建建本文化产业股份有限公司
	（福州市仓山区红江路 6 号浦上工业园 C 区 17 号楼三层）
开　　本	710 毫米×1000 毫米　1/16
印　　张	21
字　　数	270 千字
版　　次	2024 年 10 月第 1 版　2024 年 10 月第 1 次印刷
书　　号	ISBN 978-7-5758-0147-8
定　　价	88.00 元

如发现本书印装质量问题，请向本社出版科（电话：0591-83726019）调换。

《弦诵悠长——南平书院古今》编委会

顾　问：袁超洪　林　建
主　任：林　斌　张建光
副主任：李　琦　兰林和　林　湫　方彦寿
委　员：詹　勇　王文谦　刘东海　朱胜勇　郑金龙
　　　　丁文新　吴礼清　朱玉章

主　编：林文志
副主编：王松雄　江礼良　詹文华
编　辑：兰林凯　叶　添　张荣丽　张　浩
统　筹：朱长贵　林光辉　陈庆春　朱建才　左　俊　柯仙炉

习近平总书记考察过的书院（代序一）

◎ 朱 清

> 朱清，中国朱子学会顾问；福建省闽学研究会特约研究员，省图书馆正谊书院特聘研究员；厦门大学国学研究院客座教授。福建省委省直机关工委原常务副书记，省委宣传部原副部长。长期研究朱子理学和书院文化，文章多发表于《中国社会科学报》《学习时报》《学术评论》《闽学研究》等国家级和省级主流媒体、学术期刊。

中国历史上，书院作为一种特有的教育组织，为培育华夏经世安邦人才和传承、传播中华优秀传统文化发挥了不可替代的作用。21世纪，在中国共产党领导中华民族走向伟大复兴的新征程中，以习近平同志为核心的党中央对传承弘扬中华优秀传统文化作出全面部署。书院复兴无疑是实施这一重要战略的题中之义。

筼筜书院——在"世界文明美美与共"中展示中华优秀传统文化

有教无类，海纳百川。习近平总书记以其构建人类命运共同体的世界眼光和开阔胸襟，为书院复兴聚势赋能。

2017年9月3日至5日，金砖国家领导人第九次会晤在福建厦门举行。鹭岛明珠，格外璀璨，厦门成为中国运筹国际关系的重要舞台。9月3日晚，细雨中的筼筜书院，清幽古朴，习近平主席同俄罗斯总统普京在这里进行会晤。这也是此次峰会的首场会晤。

绿树掩映、竹林环抱中的筼筜书院，古代书院格局，闽南建筑风貌。其建于2009年7月，坐落在厦门市中心白鹭洲公园的筼筜湖畔。古诗云："最爱月斜潮落后，满江渔火列筼筜"。"筼筜渔火"是古厦门八大景之一。特区初创时期，习近平同志从冀中平原来厦门工作。他负责制定《1985—2000年厦门经济社会发展战略》，把"保护和传承历史文脉"作为重大命题，他主抓"综合治理筼筜湖"，清淤、活水、绿化、美化和提升文化。30年来，"筼筜胜景"日日新，水清岸绿花艳，白鹭结群旋翔。根据特区发展战略，在市委、市政府的支持下，由国有企业厦门白鹭洲建设开发有限公司投资，汇聚厦门大学等高校资源，在此地创办书院，竖起融通古今文化的新地标。

"旧学商量，新知培养。"筼筜书院注重中华优秀传统文化的古为今用以及中外文明对话。其围绕"国学"开展授课、会讲、培训、游学等活动，以公益性为主，丰富多样、长年不断，吸引着国内外学者纷至沓来讲学论道。美国亚利桑那州立大学汉学家田浩教授在这里感言："我喜欢了解中国古人的思想和他们的思考方式"，称"现在的厦门已变成一座现代化的城市"。筼筜书院还带动厦门城乡兴起创办"社区书院"热潮，弘扬传统美德，普及书香街居，深受广大市民欢迎。

作为金砖峰会首场会晤的重要内容之一，中俄两国元首共同参观在筼筜书院内展出的福建非物质文化遗产，并共赏中俄文艺表演。习近平主席向普京总统介绍闽南文化历史渊源和展品的特色，"这些工艺师现在做的事情就跟绣花一样"，讲述生动，如数家珍。普京总统对传承数百年的中国传统艺术给予高度赞扬。9月4日，与会各国元首夫人也一同来到箜篌书院茶叙和观摩茶艺，她们对中华文化的精彩纷呈赞叹不已，冀盼进一步拓展中外文化交流。

"箜篌会晤"，书院生辉。箜篌书院登上重大主场外交活动的绚丽舞台，倾注着习近平总书记对世界文明美美与共的殷切期许。

岳麓书院——"在世界文化激荡中站稳脚跟的根基"

"只有民族的才是世界的，只有引领时代才能走向世界。"博大精深的中华优秀传统文化是中华民族的根和魂，"是我们在世界文化激荡中站稳脚跟的根基"。书院，是这个"根和魂"的重要载体，是这一根基的重要基石。

2020年9月，习近平总书记考察湖南，专程来到岳麓书院。岳麓书院，亭台楼阁相济，"纳于大麓，藏之名山"。其诞生于北宋开宝九年（976），名列中国古代四大书院。南宋时期，此处孕育的湖湘学派，成为"理学南传之后最先成熟起来的一个理学学派"；大儒朱熹与张栻在此论辩"中庸""太极"，首开书院"会讲"之先河。

"道林三百众，书院一千徒"，嘉惠学林，枝繁叶茂。培育人才，是书院的根本任务。"会讲"期间，朱熹题书"忠孝廉节"，主教张栻立此"院训"，他们主张"立德树人"，即培养护国济民、遵行伦常、清白做人和不昧良知有气节的仁人志士。此是中国学府立训的开端，是为那个时代的救国图存而立。之后，朱熹为白鹿洞书院制定学规，进而强调"以德为先"和"知行统一"，要求为学首先掌握"明德至善"的做人规矩，遂以博学而付诸笃行。宋元明清，历朝历代，传统书院固持儒学正道，为"修身齐家治国平天下"提供了坚实的精神动力和人才支撑。

岳麓书院始终恪守传道济民、经世致用的教育思想和爱国务实、天下为公的价值取向，培养了数不胜数的治国栋梁、民族精英。仅在近代，就先后涌现出经世改革派陶澍、魏源、贺长龄，洋务运动先驱曾国藩、左宗棠、郭嵩焘，维新变法之士谭嗣同、唐才常、熊希龄，教育大家杨昌济、范源濂，早期共产主义者毛泽东、何叔衡、蔡和森、邓中夏、李达等。他们的生活背景不同，但都坚持"为天地立心，为生民立命，为往圣继绝学，为万世开太平"，功载千秋，彪炳史册。

岳麓书院育人千年，弦歌不绝。习近平总书记在2013年考察湖南时指出："作为湖南大学前身的岳麓书院在历史上培养了一代又一代经世济民之才。"历经世事变迁，岳麓书院并入湖南大学，依然保持院落构筑，内有文庙、专祠、讲堂、斋舍、藏书楼及各式园林景致，多为"国保"遗物；设历史系、哲学系、考古文博学系和中国哲学研究所、历史研究所、书院研究中心、国学研究与传播中心及中国书院博物馆等10多个实体教研、展览机构，有专任教师近百名，其中一批专家享誉海内外，教研成果丰硕，学术影响甚大。岳麓书院，是中国规模最大、保护最好的传统书院建筑群，也是中国书院文化交流的重要平台和传播中华优秀传统文化的重要基地。

岳麓书院的讲堂里，悬挂着"实事求是"匾额。此句出自东汉史学家班固所著《汉书》："修学好古、实事求是"，宣扬传承文化、求索真知。1917年，湖南公立工业专门学校迁入岳麓书院，孙中山的革命挚友宾步程为时任校长，手书该匾，引为校训，教导学生崇尚科学、追求真理，面对现实、实业救国。该校并入湖南大学后，校训沿用，一直不变。望着高悬的"实事求是"匾额，习近平总书记从这块匾额讲到最早文献来源，从毛泽东与"实事求是"的渊源讲到党的思想路线的脉络与发展，并提出"岳麓书院是党的实事求是思想路线的一个策源地"的重要命题。"毛泽东同志曾经寓居岳麓书院，我相信他的实事求是思想就是来源于岳麓书院。"习近平总书记强调，学习马克思主义要与中华优秀传统文化结合起来。马克思主义只有中国化，才能在中国大地上闪耀真理光芒。马克思主义中国化的过程，也是马克思主义与中华民族五千多年灿烂文明相结合的过程。我们要真正理解和掌握马克思主义，就不能脱离中华民族五千多年的文明史，不能脱离中华优秀传统文化，不能片面而孤立地学习马克思主义。习近平总书记用"伏特加"和"二锅头"的形象比喻阐明马克思主义中国化的重要性，阐明走中国特色社会主义道路必须深深扎根在中华优秀传统文化沃土中。

书院复兴也是文明探源，要用好历史文化资源，联系党和人民的奋斗历程，真正领悟马克思主义中国化的来龙去脉，真正弄清党为何赢得人民拥戴成为领导中国的坚强核心，真正懂得中国特色社会主义道路是人民的选择、历史的选择，自觉坚定"四个自信"。

武夷精舍——在思想理论的创新中再现中华文明"集大成"

武夷山麓，理学之都。位于隐屏峰下九曲溪畔的武夷精舍，是宋代思想家、教育家朱熹于淳熙十年（1183）亲自创建的书院。他在这所书院里授徒、讲学、著述达8年之久，完成了《四书章句集注》的修订，实现了儒学更新和理学集大成。世人缅怀朱熹对中华文明的重大贡献，尊称其"朱子"；武夷精舍经历代修葺扩建，辟为瞻仰地。改革开放以后，此地列入国家级风景名胜区，在武夷精舍大门前方竖牌坊、立朱子雕像，并增设绿地广场等公园设施，总称"朱熹园"。

仲春武夷，艳阳高照。2021年3月22日，习近平总书记考察福建，专程来到武夷山朱熹园，详细了解朱熹生平和理学研究情况。习近平总书记在武夷精舍内参观朱子文化遗存并发表讲话。

中华五千年文明从未中断，这离不开儒家思想的创立和创新，也离不开书院文化的厥功至伟。朱熹订立书院学规和学训，推行书院与理学一体化，也成就了书院文化的集大成。其一生创办、修复、过化的书院有60多所，"其主要学术研究和代表作均是在他自己设立的书院中完成的"。传诵华夏千家万户的《朱子家训》，亦为朱熹在武夷精舍时期所撰。

朱子理学从先儒的"五经"中汲取优秀养分，以哲学思辨的方式提炼和注释"四书"，揭示了万物生长规律，规范了社会道德伦理，重振了中华精气神，旨在解决时弊而"有补于治道"，促进国家的安宁和天下太平。其之于宇宙观，阐发"天人合一""理一分殊"等普遍原理；之于日用，完善"仁义礼智信"等行为准则。

历史学家蔡尚思作诗曰："中国古文化，泰山与武夷。"其以"泰山"喻孔丘，以"武夷"喻朱熹。同是历史学家的钱穆则称"前古有孔子，近古有朱子"，"恐无第三人可与伦比"，赞扬此二位"圣人"是中国古代最具代表性的文明缔造者。习近平总书记真切地说："我到山东考察时专门去看了孔府孔庙，到武夷山也专门来看一看朱熹园。"朱熹园里，有一面"民本思想"墙让人思接古今，800多年前，朱熹从天理的高度论述"国以民为本，社稷亦为民而立""平易近民，为政之本"……这些古语穿越时空、历久弥新。习近平总书记在此驻足良久，深刻地指出："朱子民本思想与中国共产党'以人民为中心'有很多一致的地方，要从这些优秀的传统文化中汲取营养，增加自信。"书院复兴，重在挖掘精华，贵在转化创新。纵观书院史，能够感触到中华民族长久以来对美好生活的向往、追求、创造及其先哲先贤和仁人志士们为之所建树的不朽功业；也可以感触到中国共产党作为中华优秀传统文化忠实传承者和弘扬者所承接的伟大使命。

2014年1月，习近平总书记在十八届中央纪委三次全会的讲话中引用朱熹知漳时为白云岩书院题写的"地位清高，日月每从肩上过；门庭开豁，江山常在掌中看"这副门联，要求党员干部开阔心胸，勇于担当，造福国家和人民。

书院深深（代序二）

◎ 张建光

张建光，中国作家协会会员，中国朱子学会顾问，福建省文史研究馆馆员，第四届南平市政协主席，南平市朱子文化研究会名誉会长。出版《朱子的诗和远方》等7部散文集，多篇作品获国家级、省级一等奖；在《光明日报》《人民文学》《十月》等报刊上发表《朱子理学的摇篮》《印象朱熹》《走进朱熹》《寻觅半亩方塘》《为朱子画像》等文章。

徜徉九曲溪畔隐屏峰下，环顾新落成的"武夷精舍"，朱子难掩喜悦，一气作"精舍杂咏十二首"。开篇曰：

> 琴书四十年，几作山中客。一日茅栋成，居然我泉石。

武夷精舍在山中构仁智堂，左建隐求斋，右搭止宿寮。另辟竹坞，累石为门，坞内兴观善斋，门面筑寒栖馆。山巅立晚对亭，临溪站铁笛亭，前山口拉起柴扉，挂上书院的匾额，至于饮茶的"茶灶"，就以溪中的一块巨石充当，上无片瓦半木……简陋如此却称"精舍"，原因在于朱子匠心独运，带领学子"勤工俭学"营建外，那就是书院所处的位置和"精舍"的象征意义：武夷山水人文精华尽在九曲溪，九曲又以五曲为胜，书院便坐落于此；人住的地方是宿舍，灵魂所寓当为"精舍"。

朱子吟武夷精舍的诗得到热烈的反应。清董天工在《武夷山志》列举了52人之"和"诗。其中不乏大家，如陆游、袁枢、杨荣、陆廷灿、萨天锡等。诗歌也给朱子带来了麻烦，政敌们抓住"居然我泉石"之句，攻击他有独占武夷山之意。朱子"昨关自思量，许多纷纷，都从十二咏首篇中一'我'字生出……此字真是百病之根，若斫不倒，触处作灾怪也！"他后悔遣词造句的随意，却不悔不改兴办书院的初衷。

朱子拥有浓厚的书院情结。与他有关的书院可考者有67所，成千上万名学生为其亲炙，据陈荣捷教授考证的正式注册有名有姓的就有488人。翻阅花名册，竟有二代、三代同时就学于其门下者。可以这样说，中国教育史上，与书院关联之多、用心之深、规范之全、效益之好，无人能出朱子之右。书院与一般的官学和私学有何不同？我给省文史馆提交过一篇论文，以武夷精舍为例，以新理念、新学校、新教材和新方法阐述书院的特点。

新理念。"大学之道，在明明德，在亲民，在止于至善。"朱子认为"大学"乃"大人之学"；"明明德"指的是令人自身所具的美德显明；而"亲民"则为"新民"之义；那"至善"则指事物之道理和道德的极点状态。这是儒家的"三纲领"，所说的是显明自身光明美德，由此推及他人，令其自我革新，以抵至善至美的境界。用现代人的语言说，就是通过道德教育，培养一代代社会有用之才。朱子从本体论"理"的高度论述教育：性即理。人与物因其理各得其性，气以成形。现实中的人性总是天命之性与气质之性的统一。前者浑厚至善，完美无缺，是人之所以为人的普通本质；后者是天理人欲的综合体，善恶皆有，是人的特殊本质。一旦性为人欲蒙蔽，人性就成了人恶。但"人性可复"，一旦"去其气质之偏、物欲之蔽，以复其性，以尽其伦"，人就可以为善、为贤、为圣。"学者须是革尽人欲,复尽天理,方始是学。"教育的大本和全部价值就在这里。基于此,书院强调教化,追求德行的圆满,人格的完善,心灵的高尚。钱穆先生说:"中国古代不言教育,而常言教化……孔门四科首德行,德本于性,则人而通天,由人文而重归自然。此乃中国文化教育一项重大目标所在。"张崑将、张溪南先生在《台湾书院的传统与现代》书中,对书院的性质也如此概括:"既是立志于圣贤的人格养成之地,也是孕育治国平天下栋梁之材的场所,更是传承优良文化的堡垒。"一句话,书院德育为先,"圣贤所以教人,为学之大端"。也基于此,在朱子眼中,书院不当以科举考试为教育目的。虽然朱子本人是从科考中脱颖而出的,虽然朱子的弟子不乏金榜题名者,虽然他日后的著作成为开科取士之教材,但朱子对科考的弊端看得很清楚:"科举之学误人知见、坏人心术,其技愈精,其害愈甚"。他多次向朝廷建议改革科举,提出由朝廷和地方联合选拔人才。朱子所从事的书院教育本身就是对科举制度的批判和修正。

新学校。"道迷前圣院,朋误远方来。"考亭书院这副对联还有个故事。此联前身为门人赵蕃为"竹林精舍"所题:"教存君子乐,朋自远方来。"朱子觉得不妥,自谦地作了调整。朱子认为,自己的道统还不完整明晰,恐怕会耽误前来的学者朋友。现在复建的"沧洲精舍"就是原来的"竹林精舍",也是朱子去世44年后,宋理宗御书的"考亭书院"。大门两边的对联"佩韦遵考训,晦木谨师传"也是朱子原题。意指遵守父亲的遗训,佩韦改正自己急躁的性格;不忘恩师的教导,做一个道德内蓄的君子。有人说前联是"国联",后联是"家联",当以前联为重。我倒认为两联俱是朱子为考亭书院而撰,孰重孰轻、悬挂何处皆无碍无妨。两联所述之义,倒是很好地说明书院的性质。中国书院始于唐初,盛于宋朝,而朱子对书院制度贡献是开创性的、全面的。岳麓书院"忠孝廉节"的道德要求;《白鹿洞书院揭示》的教规等就是很好的例证。我国台湾学者黄俊杰教授指出，中国的书院乃至同期的东亚书院学规，"深深浸润在朱子学的价值理念共同体之中。这一点与清代台湾书院的碑记，显示出强烈的朱子学取向……共同反映朱子的书院教育。"对于东亚地区传统教育所发挥的典范作用，朱子之书院主张大体可用"传道济民"来概括，即赓续道统、培养经世致用的人才。朱子是哲学意义"道统"的确立者。他以"危微精一"即儒家十六字"心传"，阐述理想的"道统"，且将传承排列成一个谱系：上古圣神，继之尧、舜、禹、成汤、文武；然后孔子、颜子、曾子、子思、孟子；然后周子、"二程"承接千年不传之绪。从中可以看出，儒家道统传承自孔子之后，其重心已自觉地由君道转移为师道，"教育"成了传承的核心和重要载体。书院的种种功能都是围绕传道而展开的。这是书院教育的重要功能，也是中华文明五千年不中断的原因所在。书院能够坚持思想学术的独立，很大程度上得益于办学机制。虽然有些书院得到官府的支持和褒奖，但大多数都是民间设立，其创建和运转主要依靠自身。本来武夷精舍的营建，作为时任福建安抚使的赵汝愚及志同道合者都表示要倾力相助，可朱子坚定谢绝。所以他的书院经费更为窘迫，甚至要以私人名义向建宁知府韩元吉告贷。有位颇有身份的学生胡纮前来书院问学，原以为会得到丰盛的接待，谁知道竟和师生共同"享受""脱粟饭""姜汁茄"，以致积怨甚深。"庆元党禁"时，已为太常少卿的他，落井下石，捏造了许多莫须有的事加害朱子。

新教材。"《大学》《中庸》《语》《孟》四书，道理粲然……何理不可究！何事不可为！"事实上，朱子很多著述大抵因为讲学需要而作。他编的教材是成系统和配套的。既考虑到受教育者年龄大小、身份不同，又考虑到不同学子禀赋差异，也注意到教材之间的平衡与衔接，还兼顾了儒家的经典与新近学术成果的关联。西方学者狄百瑞将朱子的教材分为十一项，从针对懵懂少年到皇帝达官，应有尽有。其中最为朱子看重的当然是《四书章句集注》。中国古代教育经典原来是"六经",汉以后失去了"乐"而为"五经"。随着时代发展,原来的经典对社会发展的指导性、与释老抗衡的针对性、对学子学习的渐进性都存在明显的缺陷。朱子与时俱进地以"四书"代替"五经"。《大学》《中庸》原是《礼记》中的两篇,而《论语》在汉代仅为小学所必修;《孟子》在此之前不具有经的地位。朱子让中国古文化主题更为鲜明,体系也更为系统,也让士子学习儒学能更好地循序渐进。并且朱子明确了新旧经典的内在逻辑顺序:先"四书"后"五经",前者是后者的阶梯。而就"四书"内部体系而言,应按《大学》《论语》《孟子》《中庸》的顺序来学习。他说:"先读《大学》,以定其规模;次读《论语》,以立其根本;次读《孟子》,以观其发越;次读《中庸》,以求古人之微妙处。"值得一提的是《朱子语类》。它是朱子与弟子答问语录的汇编,其范围广泛,涉及众多领域,展现了朱子宏大的理学思想体系,是宋代"新儒学"的精华。朱子的讲学实录,在其生前亦由弟子刊刻出版,其逝世后,弟子们更是穷尽搜集,出版了数十种,直到1270年,黎靖德集大成,编成了洋洋大观一百四十卷本。胡适先生写过"《朱子语类》的历史"专文。宋人吴坚在《建安刊朱子语别录后序》中说道:"朱子教人既有成书,又不能忘言者,为答问发也。天地之所以高厚,一物之所以然,其在成书引而不发者,《语录》所不可无也。"《朱子语类》不失为学习朱子思想的最好教辅材料。书中的问答方式也是书院教学的一种好方式。

新方法。"昨夜江边春水生,艨艟巨舰一毛轻。向来枉费推移力,此日中流自在行。"这是朱子《观书有感》诗的第二首,讲的是读书之法。第一种读书不得法,未下苦功,学不对路,犹如水浅时推移搁浅巨舰;第二种读书得法,痛下苦功,方法到家,如同春水涨发,巨舰行驶轻如鸿毛。朱子曾说:"道有定体,教有成法;卑不可抗,高不可贬;语不能显,默不能藏。"钱穆先生言:"在理学家中,正式明白教人读书，却只有朱子一人。"有人将朱子的教学方法归纳为：对话法、讲授法、引导法、点化法、时习法、示喻法和感化法。我则总结为：共性与个性的统一；教育学习相长；致知笃行并重；课里课外结合。朱子于书院教育还开创了会讲与升堂讲学的制度。1167年，朱子造访湖南长沙，与张栻进行了著名的"岳麓会讲"。讲论涉及主题丰富，有"太极""中和""仁说"等。讲论中争论激烈，门人范念德回忆："二先生论《中庸》之义，三日夜而不能合。"其时，讲论氛围热烈，学徒千余，舆马之众，至饮池立竭，一时有潇湘洙泗之风；"自此之后，岳麓之为书院，非前之岳麓矣"。朱子修复白鹿洞书院后，又邀请与自己学术主张不同的陆九渊前来讲学，并让其打破惯例，留下提纲镌刻于石。"武夷精舍"期间，朱子曾言："过我精舍，讲道论心，穷日继夜。"朱子倡导的会讲与升堂讲学，打破了传统书院的门户之见，为不同学派的思想提供了学术交流、争鸣的平台。这对探索真理、发展文化产生了不可估量的积极影响。

优游山水、自然施教是朱子书院教育的另一特色。《礼记·学记》中言："故君子之于学也，藏焉，修焉，息焉，游焉。"朱子深以为然。在他心目中，教育是生命教育，亦即完善生命，提升生命。"天地大德曰生。"要让学子"读万卷书"，更要让他们"行万里路"。所以书院的选址，应在山水绝佳处。议及白鹿洞书院所处地理位置时，他说："山中间旷，正学者读书进德之地，若领袖诸贤同心唱导，不以彼己之私介于胸中，则后生有所观法，而其败群不率者亦且革心矣。"办学武夷精舍，更是把整座武夷山作为教学空间，经常带领学生游历灵山秀水，从中领略理学的深刻哲理。门人叶贺孙曾说："及无事领诸生游赏，则徘徊顾瞻，缓步微吟。"脍炙人口、流传百世的《九曲棹歌》就是这样写就的。

"兴发千山里，诗成一笑中。"此刻，朱子吟诵之声又回响耳边："五曲山高云气深，长时烟雨暗平林。林间有客无人识，欸乃声中万古心。"

悠悠书院朱子情（代序三）

◎ 林文志

我国古代书院不仅是教育学子、传承文化的场所，也是学术研究和知识交流的中心；不仅培养了许多优秀的人才，而且对于推动学术发展、传承和弘扬中华优秀传统文化发挥了重要作用。起于唐，兴于宋元，延续至明清的中国古代书院，对于当今社会的历史文化传承和价值观塑造仍具有重要意义。

南平，书院之乡；福建，书院大省；中国，曾经有一个灿烂的书院文化时代。作为中国古代伟大的思想家、哲学家、教育家、诗人的朱子，不管是在福建，还是在江西、浙江、湖南，都与当地的书院结下了不解之缘。历史不仅是书架上的古籍，也是曾经鲜活的人、生动的故事，以及伴随着这些人和事的思想、感情。本文以"情"为线索，梳理朱子与书院的那些岁月往事。有道是：悠悠书院朱子情，弦诵千年续风华。

在习近平总书记考察湖南岳麓书院四周年、武夷山朱熹园三周年之际，笔者循着朱子当年的脚步，去追寻大儒朱子与书院的一世情缘。

南溪书院，朱子出生情。 南宋建炎四年（1130），尤溪县尉朱松的夫人祝五娘，在一阵阵腹痛中诞下一男婴，朱松激动地为新生儿子取名朱熹，意为喜火，希望儿子将来能够浴火生长，前程无量；又取小名尤郎，意为尤溪生的孩子。话往前说，就在尤郎出生前几天，尤溪城关的青印溪水位下降，露出深藏水下的青印石。人们议论纷纷。相传早在唐代，有个僧人看了尤溪城关的青印溪，就说过一段偈语：塔前青印见，家家亲笔砚；水流保安前，尤溪出状元。这青石露出水面，果然如印石一般，莫非尤溪要出状元了？祝五娘生产的前几天，有个术士经过尤溪，曾说："富也如此，贵也如此，生个小孩儿，便是孔夫子。"后来，朱子随父亲在南溪郑氏故宅居住，度过了幼儿时光。朱子成年后，特别是为官为学有成后，感念南溪主人郑安道的大义相助，怀念自己的出生之地，多次回尤溪，住南溪故居，讲学著述，还题写"读书起家之本，循理和家之本，和顺齐家之本，勤俭治家之本"的"四本"条幅，给南溪书院留下宝贵的修身齐家训铭和真迹。

环溪精舍，朱子思父情。 早在绍兴十年（1140），朱子的父亲朱松，因主张抗金、反对议和而遭贬。朱松回到福建建州，想到自入闽以来，颠沛流离，居无定所，现在罢职回乡，应该有一个能够为儿子遮风挡雨、静心读书、健康成长的家。于是，他在建瓯城南紫芝上坊选一块地，建环溪精舍，既是家，也是儿子的读书处。这一年秋，朱子随父亲搬进环溪精舍，开始了静心读书的四年时光。在这四年中，朱松"不须志四方，教子求寡过"，把全部时间、精力都用在培养儿子上，教儿子读经典，陪儿子练书法，带儿子去郊游，让儿子一起待客，任儿子与小伙伴们在紫霞洲上嬉戏玩耍，著名的"沙洲画卦"就是这一时期留下的故事。父亲的全身心陪伴和培养，让童年的朱子深深感受到父亲的慈祥和父爱的温暖。然而好景不长，怎奈父亲英年早逝，环溪精舍成了朱子一生的痛，建瓯成了朱子追忆慈父的地标。朱子每每思念父亲，便想起环溪精舍，想起建瓯，以至在临终前留下遗嘱，长孙朱一族到建瓯定居，世代繁衍，传承家风和文脉。可喜的是，明景泰六年（1455），朝廷下诏，朱子九世嫡长孙朱梴世袭翰林院五经博士，在建瓯建五经博士府，弘扬朱子理学，春秋两祭朱文公。更令人欣慰的是，新时代，在习近平文化思想的指引下，近年来，建瓯市人民政府投入巨资，恢复重建朱文公祠、建安书院、扩建五经博士府，谋划新建环溪精舍，"千年建州、理学名城"刮起朱子文化新风，润泽建瓯大地，滋养建瓯百姓。

屏山书院，朱子读书情。宋代五夫，是东南交通之轴、商衢之地；五夫的刘家、胡家，是学养之家、旺门之族。朱松临终之际，将朱子托孤好友刘子羽及武夷三先生。朱子奉刘子羽为父，住在刘子羽专门为朱子母子而建的紫阳楼；事武夷三先生为师，在刘氏家塾"六经堂"就读。"六经堂"后改名屏山书院。在屏山书院7年间，朱子不但苦读经典、训写策论、勤练书法，而且游学周遭、体察乡里、交名人友，更重要的是生发家国情怀、立下"为天地立心，为生民立命，为往圣继绝学，为万世开太平"的鸿鹄大志，这一时期对朱子人生辉煌具有奠基性意义。正因如此，朱子一生难舍五夫，牵挂屏山书院、怀念义父刘子羽和恩师武夷三先生，为此写下无数诗文以纪之。朱子为刘子羽撰铭的《宋故右朝议大夫充徽猷阁待制赠少傅刘公神道碑》（简称《刘公神道碑》）被定为国家一级文物，现今保存在武夷山市博物馆，其复制件高高矗立于紫阳楼中，给人们留下无尽的追思。

浯江书院，朱子金门情。宋代，金门归同安所辖，虽是弹丸之地，朱子同样牵挂于心。同安县在金门设义学，朱子亦多次登岛亲自授学。据《金门志》引《沧浯琐录》记载："朱子主邑簿，采风岛上，以礼导民；浯既被化，因立书院于燕南山。自后家弦户诵，优游正义，涵泳圣经，则风俗一丕变也。"仅明清两代，小小金门，就考取进士达44人之多。足见朱子对金门、特别是对金门书院的影响有多大。由此亦可想见，朱子对金门义学，倾注了多少心血和感情！宋元明三代，金门在义学基础上设立燕南书院、浯州书院、金山书院。浯州书院后来更名浯江书院，规模越建越大，至今仍保存完好。非常特殊的是，浯江书院是一所"进朱子退文昌"的书院，单一设朱子祠，立朱子像，奉朱子学。朱子儒风丝丝入扣，千年不变化育民风。

岳麓书院，朱子会讲情。"胜游朝晚寐，妙语夜连床。"乾道三年（1167），朱子放下手中的写作，远游长沙，一来拜访湘学派领军人物张栻，有许多学术问题需要与之讨论交流；二来自己监南岳庙祠官，也要去南岳庙走上一遭。那是一个秋高云淡的季节，朱子在林用中等人陪同下，一路轻歌曼语、跋山涉水，不日来到长沙，下榻城南书院。此后，朱子与张栻，当时并称"东南三贤"中的两位大儒，在岳麓书院开启了中国思想文化史上不同学派之间会讲的先河。他们在岳麓书院开坛讲论，消息不胫而走，湖湘学子以一睹两位大儒风采为快，更以能够听取两位大儒讲论为傲，不远数百里路程赶来，偌大的讲坛常常座无虚席，讲论、问辩之声令人耳目一新。他们每天往返于城南书院与岳麓书院之间，湘江古渡便成了"朱张渡"。会讲之余，朱张等人还登岳麓山，观风景看日出，朱子见景而发，把岳麓山顶命名为"赫曦"，还题额"赫曦台"。更为可贵的是，朱子挥笔书写"忠、孝、廉、节"四个硕大的字，后学将之饰于岳麓书院讲坛墙上，成为朱子留给后世的千古训铭和书法巨作。

寒泉精舍，朱子孝母情。寒泉精舍，位于今南平市建阳区营口镇寒泉坞天湖之畔。朱子至孝，他孝父母，孝天下。母亲含辛茹苦养育之恩，他时刻铭记在心。母亲在世，他奉侍膝下；母亲逝世，他守墓在侧，一守就是六年。他把对母亲的孝顺，化作对理学研究的孜孜追求，发奋著述。守孝期间，不但与吕祖谦合编了《近思录》，还完成了《资治通鉴纲目》《伊洛渊源录》《论语或问》《孟子或问》等著作，为以后在武夷精舍、考亭书院继续进行朱子理学的理论建构奠定了扎实基础。

鹅湖书院，朱子论辩情。"水流无彼此，地势有西东。若识分时异，方知合处同。"这是朱子参加鹅湖之会后，经武夷山返回福建时，在武夷山分水关见他人壁间题诗有感而发留下的《分水铺壁间读赵仲缜留题二十字戏续其后》一诗。宋淳熙二年（1175）五月，在吕祖谦的安排之下，朱子与陆九渊、陆九龄兄弟，在江西铅山县的鹅湖寺，举行了一场中国思想史上浓墨重彩的"鹅湖之会"。事情起因是浙东学派的吕祖谦，既与陆九渊、陆九龄兄弟有交集，又到寒泉精舍与朱子合著《近思录》，深知朱陆在学术观点上存在不同，有意将他们撮合一起，进行学术论辩，以期消弭两派之认识分歧。朱陆双方积极响应。吕祖谦选定的地点，既不是福建的武夷山，也不是江西的金溪，而是在两方的中间地带铅山县鹅湖寺。此次参会者，朱子一方还有蔡元定、何镐等十余人，陆氏兄弟一方也有多人参与，此外还有福建、江西、浙江的官员学者百余人。在长达五六天时间的论辩中，双方实际主要围绕"尊德性而道问学"的不同解读展开。朱子强调博阅经典，汲取精华，考察体悟，格物而致知。陆九渊陆九龄强调道德内省，明心见性，无须读书，自我顿悟，甚至以"尧舜之前何书可读"、六祖慧能是文盲、"不立文字，直指人心"为例，来证明他们的观点，还指责朱子"支离破碎"。朱陆"鹅湖之会"，在思想理论上未能实现统一，当然也根本不可能统一，但朱子身为一代儒宗，终是心胸开阔、吐纳大荒，对鹅湖之会留下深刻的记忆，也对陆九渊"理会着实工夫"予以高度评价。

白鹿洞书院，朱子"揭示"情。庐山，这座历史名山，因五老峰下白鹿洞书院而更显厚重；白鹿洞书院，因朱子恢复重建并且制定《白鹿洞书院揭示》而享誉天下。朱子知南康军后，对白鹿洞书院毁于战火、辉煌不再深感痛心。第二年，也就是宋淳熙五年（1178），他在处理好公事之余，即发布《知南康榜文》，发动民众提供白鹿洞书院旧址所在，向朝廷呈报《申修白鹿洞书院状》，得到朝廷恩准。淳熙七年，初步修复的白鹿洞书院又矗立在五老峰下，朱子旋即颁布《白鹿洞书院揭示》，张贴于明伦堂，要求诸生背熟牢记、践履于行。揭示从五教之目、为学之序、修身之要、处世之要、接物之要等方面，系统提出书院教育的根本目的、基本要求、具体方法、一般规律，蕴含了丰富的儒家道德思想和践履规范。后来，朝廷将《白鹿洞书院揭示》颁诏全国，成为天下书院共奉的学规。这是朱子办教兴学的伟大创举。

武夷精舍，朱子"四书"情。"一日茅栋成，几作山中客。"宋淳熙十年（1183），时年五十四岁的朱子，在浙东提举任上查处贪官唐仲友受挫后，毅然回到武夷山，在隐屏峰下，建造武夷精舍，作为著述立说、讲学授徒之所。武夷精舍的建造过程，可谓千辛万苦，然而却是苦中作乐。经费非常困难，朱子带领一众门生，自己动手，清理杂草，开挖地基，垒土成墙，割茅铺顶，建成面积达2000平方米，功能性设施包括仁智堂、隐求室、止宿寮、石门坞、观善斋、寒栖馆、铁笛亭等建筑，可以满足师生教学和生活之需，规模不可谓不大。武夷精舍建成后，朱子一方面开门办学，追随朱子而来的门生遍及江南各地；另一方面潜心著述，完成了他一生付出四十多年心血的代表性著作《四书章句集注》的架构和主要内容的进一步撰写、修订、润色、完善，直到任漳州知州时刊刻。此外，他还陆续完成了《小学》《易学启蒙》《孝经刊误》等著作的撰写。在这里，闲暇之余，他攀登山崖，悠游九曲，放歌山水，寄情草木，写下了传唱数百年的《九曲棹歌》，这也是其诗歌作品的巅峰之作。

蓝田书院，朱子"茶仙"情。朱子的生活与理学充满茶趣茶道。他爱种茶，爱喝茶，爱作茶诗，爱以茶为礼，也爱与茶人聊天。朱子自号"茶仙"，平生只有一次，即是在蓝田书院题字时所用。蓝田书院，位于古田县杉洋镇，始建于宋太祖开宝元年（968），是古田九大书院之首。沧海桑田，且废且兴，蓝田书院从最初的几间茅屋，不断扩大，以至"规模宏壮，万瓦鳞鳞"，文字虽然有所夸张，但也反映了它的宏伟气势。淳熙十年（1183）和庆元三年（1197），朱子二次到古田、去宁德，游历山水，讲学传道。经过杉洋时，在蓝田书院一住多日，讲学之余，常到附近的石竹湾游览。石竹湾有个天然古洞，不远处还有天然的泉水池，天上的皓月倒映池中，即是蓝田八景中的"古洞流云"和"天池引月"二景。对于朱子来说，有门生陪伴，在美景中品茶论道，倍感心旷神怡。于是，欣然题写"引月"二字，署名"茶仙"。查相关史料，朱子一生取号30个之多，但庆元三年自号"茶仙"，则是其最后一次取号，也是唯一一次使用"茶仙"字号。此后，无论是朱子著作中，还是其他文献，都未见"茶仙"的使用或记载，故朱子"茶仙"之号几乎无人知晓。直至1940年《（民国）古田县志》撰修者爬梳史料并实地求证，方揭之于世：蓝田书院，……晦翁尝潜居此处……书"引月"二字，惟署名"茶仙"。

考亭书院，朱子"集成"情。"永弃人间事，吾道付沧洲。"宋绍熙五年（1194）十二月，朱子在"庆元党禁"开启前的瑟瑟寒风中回到建阳。此为悲，亦为喜。事有反转，物有辩证。从此，朱子在考亭建竹林精舍，后改名沧洲精舍，朱子去世后，宋理宗御赐"考亭书院"额。朱子在考亭，放下所有的心心念念，在人生最后的六年时间里，潜心读书著述、授徒传道，完成了集儒学之大成的伟业。在这里，朱子完成了代表其最新教育思想的名篇《学校贡举私议》，提出教育改革的一系列主张。他对《周易参同契》进行详细解读，做周密注释，与蔡元定一起完成了《周易参同契考异》。"庆元党禁"中，一批理学家被打入"冷宫"，在残酷的政治斗争的恶劣环境中艰难度日。此时的朱子自身岌岌可危，但满脑子装的仍然是师友。他把深邃的目光投向《楚辞》，似乎从屈原身上看到什么。于是，夜以继日，煌煌落笔，完成了《楚辞集注》《楚辞辩证》《楚辞后语》《楚辞音考》，为受迫害的理学家发出呐喊，他们是像屈原一样的忠君爱国之士！在考亭沧洲精舍，他自号"病叟"，以难以想象的多病之躯，主持《仪礼经传通解》的架构。架构一部泱泱大国的礼书，这是何等伟大的事业！他自己担任篇目建构、撰写指导、统筹润色。福建黄榦、刘砥、刘砺，江西吴必大，浙江吕祖俭、孙吉甫、叶味道、赵师复等合作，每人承担一些篇章，直至成就此传世大作。

目录

综述篇

南平书院综述：文化殿堂　精神家园 /3

延平篇

延平区书院概述：理学名邦　隽永文脉 /15
延平书院：福建最早的官办书院 /19
道南书院：道南精神永流芳 /28
屏山书院：养正毓德世泽长 /38
游定夫书院：程门立雪恒久远 /46

建阳篇

建阳区书院概述：书院林立　讲帷相望 /57
考亭书院：集儒大成矗丰碑 /61
寒泉精舍：守孝近思寒泉坞 /71
西山精舍：悬灯相望析义理 /79
廌山书院：春光秋月丽中天 /85
石庵书院：心有感动行有果 /90

邵武篇

邵武市书院概述：山中邹鲁　踵事增华 /97
和平书院：宗族办学树风范 /101
台溪精舍：七台山下味道堂 /108

武夷山篇

武夷山市书院概述：世界遗产　璀璨瑰宝 /119
武夷精舍："第二个结合"首提地 /125
兴贤书院：洙泗心源一脉承 /138
屏山书院：祖庭幔幔向四方 /146
同文书院：两岸交流显特色 /154

建瓯篇

建瓯市书院概述：千年建州　庠序底色 /161
建安书院：理学名城的荣光 /163
屏山书院：一代师儒精神驻 /170
环溪精舍：韦斋亲炙启贤哲 /177
养蒙书院：养正蒙童出百官 /185
右文书院：道继紫阳"君子乡" /190

顺昌篇

顺昌县书院概述：学正风清　顺达昌盛 /197
二贤书院：景仰先贤立祠堂 /203
华阳书院：书声犹存余韵长 /205

浦城篇

浦城县书院概述：南浦荣耀　梦笔仰高 /213
西山书院：正学之力扛千钧 /216
南浦书院：文昌毓秀出贤才 /224

光泽篇

光泽县书院概述：光及城乡　泽被后人 /235
云岩书院：云卷岩立此山间 /239
崇仁书院：古街悠悠一宇开 /247

松溪篇

松溪县书院概述：湛卢书院　朱子创建 /253
湛卢书院：湛卢山上书声琅 /255

政和篇

政和县书院概述：朱氏书院　首建政和 /265
云根书院：朱子孝道起源点 /268
星溪书院：星溪十友赋诗文 /278
梧桐书院：乡村书塾先行者 /289
西垣书院：一水护田书香浓 /300

后　记 /305

综述篇

南平书院综述：文化殿堂　精神家园

◎ 王松雄

王松雄，南平市文旅局二级调研员、局机关党委书记，兼市文联党组成员、副主席。中国诗词协会会员，福建省作协主席团委员。出版个人诗集《山水闲聆》，主编《神奇洞宫山》《中国竹具工艺城》《朱子在南平》《红色记忆》《建盏百家》等。

东周出孔丘，南宋有朱熹。中国古文化，泰山与武夷。

南平市拥有世界文化和自然双遗产地、首批国家公园武夷山，是我国南方开发最早的地区之一，所辖10个县（市、区）建县都在千年以上，是闽越文化、朱子文化、武夷茶文化、建盏建本文化的发源地和万里茶道的起点。

南平素有"道南理窟""闽邦邹鲁"之誉，历史上曾出过2000多名进士和19位宰相，宋代以来一直是理学的中心，朱子在此"琴书五十载"，朱子理学传遍海内外，为中华优秀传统文化的传承发展做出过巨大贡献。在这个贡献中，书院的作用功不可没。

南平书院因朱子亲自创办书院，在书院讲学著述而辉煌。南平书院更因习近平总书记到朱熹园考察而迎来发展春天。2021年3月22日，习近平总书记来闽考察，首站便来到武夷山朱熹园，他详细了解朱子生平和朱子理学研究情况，发表了重要讲话："我到山东考察时专门去看了孔府孔庙，到武夷山也专门来看一看朱熹园。""我们走中国特色社会主义道路，一定要推进马克思主义中国化。如果没有中华五千年文明，哪里有什么中国特色？如果不是中国特色，哪有我们今天这么成功的中国特色社会主义道路？我们要特别重视挖掘中华五千年文明中的精华，把弘扬优秀传统文化同马克思主义立场观点方法结合起来，坚定不移走中国特色社会主义道路。"武夷山朱熹园（即武夷精舍），是习近平"第二个结合"的首提地。习近平总书记在朱熹园的重要讲话，指引南平书院、南平朱子文化、南平优秀传统文化向着新时代出发。

今天我们挖掘整理南平书院文化，不仅能从中获得历史的启迪，也能进一步加强传承中华优秀传统文化的自信心和使命感，使南平书院进入传承发展的新时期。

一

中国古代书院发端于唐代。唐玄宗开元五年（717），朝廷在东都洛阳首设丽正书院，负责收集、校正、馆藏史籍。它实际上是官办的皇家图书馆。随后，朝廷又在首都长安宫城设立丽正书院，将搜集的典籍抄录正副两份，两都丽正书院各收藏一份。开元十三年，唐玄宗召集大臣议论国家大事，君臣相谈甚欢，气氛融融，被称为"集仙"。"集仙"与集贤谐音，故丽正书院改名集贤书院。据史料记载，集贤书院共收藏典籍53915卷，是名副其实的国家图书馆。唐代的丽正书院（集贤书院）开创了"人才培养"和"史籍研究"的先河，为我国古代书院发展奠定了基础。

宋代重文轻武，科举取士的规模日益扩大，士人读书求学的需求相应增加。然官府又没有办法办太多的官学，于是民间书院应运而生，并迅猛发展。朱子在《衡州石鼓书院记》中指出："予惟前代庠序之教不修，士病无所于学，往往相与择胜地，立精舍，以为群居讲习之所，而为政者乃或就而褒表之，若此山，若岳麓，若白鹿洞之类是也。"这是宋代书院迅速发展的主要原因。

元明清三代，书院数量增加，办学质量提高，管理日益规范，有官府创建之书院，有宗族创建之书院，亦有私人创建之书院。到清代末期，书院退出历史舞台，或停办，或改为学堂。

历史上，以府州军一级，也就是说以今天设区市一级为单位来考察的话，南平是创建书院数量最多、集中程度最高、办学质量最好、社会影响最大的地区之一。

按南平书院在福建的占比考察。据邓洪波《中国书院史》，在宋代全国720所书院中，江西224所，浙江156所，福建85所，福建位列第三。据黄忠鑫《宋代福建书院的地域分布》一文统计，宋代福州府管辖12个县，书院数量27所，而建宁府管辖7个县，书院数量达到34所，可见建宁府（其辖境相当于今南平地区），与福州府相比，管辖的县更少，而书院数量却更多。

按创办时间考察。最早的三所书院是：政和梧桐书院，位于今政和县澄源乡上洋村，由唐银青光禄大夫、政和五大开拓者之一的许延二于唐懿宗咸通二年（861）创建。2018年，澄源乡上洋村许姓族人捐资重建，无论是规模，还是档次，都居南平现有书院之前列。建阳鳌峰书院，位于今建阳区莒口镇。唐乾符年间（874—879）曾任兵部尚书的熊秘领兵入闽，择居建阳莒口，为家族子弟入学而建。可惜的是，该书院已无存。邵武和平书院，位于今邵武市和平镇和平古街上，由五代后梁开平二年（908）兵部侍郎黄峭弃官返乡后捐建，初创时是黄氏宗族书堂，专供族中子弟读书。和平书院后经历代重修，至今仍保存完整，是和平古镇重要的历史文化景观。

按数量和分布考察。南平古代共有书院269所。以今行政区划而论，其中，延平区15所，建阳区61所，邵武市23所，武夷山市61所，建瓯市49所，顺昌县15所，浦城县12所，光泽县10所，松溪县7所，政和县16所。历史上，建阳是建本之乡、图书之府，又有朱子在建阳讲学著述，有朱子的引领和带动，建阳书院最多，当在情理之中。建瓯一直是府（州）治所，政治经济文化中心，书院较多亦可理解。政和县，南宋的偏隅小县，但书院数量却排名第三，自是与朱松、朱子存在关联，也与政和邑人勤奋好学脱不开关系。故有诗赞曰："面朝笔架坐花莲，南宋朱熹一脉延。昔日先贤开化地，政通人和又千年。"

按朱子创办和与朱子有关的书院来考察。朱子出生于书院，成长于书院，讲学于书院，著述于书院，终老于书院。朱子亲手创办的书院，此前，史料记载明确，学界公认有4所，即寒泉精舍、晦庵草堂、武夷精舍、考亭书院。在本书编写研讨时，松溪学者冯顺志提出资料说明，清《（康熙）松溪县志》刊载王梁所作《湛卢书院记》一文曰："松溪之有书院也，肇自宋，大儒朱子尝读书于湛卢山麓，余韵流风，足使闻者兴起。后人因即吟室遗址，创为弦诵之区。"《（康熙）松溪县志·学校》记载，朱子在松溪县湛卢山筑吟室。后人"因春秋祭祀，往返甚艰，移于县之西南，去治百步。祀先儒朱子，以从游蔡、黄、真、刘配享"。从此，更名为湛卢书院。朱子自己也作有五言古诗《登卢峰》，其中"新斋小休憩，余力更勉旃"两句亦是证明。如此，言之凿凿，有根有据，可以说，朱子亲手创建5所书院，这是南平书院史研究的一个重要成果。当然以此为据当只是聊备一说，还需要学界继续研究。此外，与朱子有关联的书院则达数十所，差不多占南平古代书院总数的三分之一。

按书院的集中程度考察。可以肯定，建阳是古代书院最多、最集中的地方，"书院林立，讲帷相望"，总数达到 61 所之多，而且有如朱子的寒泉精舍、晦庵草堂、考亭书院，蔡元定的西山书院，刘爚的云庄书院，黄榦的潭溪书院，叶味道的溪山书院，蔡沉的庐峰书院这些在中国书院史上占有重要地位和重大影响的书院。其中建阳书院又多集中于莒口、麻沙一带，故此地号称"中国古代书院城""中国古代大学城"，这在中国书院史上实属罕见。有诗赞曰："书院林立不供神，弘扬儒学惠乡民。如今古邑先贤地，引领风骚有后人。"

二

书院文化在南平的发展与繁荣，得益于诸多因素。南平有独特的自然条件，崇山峻岭，景色奇秀，自然万物生机蓬勃，虽不是商贾繁荣之区，却是一个世外桃源，适合隐居，是静心修学、思考宇宙与人生的绝佳之所。朱子等先哲把自己的精神家园——书院建设在这里，在这里藏书、研学、著述、交流、祭祀，在这里求索天地间的真理。

朱子在南平"琴书五十载"，对书院的发展、繁荣发挥了极大的作用。可以说，书院哺育了朱子，朱子理学又反哺了书院。朱子之父朱松在政和先后创办云根书院和星溪书院，朱子幼年时即在书院接受启蒙教育，有诗赞曰："幽幽书院为谁开，初次登临独自猜。云客往来皆感叹，朱熹原自此中来。"寒泉精舍是朱子思考、著述、讲道的重要场所，《近思录》就是朱子在寒泉精舍与吕祖谦合编的第一部哲学选辑、理学入门之书。考亭书院是朱子创办的最后一所书院，也是其终老之地，其理学思想体系也最终形成于此。研究朱子文化，让我们更了解书院；研究书院，让我们更了解朱子文化，进而更深刻地了解中华文化。

宋代雕版印刷的发达，对书院的发展与繁荣也产生了深刻影响。而作为当时全国三大印刷中心之一的建阳，建本的兴盛为南平书院发展创造了有利的条件，此亦体现了文化发展与生产力水平、技术进步、物质条件的密切关系。

有识之士的远见卓识，社会各方面的重视和支持，促进和保障了书院的发展与繁荣。虽在封闭的封建时代，但一代代的官府、为政者，大多都非常重视书院的建设、管理和发展。许多宗族、家庭也非常重视子弟到书院中接受教育，"忠孝持家远，诗书处世长""世间只两样事耕田读书，天下第一等人忠臣孝子"等教育训导格言名句，促进了良好社会风气的形成。

书院传承与发展了文化，而文化是一种巨大的精神力量。在漫长的岁月中，闽北虽地处崇山峻岭之间，交通极为不便，生活环境十分艰苦，但南平人世世代代繁衍生息，创造了灿烂的历史，许多人从这里走出去，成长为国家、民族的栋梁之材，这与南平历代重视教育、教化，与文化所造就的精神力量是分不开的。南平历史上，有如游酢、杨时、李侗、朱熹、蔡元定、刘爚等，名贤辈出，群星璀璨。

"书院连天古色新，独衔山岳四时春。石碑只记千年事，不识今朝得志人。" 20 世纪 20 年代以来，南平这片红土地演绎了革命斗争的光荣历史，被誉为"红旗不倒"的革命老区，是马克思主义基本原理与中国具体实际相结合、与中华优秀传统文化相结合在革命斗争年代的生动诠释。

三

党的十八大以来，南平市认真学习贯彻习近平文化思想和有关书院的重要讲话精神，充分认识传统书院的历史地位和精神价值，采取有力措施对传统书院进行保护建设，为优秀传统文化的创造性转化、创新性发展做出许多新的工作。南平书院的发展，正是斯文缵明、道南复兴的象征。

"书院修建已数载，高墙碧瓦九霄来。疑为佛寺清规地，却是书香满院栽。"2016年以来，南平全市开展了书院调查普查工作，推动武夷精舍、兴贤书院、游定夫书院共3所书院成为福建省级文物保护单位，166所书院和遗址列入南平市朱子文化遗存名录，重建延平书院、寒泉精舍、考亭书院、建安书院、云根书院、星溪书院、梧桐书院等7所书院，修复延平游定夫书院、屏山书院，建阳屏山书院、西山书院，邵武和平书院、台溪书院，武夷山武夷精舍、兴贤书院，建瓯屏山书院、养蒙书院、右文书院，浦城南浦书院、西山书院，光泽崇仁书院等14所书院，新建武夷学院朱子书院。民间书院亦蓬勃兴起，出现了五夫同文书院、莒口石庵书院等民建、民用、民养的书院，成为当代社会教育的一种补充。

书院成为朱子文化研究宣传普及的平台。近年来，南平各地书院广泛开展以朱子文化为主要内容的理论研究和宣传普及工作。在考亭书院，中共福建省委宣传部、中国社会科学院哲学研究所主办，中国朱子学会、中华朱子学会协办，中共南平市委、南平市人民政府承办，设立永久性考亭论坛，每年一届，持续深入开展朱子文化、中华优秀传统文化的高端理论研究。2021年12月为第一届，主题是"新时代朱子学与人类文明新形态"。2023年11月为第二届，主题是"融通朱子文化，夯实文明根基，不断开辟马克思主义中国化时代化新境界"。中共福建省委常委、宣传部部长张彦在第一届论坛致辞中强调：对待朱子文化，我们应该坚持以习近平新时代中国特色社会主义思想为指导，秉持"客观、科学、礼敬"的态度，既敬重和珍视先人创造的优秀精神文化财富，又立足时代要求，以时代之问、时代之需为引力，以时代之光为动能，萃取其精华，赋予其新意，激发其内在生命力。中国社会科学院副院长姜辉在第一届论坛致辞中指出：在孔子之后，朱子开辟了中华文化的新时代。正是以朱子学为标志，中华文明进入了一个新的千年发展期。由朱子集大成的四书学为核心的理学体系，锻造了后世中国人的生活世界和精神追求，对12世纪以后的中国、东亚乃至世界都产生了深远影响。张彦部长、姜辉副院长的致辞集中反映了两次论坛的重要成果。2023年11月，在武夷精舍，由中国人民大学、中共南平市委、南平市人民政府、武夷学院联合主办首届武夷论坛，主题为"'两个结合'：中华五千年文明与中国特色社会主义"，一百多位享誉全球的专家学者莅会研讨。会上成立中华文明武夷研究院，决定以"一论坛、一讲坛、一课堂"为主要形式，长期开展中华文明与武夷文化研究，提升武夷文化对中华文明的贡献。此外，所有书院都开展了中华优秀传统文化、朱子文化为主要内容的研讨会、座谈会、学习会，提高了大众对朱子文化的知晓度，对中华优秀传统文化传承的自觉性。

书院成为优秀传统文化传承的载体。书院存在的本身，就以其历史悠久、底蕴厚重、建筑风格古老的鲜明特色，成为备受人们关注的重要历史文化标识。哪里有一所书院，哪里就有许多人们津津乐道、口口相传的优秀传统文化故事。近年来，保存下来的，修复起来的，重建上来的书院，都无一例外地开展朱子成年礼、朱子敬师礼、朱子婚礼、朱子祭祀礼、朱子乡饮酒礼等"朱子五礼"活动。2015年至2024年的十年间，全市书院共举办朱子五礼182场次。特别是考亭书院，每年10月18日朱子诞辰日，都举办规模大、规格高、规范强的朱子祭祀大典活动，海内外专程前来参加的各界人士达25000多人次。几乎所有书院都举行汉服表演、点茶展示、经典诵读、建本刻作、建盏制作、非遗文创、摄影展览、舞龙舞狮等丰富多彩的活动。可以说，每一所书院，都是一处中华优秀传统文化的集合点、展示点、传承点与推广点。

书院成为海峡两岸文化交流的纽带。台湾书院是当年郑成功、陈永华收台时，从大陆带到台湾发展起来的。两岸书院同宗同文。台湾有志于中华优秀传统文化研究的学者仍孜孜不倦地开展书院研究，近年来先后出版王启宗《台湾的书院》、林文龙《台湾的书院与科举》、张崑将、张溪南《台湾书院的传统与现代》等著作。据《台湾书院的传统与现代》介绍，台湾史上共有书院50所，目前仍然存在且修复为传统书院而为古迹的有8所。两岸开展朱子文化交流、书院文化交流，具有广泛的民意基础，是最畅通最便捷最能被接受的交流渠道和内容。近几年，每年都有台湾有关机构和人士，或组团或独行，来大陆特别是来南平，开展朱子文化交流、书院文化交流。2023年7月，台湾海峡两岸朱子文化交流促进会创会理事长朱茂男、现任理事长张双土，台湾师范大学教授张崑将，带领第16届"朱子之路研习营"72人的大团队，到南平进行为期两天的交流，还在考亭书院、寒泉精舍、兴贤书院举行释菜礼，表达对朱子的缅怀和崇敬，践履朱子文化传承和研习。福建省文化和旅游厅在考亭书院举办第六届海峡两岸书院论坛，两岸学者就书院历史、现状、功能、作用进行深入研究。南平市文化和旅游局、南平市朱子文化研究会历来高度重视与台湾地区开展书院文化交流，资料互赠，人员互访，研究互动，成果共享，有效地促进了两岸的交流和文化的认同。

　　书院成为文化旅游融合发展的热点。当代旅游已经向着文化旅游融合发展的方向转型，而书院正是中华优秀传统文化重要的物化存在，也是中华优秀传统文化重要的教化基地。南平有着无与伦比的生态和人文资源，是中华民族的骄傲。南平市文化旅游部门专门开辟了"武夷山国家公园1号风景道——朱子文化研学之旅"，以五夫兴贤书院、屏山书院遗址，建阳考亭书院、寒泉精舍等核心书院为基地，开展多元化、沉浸式书院文化体验。凡是比较完整的书院，必定是大众旅游、研学的必去之处。国际儒联确定南平书院为朱子文化研修基地，每年组织国际汉学学者到南平书院进行朱子文化考察、研究。2023年，南平市10所比较完整的书院，旅游人数达到20万人次。从单体看，以位于建瓯市紫芝街区的屏山书院为例，从重修开放到2023年底，一年时间游客总人数达到62万人次。此外，书院在国学普及、知识培训、研学旅游中，发挥了良好的作用，书院已成为南平文化的一道亮丽风景线。

书院是儒家传道授业解惑的"大学"，是中华文明以教立国的典范，是古代读书人寄托情怀与理想的精神家园，也是南平历史文化中极具代表性的符号。今天从历史中走来，未来始于足下。站在新的历史起点，我们要深入学习贯彻习近平文化思想，落实南平市委市政府关于打造优秀中华传统文化传承发展标杆、打响世界级朱子文化品牌的部署要求，加大对书院文化的挖掘整理和保护，进一步推动新时代南平文旅经济发展，助力新时代中华文明建设，为南平创建全国文明城市和绿色高质量发展做出新的贡献。

延平篇

延平区书院概述：理学名邦　隽永文脉

◎ 张荣丽

张荣丽，中学高级教师，南平市教学名师，南平市朱子文化研究会副会长。参与编纂和推广朱子成年礼、敬师礼、婚礼、祭祀礼、乡饮酒礼、乡射礼。《朱子文化大观》公众号编审，《朱子文化年鉴》执行编辑，参与编写《千秋吟颂——朱子故事一百集》《环武夷山国家公园保护发展带朱子文化传承发展研究报告》等。

"维尔延郡，地处八闽之咽喉，为上游之最胜。览其山源泉脉，西自樵川，北来亘岭，两龙会合，二水交流，其间物亦成龙，人俱入圣。有若龟山杨夫子、仲素罗夫子、愿中李夫子、考亭朱夫子渊源道学，尽产此间。自是以后，人文不绝。"（清《延平府志》卷之首《修志檄文》）。意为：延平，噤喉八闽水陆，为闽江上游巨镇。山川水脉，山自武夷千峰旖旎而来，茫荡环绕于后，九峰、玉屏列翠于前；东溪之水自浦城、武夷山、松溪奔涌而来，西溪之水自光泽、邵武、建宁、宁化急泻而下，在双龙化剑之处三江汇流；人脉文脉，自西晋中原士族南渡入闽，为客家重镇，宋自杨时载道南来，肇其端，罗从彦浚其流，李侗洪其派，至朱子泄其波澜，集理学大成。杨罗李朱史称"延平四贤"。此后，文明大启，直至明清，素有理学名邦之誉。

延平，理学名邦，山川毓秀，文脉薪传。

清《延平府志》记载，延平有古书院15所。延平的书院命名有三种类型：一以地名命名，如延平、屏山、印山、衍山、九峰岩、剑津书院；二以所崇祀的先贤命名，如文公、豫章、四贤、游定夫、两吴书院；三以办院宗旨命名，如养正、蔚文、道南书院。延平的书院分布，坐落于城区的有延平、四贤、道南、豫章、文公、衍山、养正、剑津书院；位于县治东南迁乔里（今南山镇）的有游定夫、两吴书院；位于县治东南长安北里（今樟湖镇）的有九龙、蔚文、九峰岩、印山书院；位于峡阳县署侧（今峡阳镇）的有屏山书院。

最为著名的是枕九峰、俯剑潭、绝尘嚣的延平书院，当时四方贤士在此会讲，"弦诵洋洋闻朝夕""夜夜文光烛太空"，名扬九州大地，也是福建众多书院中最早被皇帝赐额的官办书院。

承载着"载道南归"道南精神的是道南书院。道南书院发端于宋代，鼎盛于明清，转新学为南平第一中学。朱子学发展成官方主流文化意识形态有道南一脉的贡献，"理学名邦"的盛誉与道南精神的薪传分不开。

延平古书院的兴盛，使得延平人才辈出，灿若繁星。举游定夫书院为例，据游氏家谱记载，仅明、清两代，凤池村游酢后裔不到百户人家，按功名统计，有进士7名、举人67名、文武秀才14名；按官职统计，有尚书、侍郎、御史、巡按、知府、知县、将军等64人；更有明代尚书游居敬的"五世宦仕"；清代游昌莘三代"荟萃于家"官至五品以上6人。

延平区现存书院大门有两种形式，一为三山式，如峡阳屏山书院，入口立面为图案精美的灰砖雕刻，灰瓦，双坡屋顶，中间高两边低，飞檐斗拱等闽北典型装饰形式；二为门楼式，如游定夫书院，入口在一层门厅入口的基础上，为增加气势，在中心屋顶结构上加建多层斗拱式的二层装饰性门楼。

延平区古书院的中堂用于讲学，中堂前的第一进院落和天井在多人授课时也作为开放的教学空间；大殿用于祭祀，大殿位于中轴线的终点位置，设置几级台阶，拔高地面高度，使大殿成为书院的最高部分；中堂两侧的房间为师长使用，庭院两侧的厢房为学生居住的场所；大殿两侧的厢房是仓廪和厨房；庭院轴线两侧布置荷花池和绿植，作为采光天井。"高阁富文史，诸生时往还""厨引石泉甘"是对古书院藏书、讲学、生活的描述。

延平区的书院教育以朱子教育观念为中心。朱子学以二程的理本论为基础，还吸收了周敦颐的太极说、张载的气本论，同时，朱子深知"道术多岐自短长"，取佛教、道教的思想之长，提出了新的"理"范畴的含义以及"理一分殊""理气相依"的理论，从天道、理气、仁体到心性，建立义理架构，体悟出格物致知、致知而力行、涵养需用敬等修养工夫。朱子以"旧学商量加邃密，新知培养转深沉"的治学精神与各派别展开论辩，如"鹅湖之会""朱张会讲""朱陈义利王霸之辩"等。朱子的教育思想是一种全新、自由、开放的思想。朱子的教育观念"兴办教育、以礼导民、以理教化"，包含鼓励学生自主思考，用辩证的思想去考虑问题；注重教师言传身教，教师的品行修养要不断提高，为学生树榜样；主张思想自由，可发表独到见解，时常举办"讲会"作为思想交流的途径，于是，"讲会"这一形式成为后世书院颇具特色的教学方法。

早期儒学尊孔祭孔，至南宋，祭祀的规则发生了明显的变化，该变化肇端于朱子。朱子主张将周敦颐、程颢、程颐、张载等道统传人列入祭祀对象中，书院奉祭做到有主有次，并在考亭书院中将其实现。延平书院礼殿堂奉祀先师孔子，诸先生祠祀周敦颐、张载、程颢、程颐、"延平四贤"及后学廖德明、黄榦"十贤"，展示"朱子理学"之来龙去脉。

朱子及其门人弟子以书院作为阵地进行理学传播，从而完善了整个儒学道统谱系的构建，并形成了一种新的教学方式——讲学，凭借"师道"

传承兴学、求理、开放、务实、力行精神，从而引领社会文明进步，促进社会发展。

何谓"师道"？师者，乃凭借自身的思想、知识、道德引导他人走向完善；道者，乃贯穿天、地、人、万物的本源及宇宙的普遍法则；朱子在《中庸章句》集解"率性之谓道"的"道"字："道，犹路也。""日用事物之间，莫不各有当行之路，是则所谓道也。"

理学名邦的书院以先进的教育理念、卓越的师道承载了理学思想、文化内涵、中华文脉传承的使命。

如今，书院的辉煌已式微，"山川文物两悠悠"，但师道承古，可鉴以洞今。

党的十八大以来，延平区重视对古书院的保护、建设、运用、发展，区委宣传部、区文旅局做出规划，落实具体措施，有关单位群策群力。如道南书院，由南平一中在图书馆大楼悬挂"道南书院"牌匾，辟出200多平方米展厅进行道南文化展陈，举行朱子成年礼等优秀传统文化教育；游定夫书院由南平市游酢文化研究会负责保护，游酢后裔多次筹资修缮，以游酢文化为纽带开展两岸宗亲交流活动；峡阳屏山书院成为峡阳镇文化中心、青少年活动中心，常年开放，经常举办活动；延平书院由政府有关单位出资在九峰山麓重建，主体工程已完成。总之，延平区现存古书院保护得到加强，运用亦有良好探索。

今天对延平辖区内的书院进行历史脉络梳理，可以让更多人认识到书院读书、问答、讲论之功能，让更多人在书院的活动中实现理想人格的道德教育，修身养性成为君子、贤人，给予书院当代文化使命，赋予书院新的活力。

延平书院：福建最早的官办书院

◎ 张荣丽

历史上，闽北书院林立，且多建在风景优美的地方，是有影响力的名人、学者读书讲学的场所，大多为私人创办。南宋时期，延平却有一所官办书院——延平书院，是两宋时期福建最早的官办书院，曾名扬九州大地。

延平书院也是福建众多书院中最早被皇帝赐额的书院。据明代《延平府志》记载，宋理宗于端平元年（1234）敕赐延平书院。由是，延平书院成为福建历史上第一所朝廷承认、予以支持的官办书院。

一

南宋嘉定十五年（1222）书院落成时，可谓盛况空前。

院墙内不仅有殿、堂、斋，还有楼、台、阁、亭及小桥流水、莲池、石洞、仪门。临闽江开仪门，门内有桥称"风雩"，接两山跨莲池，池上有亭称"濯缨"。左右翼有廊庑连接，礼殿面江，殿阶之南有堂，称"道南"，左右列四斋称"中和""忠恕""明诚""敬义"；殿阶之东有亭，称"光风霁月"，堂后有阁称"尊经"；尊经阁之南有楼称"横翠"。书院中还有一眼清泉，用"蒙"卦"象"辞命名，称"育德"，《（嘉靖）

清代延平书院图

延平府志》录"育德泉，城南九峰山麓，宋罗、李、朱三先生讲道于此，常饮此泉"。

延平书院的盛况，令书院建造者南宋南剑州知州陈宓喜不自胜，在给晋江友人傅伯成的信中说："择地南山，距城百步，一水间之，万山环抱，众咸曰宜。乃立屋辟地，为礼殿，为道南堂，取龟山自洛辞明道归，明道有'吾道南矣'之语。其上为尊经阁，阁之东为诸先生祠，西为四斋，曰中和、曰忠恕、曰明诚、曰敬义，斋各三房。"

明人倪俊《重建风雩桥记》中说："下垒以石，上构以木，有梁穹然，有亭翼然，可游可息，可登可眺。"周孟中在横翠楼前吟诵道："千古清风江上楼，九峰紫翠满楼头。道南师友真三杰，人物乾坤第一流。"

当时四方贤士在此会讲。明人刘璋诗"延平书院龙津渚，夜夜文光烛太空"，描写了延平书院办学之盛况。

二

延平书院的荣耀与朱子门人陈宓密不可分。

陈宓（1171—1226），字师复，南宋兴化军莆田县玉湖村人（今莆田市荔城区阔口村）。乾道年间丞相陈俊卿第四子。淳熙十年（1183）十月，陈宓与他的两个哥哥陈守、陈定一同在朱子门下学习。朱子去世后，陈宓又从黄榦学。陈宓任南康军知军时，常到白鹿洞书院讲学；任南剑州知州后，倡议修建延平书院。他率先捐献了两个月的俸禄作为启动资金，"继节浮费，以落成之"。书院建成后，陈宓邀请理学诸友前来观摩、讲学，率领僚属、士友，在礼殿举行释奠仪式，登坛发表《南剑道南堂仁说》，并作《延平书院落成柬诸友》诗（其一）："当日二程门下士，独分此道过来南。百年世事相传处，书院天生著剑镡。"诗中说，游酢、杨时程门立雪载道南来，理学南传，有杨时、罗从彦、李侗、朱熹四代百年的传承，在南剑州创建书院是"天生"，即天经地义的事。

三

《（民国）南平县志》记载："延平乃杨、罗、李、朱四先生传道之邦……遂仿白鹿洞规式，创书院于南山之下，以为奉祀讲学之地。礼聘九江蔡念成为堂长，延请洪斋李燔定学规，捐俸市田，以赡生徒……端平元年，郡守黄垺复请，乃敕赐'延平书院'额。"说明延平书院是为纪念延平四贤杨时、罗从彦、李侗、朱熹的讲学传道之功绩，仿照白鹿洞书院，在九峰山南麓创建，用于奉祀讲学。礼聘蔡念成任山长，教授学子。蔡念成博学而精，陈宓"买田养士"聘请名师，四方贤士会讲于此。陈宓深感白鹿洞书院受到帝王重视，得到发展，值得仿效，便请求朝廷表彰延平四贤——杨时、罗从彦、李侗、朱熹四人对道统的传承作用，并请赐额。端平元年（1234），宋理宗赐额"延平书院"，此时陈宓已经去世，但他生前的愿望得到了实现。

明理尚学学有规。延平书院不仅建筑布局仿白鹿洞书院，其办学宗旨，学生必须遵守的教条，做人做事的规则，也仿白鹿洞书院之学规。《白鹿洞书院揭示》，也称《白鹿洞书院教条》《白鹿洞书院学规》，是朱子于宋淳熙六年至八年（1179—1181）任南康知军，重建白鹿洞书院时所订。而延平书院则由朱子门人李燔定学规，以修身做人为第一位，列出了五教之目，为学之序，修身、处事、接物之要等内容，继承了《白鹿洞书院学规》的核心精神。

五教之目：父子有亲，君臣有义，夫妇有别，长幼有序，朋友有信；
为学之序：博学之、审问之、慎思之、明辨之、笃行之；
修身之要：言忠信，行笃敬，惩忿窒欲，迁善改过；
处事之要：正其谊，不谋其利；明其道，不计其功；
接物之要：己所不欲，勿施于人，行有不得，反求诸己。

朱子说："近世于学有规，其待学者为已浅矣。"他认为，讲明道理让学生心悦诚服是主要的，用条规来约束学生的行为是次要的。延平书院继承了朱子的做法，以学约形式进行辅助管理。此后，明清时期书院定有章程，规定有关学额、考课、膏火与奖赏银分配、院规等。

四

宋代，延平书院设职事四位，山长一位。首任山长蔡念成，字元思，号东涧，宋江州德安（治所在今江西省德安县）人，朱子门生，从淳熙七年（1180）在白鹿洞书院开始跟随朱子，后又随侍朱子至建阳考亭沧洲精舍。"事文公最久，辨疑问答，必悟彻实践而后已。"知州陈宓、山长蔡念成及李燔等人把延平书院办得很有特色，四方名士咸会，每季与同道中人聚会一次，切磋经学，延平书院因此声名鹊起，如日中天。据《（嘉靖）延平府志》载："蔡念成长延平书院，博学而精，行谊尤明粹，一时学士倚为桢干。大儒真德秀帅长沙，未上，亦慕名来参与讲学，冠履趋跄，弦诵洋洋闻朝夕。"

朱子和他的学生所主持的书院，以学习"四书"为主，要求"先读《大学》，以定其规模；次读《论语》，以立其根本；次读《孟子》，以观其发越；次读《中庸》，以求古人之微妙处。"以"五经"为辅，次及史、传，再次读古今诗文辞章，同时以朱子理学著作为补充教材。

800多年前的书院，就像我们今天的大学，不同的是，书院的学堂在讲学或辩论时开放，多数时间，学子自主自习。延平书院四周山林环绕，有"九峰朗月""猿洞秋风""龙津春浪""三寺云深"等风景名胜，这些都成为了书院延伸的课堂。山长、职事时常带领学子走进山林，于山环水抱处讲学。

道南堂两侧分立四斋，以聚生员。士子负笈四方来，书院不收学费，但对于作为拜师礼的束脩则会收取。书院还会给贫穷学生提供食宿。朱子讲学时，蔡元定、黄榦、刘爚等一批跟随他多年的学生是他教学上的得力助手。宋代的延平书院也参照朱子做法选拔学生为助教。

五

陈宓在《延平书院落成柬诸友》诗（其二）中很好地描绘了延平书院的地理位置——地处"群峰九叠势来雄"的九峰山麓（今南平市动物园处）；"隔断市廛才一水"，与南剑州州治仅一水之隔；"读书如坐万山中"，书院处于群山环抱之中，学生们读书犹如置身于万山之中，不见尘中事，唯闻鸟鸣声，是读书的绝佳场所。

清人施开治曾感叹："萋萋蔓草一荒丘，莫说当年庭院幽。可惜吾生生独晚，山川文物两悠悠。"延平书院建成后历经多次重修。元末，毁于寇，明知府俞廷芳重建；明正统年间又毁于寇，景泰年间重建；崇祯七年（1634）又毁，清光绪七年（1881），巡道朱明亮、知府张国正重建；1914年，建安道尹晋江人蔡凤初重建。至民国末，院墙芜没几经年，只留满翠锁山谷，八百年的学府已是萋萋蔓草、一片荒野。20世纪50年代，南福铁路建设时，拆毁书院仪门残墙，书院内建筑的木质架构严重毁损，而这最后的遗迹也于1956年九峰动物园修建时被拆除。

六

延平自古有"仙灵楼息之邦，神物飞腾之地"之誉。地灵人杰，明清时被称为"理学名邦"，亦称"道学名邦"。《（民国）南平县志·名胜志坊表》载："道学名邦，府谯楼外，为杨、罗、李、朱四先生建。"因朱子与"南剑三先生"杨时、罗从彦、李侗的师承关系，四先生遂被称为"延平四贤"，亦称"闽学四贤"。但这都是民间称谓，按从祀孔庙位次排列，只有朱子位列十哲之次，称"先贤"；杨时、罗从彦、李侗则称"先儒"。

延平书院是南平、福建乃至中国历史上一座重要的书院。书院里，曾保留过"延平四贤"的许多遗迹，是"理学名邦"的集中展示地，也是后人缅怀先贤的礼敬殿堂。为贯彻落实福建省委、省政府关于打造朱子文化品牌的部署，南平市人民政府于2015年决定重建延平书院。项目由南平市文化和旅游局负责，南平市土地发展集团有限公司为业主，延平区人民政府为实施单位，选址九峰山南麓，征地8671平方米，其中建筑占地面积1332平方米，景观面积7339平方米。书院东侧与规划建设的九峰山公园东大门毗邻，南侧为闽江大桥与316国道连接线，西、

建设中的延平书院（柯仙炉　摄）

北面倚山，环境幽静，交通便利。设计人员在考察白鹿洞书院的基础上，参照《南平县志》等史料记载，遵循古代书院讲学、藏书、祭祀三大功能要求，形成初步设计方案。重建的延平书院主体建筑有横翠楼、礼殿堂、明伦堂、四贤祠、藏书楼、光风霁月亭等，内有牌坊、先贤雕塑等，目前一期工程已完成。

新落成的延平书院定将发挥新时代作用，焕发新时代光芒。

附

重建延平书院记[1]

〔明〕徐 海

圣贤传道之具也,道体无为,托圣贤而后能以有为也。圣贤作,则斯道明于时;圣贤不作,则邪说惑于世,圣贤其重也哉!上自尧舜,下迨周程,以斯道淑人心者可见矣。延平愿中李先生生于其后,慨然有志斯道。已而闻豫章罗仲素得受河洛之道于龟山杨中立之门,先生遂往学焉。从之累年,受《春秋》《中庸》《语》《孟》之说,从容潜玩,有会于心,尽得所传之奥。呜呼!天之产先生者,正欲阐明斯道于当时也,夫岂偶然哉。宋嘉定二年,陈复斋来守是邦,仰慕先生道德文章,温和纯粹,仿汉白鹿洞规,建书院于镡溪南九峰之下,以奉祀焉。殿塑圣像,庑绘从祀,堂绘四贤。临溪有门,门内有桥曰"风雩",接两山跨莲池,池上有亭曰"濯缨"。殿阶之南,复立道南堂。左右列诚明、忠恕、中和、敬义四斋。东有光风霁月亭。堂后有阁曰"尊经",尊经之南有楼曰"横翠"。当时四方贤士会讲于斯。

遭元季兵燹,遂废。我朝龙兴之初,洪武庚辰,郡守俞公廷芳重建。于时金宪匡公按临,悯第宅为民侵扰杂处,一皆绳之,广袤悉归于院。数十年间,凌风震雨,殿庑倾圮。宣德戊申,丰城雷侯诚来守是郡,叹

---

[1] 本文选自吴栻等:《(民国)南平县志》卷十三,《中国地方志集成·福建府县志辑》第9辑,上海:上海书店出版社,2000年,第521—522页。由张荣丽点校。

其荒秽，遂割俸敦工修葺，率尔一新。庚戌冬，府判①玉山程侯钫，以为当时得传吾道于杨、罗之门者，独先生也，又捐资塑像，增构礼亭于祠前。凡大夫士来参谒者，莫不睹先生仪型于仿佛。镡津李仲渊有弟胜，以文学任无为州判官，崇儒好道，亦先生之遗裔，感其落成，来请余记。余固陋欲辞，义不容辞者有二焉。

上念先生，明辨②折衷，俾斯道昭如日星，而惑世诬民戕仁贼义者不兴。下念雷程二侯，振作斯院，使道学之风不泯。而方来之士，知有所宗，又奚可无一言以求助哉。虽然，先生道德文章灿然载诸简册，固不待余言而助，然世有先后，人有古今，不详言以述之，则后言无所据，遂即笔书以刻之。他日南闽士子，于焉而讲学，于焉而行礼，则必潜思力行，以维先生余风。如是，则先生道德之名益尊，而雷程二侯作兴之功愈著矣，仲渊岂不大有幸焉！是为记。

【校勘记】
①府判，原作"判府"，径改。
②辨，原作"辦"，径改。

道南书院：道南精神永流芳

◎ 张荣丽

"道南"一词，源出有典。

《宋史·杨时传》载："见程颐于洛，时盖年四十矣。一日见颐，颐偶瞑坐，时与游酢侍立不去，颐既觉，则门外雪深一尺矣。"这里讲的是，北宋元祐八年（1093）福建人游酢和杨时拜访理学家程颐的故事。这个故事后来成为家喻户晓、人人皆知的"程门立雪"典故。"立雪程门，游杨敬师之至"被编入明清二代的童蒙读物《幼学故事琼林》等，随着幼童琅琅的诵读之声，从此广泛地流传开来，至今仍是尊师好学的典范。

宋熙宁五年（1072），游酢在京城上太学时拜程颢为师。元丰四年（1081），游酢携杨时同往颍昌（治所在今河南省许昌市），就学于程颐，归闽时，程颐对着游、杨两人背影说"吾道南矣！"意思是"我的学说要传到南方去了"。他们"载道南归"，经年后传至朱子，朱子又创立闽学，使南方成为国家文化重心。厦门大学教授高令印在为《千秋雪》一书（游生忠著）所作的《序言》中指出："道南"是重大的历史事件。朱子学由武夷山一带北传至全国和海外，成为元明清三朝主体文化思想、东亚文明的体现、世界性的学说。这种具有深刻意义的国际性的中国文化运动，其源头活水是游酢、杨时的"道南"。

· 延平篇 ·

"吾道南矣""载道南归"是宋明理学名言,亦是中国思想文化史上的名言。"道南"二字,成了一个专用语,一个典故。

一

"吾道南矣""载道南归""程门立雪"名言典故的主人公均是历史上之闽北人。游酢,字定夫,宋建州建阳人。杨时,字中立,南剑州西镛龙池团(地在今福建省三明市)人。游酢与杨时同在宋仁宗皇祐五年(1053)出生,两人同龄;同是进士及第;同是二程高弟;他们的关系十分密切,游杨两家是儿女亲家,游酢唯一女儿嫁给杨时儿子杨遹为妻;两人都是政治家、理学家,闽学的先行者。他们的人生经历也很

道南书院图(《(民国)南平县志》)

相似,但发展方向各有侧重,对中华文化传承发展贡献都很大。

首先,"游酢是循吏型的学者"(引刘光舟《延平三千年》中语,下同),历任监察御史、汉阳知军、舒州、濠州知州,在勤政方面影响很大。而"杨时是学者型的循吏",曾历官浏阳、余杭、萧山知县,荆州教授,工部侍郎,以龙图阁直学士专事著述讲学。

其次,游酢三十岁登进士,至七十一岁离世,四十年间,多在外地为官,长期远离闽北故里;杨时享寿八十三,累计有四十年时间在闽北著书立说。

最重要的是,他们都把一生孜孜以求的学说传授给学生。

据《宋元学案·廌山学案》记载,游酢有门人黄中、胡安国、吕本中等人,朱子极敬慕黄中人品才华,曾执弟子礼请教仪礼章法;胡安国,湖湘学派代表性人物,胡安国传胡宪,胡宪为朱子在武夷山师从的三先生之一;胡安国再传弟子张栻,是湖湘学派集大成者,历史上著名的朱张论辩,促进了朱子"中和新说"的形成;吕本中的侄孙吕祖谦是朱子好友,与朱子合编理学经典《近思录》,他们都对朱子理学体系的建构有帮助。杨时"门庭殊盛,弟子众多",有一批传播他学术思想的精英群体,特别是门人罗从彦传李侗,李侗传朱子,朱子集理学之大成,创立新儒学,朱子学之后更是成为国家主体文化思想,影响中国社会近千年,还远播日本、朝鲜半岛及东南亚等地,成为世界性学说。

二

尊师且好学,多指青年人。游酢、杨时程门立雪时在北宋元祐八年(1093),二人都已四十一岁。当时的游酢是太学博士,杨时是湖南浏阳知县,初冬时节二人千里迢迢来到洛阳,老师瞑坐,二人静静侍立一旁,至老师醒来时,门外雪深已一尺,这种尊师求学的精神是值得千古传颂的。

明刑部侍郎游居敬在《请从祀疏》中说:"杨时之在南也,一传而为罗从彦,再传而为李侗,三传而为朱熹。至朱熹而集诸儒之大成,功则伟矣。"

"大贤所生,其地其时,皆不偶然也。"中华文化的核心代表儒学发展到宋代受佛教、道教的冲击,几经沉浮,一度式微,直至朱子集理学大成,创立新儒学,兼收各家之长,将先辈的理论创新,运用于已经改变了的现实世界,挽救了传统儒学,并使之在以后的近千年时光中,继续发挥作用。朱子学发展成官方主流文化意识形态有道南一脉的贡献,与道南精神的承传分不开。

罗从彦一生致力于理学研究,四十一岁时长途跋涉到浙江萧山求学于杨时,潜思力行,得杨时真传,后清代康熙皇帝御赐"奥学清节"赞之。李侗二十四岁,就求学于罗从彦,一生不仕,谢绝世故,一心追求儒学真谛,清代康熙皇帝御赐"静中气象"赞之。朱子十九岁进士及第,二十九岁步行三百余里,从崇安五夫里到延平执弟子礼拜李侗为师,朱子说:"从游十年,诱掖谆至。"朱子所建构的庞大理学体系体现了历史的脉搏、时代的精神,他的学说成功回应各方挑战,适应了社会需求,被称为新儒学,康熙皇帝御赐"学达性天"赞之。

三

明代,延平府在紫云岗建道南书院。

延平是一座依山而建,绿树楼台倒映江河的山城,城东有梅山,城西有西山。两山之间是紫云岗,取"东海沉碧水,两阙乘紫云"的"紫气东来"之意。紫云岗居高建瓴,俯望闽江神剑化龙处,仰眺九峰清风朗月际,是延平古城的文昌宝地。

明文渊阁大学士丘濬《道南书院记》:"书院在府治之东,广丈十有一，长十有七。前为三门，后为厅事，中为堂，最后为燕息之所。前后各六楹，并翼以两厢，通环以周垣。经始于弘治壬子春，其落成则是岁之秋八月也。"由此可知，道南书院建于1492年。明正德年间（1506—1521）延平知府欧阳铎，改建于城北龙山麓，中为讲堂，上有文昌阁，左为四贤堂，外为官厅、斋舍。清康熙五十八年（1719）知府任宗延重建于紫云岗。清光绪元年（1875）刘存仁任道南书院山长；高镛于1903年前任山长（起始时间不详）。

丘濬在《道南书院记》中说："朱子者出，斯道乃大明于瓯闽之间。使天下后世，知有圣贤全体大用之学，帝王大中至正之道，万世行之而无弊者，其功大矣。……今天下，家藏朱子之书，人习朱子之学。……闽中所产士，以朱子为第一流人物。而闽士所建立者，以重明道学为第一等事功。延平为郡，虽僻而小，然其所关系甚重而大如此，非但有光于八郡也。"大意是说，朱子学使天下人都知道有圣贤之学，帝王有治国理政之道，万事行之百利而无弊，功劳很大。……今天下，家家藏有朱子之书，人人学习朱子之学。……八闽所出的士人，以朱子为第一流人物。八闽士人以兴盛"闽学"为人生追求。延平虽是一个偏僻的小郡，却承担着将优秀传统文化（闽学）继承下去的重任，这不仅是延平郡的荣耀，也是整个八闽大地的荣耀。

也因此，道南书院自落成起，得到历代官府的重视。

据《（民国）南平县志》载，清乾隆十一年（1746），巡道张坦收取南平"义学"部分田租，归书院使用。后南平知县陶敦和，筹措三百金添置田谷，将剩余银两交典当商生息以供师生膳馔不足，后又充实府、县案判充公的田租，以及清理寺庙余租银两也加给书院。嘉庆年间，掌教率生员禀请府、县清算梅山寺田产，用于整修书院，增加了斋舍，书院颇具规模。同治年间巡道周复瀛每月下拨大洋四十八元，为新入学的生童提高膳食标准。

四

道南清辉映古今。

道南书院于清光绪二十九年（1903）改为延平中学堂，章元汉经魁为监督。1906年改称延平师范学堂，高镛拔贡续为监学，开启旧书院向新学堂的转型。1917年改为省立第四中学，1944年改名福建省立南平中学，是福建近代教育史上第一所公立初高中学校，生源来自全省各地，是当时八闽学子心中向往的知名学府。1956年7月，改为福建省南平第一中学。1977年全国恢复高考后，仅20世纪90年代，就培养出四位高考省状元；1994年教育教学成绩创历史新高，高考文、理科十个学科总评分，有七个学科居南平地区首位，并摘取了全省理工类、文史类高考"双状元"，誉满八闽；"南平第一中学办学经验"曾到北京交流，南平第一中学成为省内名校，国内荣校。延平湖畔道南书院传精神，紫云岗上赓续文脉百廿载，道南精神影响了一代又一代南平人，精英人才如雨后春笋般不断涌现。回顾120年

道南书院旧址（今南平一中图书馆）（张荣丽　摄）

发展历程，诚如南平第一中学 120 周年校庆所赞："百廿根之茂，道南其实遂。双甲膏之沃，紫云其光晔。"

　　福建书院的繁荣发展离不开朱子的努力。朱子一生致力于书院发展，并在朱子及其后学的倡导下，福建书院在教学活动中体现出注重自学、独立思考、问难论辩、学思并重、致知力行等特色。如今，中华民族正在一步步走向伟大复兴。北京大学、复旦大学等校的专家学者及校友，联合全国一大批著名学者共同发起，在常州建道南书院，书院取名"道南"，定院训为"修身立德、思辨明道"，传承先贤弘道天下之精神，共继道南之道统，以图文化强国。取名"书院"而非"学堂"，意在继承宋代书院精神。新道南书院表示"聚四方之俊秀，非仅取于一域"，以弘扬中华优秀传统文化精粹为己任，为炎黄子孙之文化昌明自相勉励。

　　道南书院发端于宋代，鼎盛于明清，恢复重建于当代常州。越千年，道南学子承继"道南"精神，为往圣继绝学，为中华文明的传承发展作出了巨大贡献。

　　愿道南精神历久弥新，代代流传。

附

道南书院记[1]

〔明〕丘 濬

道学复明于宋，起自西南而行于中州；其后也，复还于东南，盖天示奎文以开有宋一代文明之治。生周子于道州营道县，历四叶，天子以明道纪年，是岁，明道生于黄州之黄陂。明年，伊川生。大贤所生其地其时皆不偶然也。二程侍其父大中公宦游南安，周子适官于是，承父命从学焉。是则道学之兴，其始盖自南也。程子既长，归北方，乃以其所得于周子者，教河洛之间，一时南北学者从之游。南方之士其尤著名者，游与杨也。游之别也，程子未尝无赠言，惟龟山先生之行，特发为"吾道南矣"之叹。所谓南者，非道始之南也，道终归于南也。

嗟乎！先生之归，岂但儒道随之而南哉？曾几何时，而世道亦从而南，中原遂沦于夷狄，虽以嵩、洛间人亦不复知有程学。幸而奎文道脉中兴于南，朱子者出，斯道乃大明于瓯闽之间，使天下后世知有圣贤全体大用之学、帝王大中至正之道，万世行之而无弊者，其功大矣。后之人推原所自，咸归其功于龟山先生。盖以周、程二三子发明孔孟不传之秘，于绝学千五百年之后，演斯道之脉而延之。俾常行至今者，非先生之功而谁功？《传》曰："道待人而后行。"当宋运中否，假饶世无先生，

---

[1] 本文选自〔明〕丘濬：《琼台会稿》卷一，明嘉靖三十二年（1553）琼山郑廷鹄编刊本。由张荣丽标点。

则无朱子矣。无朱子，则周、程以上所传之要、尧舜以来相承之绪，必至中绝，其所关系岂细故也哉！是以尚友古人者，不徒论其世，而必表其地也。

谨按：先生自五世祖来居将乐，初师程伯子于颖昌，继师叔子于洛。得道南归，以授其徒罗仲素。仲素之先，豫章人也，避难来居南平，后徙于沙。仲素于杨门，独能任重诣极，以所得河洛之学，授其同邑李愿中。而朱子渊源实于是焉出。是三先生者，皆剑产也。而朱子亦生剑之属邑尤溪。夫以一郡之狭，四邑之小，二三百里之近，百年之中，乃有四贤并生于一时，上承下启，以延千万年道学之脉，其地盖视东周之邹鲁也。昔孔子生于鲁，当成周之既东。乃欲兴其道于东方，盖谓鲁也。然而竟不得如所志，惟以斯道传其徒曾参，参以传圣孙伋，伋传于邹孟轲氏。后世称斯文之宗，必曰孔、孟，称文献之邦，则归鲁邹云。方宋盛时，孔孟之道大行于河洛之间，是时犹未南渡也。先生归延平，程子已谓其载道之南。其后果有罗、李二先生继先生而起，以传其道，集大成于朱子。今天下家藏朱子之书，人习朱子之学，夫孰不知其渊源来自紫阳，而聚徒讲授于考亭、云谷之间，以发挥程学。上溯孔孟之传，抑亦或有不知剑浦之滨、九峰之麓，乃朱学所从来之要会者矣。苟非当路君子有以表章之，夫孰知其然哉？鄱阳苏章蚤习程朱之书，以明经登进士第，历官郎署，来知延平府事，慨然欲推所学以见于行，首以化民成俗为政。恒谓："世之论道学所兴之地，必曰濂洛关闽。闽八郡而分上下，兹郡实居上下之中。西与建境，其西之趋会府者，沿剑津而下；东与福境，其东之朝京国者，溯剑津而上，或往或来，何莫不由于斯。闽中所产士，以朱子为第一流人物；而闽士所建立者，以重明道学为第一等事功。延平为郡虽僻而小，然其所关系甚重而大如此，非但有光于八郡也。"于是与其同寅通判府事应元征、推官王铎，图所以厚报祀而大显扬之者。佥曰："三先生于南、沙、将乐旧各有专祠，近又于郡城北隅合而祀之，毋庸致力矣。今吾侪新构公宇，以为朝命重臣驻节之所，甫尔告成，而未有名称，盍揭'道南'二字以为书院之榜，以示八闽士民与夫四方宦游士大夫，凡使节往来及以事经行者，俾知兹郡为道学重兴、渊源所自之地，不亦韪欤。"侯曰："然。"遣伻来求记于予。予既推原斯道所以南之故，及其书院所以名者如前，又为纪其规制岁月，曰：书院在府治之东，广丈十有一，长十有七。前为三门，后为厅事，中为堂，最后为燕息之所。前后各六楹，并翼以两厢，通环以周垣。经始于弘治壬子春，其落成则是岁之秋八月也。

屏山书院：养正毓德世泽长

◎ 张荣丽　应积满

　　应积满，中学高级教师，南平市延平区中语会副会长、南平市作家协会会员、南平市书画学会会员，福建省作家协会会员。出版散文集《家住土库》。参与《峡阳》《中国民间故事集成·福建卷南平分卷》《龙驿延平》《四贤故里·百合之乡》《延平历史名人》《延平物质文化遗存》《延平非物质文化遗产》等文稿撰写。

"重理学风淳俗朴，尊名贤德厚才高"，这副对联挂在峡阳屏山书院大门两侧已有170多年历史。

峡阳屏山书院始建于清道光二十八年（1848），位于延平区峡阳镇西北的玉屏山下，因背靠玉屏山而得名，是南平市现有保存较完好的原貌古书院。

一

峡阳，闽江上游富屯溪贯穿全境。两山一水谓之"峡"，坐北向南谓之"阳"，故称峡阳。东汉南平建县，峡阳乃是县城的一部分，居民多数是闽越人，西晋末"八王之乱"、唐"安史之乱"、北宋末"靖康之难"，中原诸姓陆续南徙，遂有"应、骆、张、范、连、梁"六大姓。古时，峡阳"人烟三百，铁匠二十四炉"，现为千年客家古镇，入中国传统村落名录。据《（民国）南平县志》记载："在宋，朱子尝过化焉。"朱子曾在峡阳镇小梅村的李子坑精舍讲学，并手书"鸢飞鱼跃""天光云影"等。获山川之钟灵毓秀，得先贤之教化润泽，古镇人才辈出，灿若繁星。

清道光二十六年（1846），杨应斗任南平县峡阳分县县丞，他修废兴利，做了不少民生好事。杨应斗认为，"今日庠序之教微矣，圣贤之道熄矣""峡阳民风朴而未淳，士习端而噉，薰陶之术未周"。他感到峡阳民风朴而不淳，乡人谈吐粗鲁，这是因为道德教化的推广有所欠缺，因此召集峡阳士绅乡贤商议修建书院。地方士绅贤达和乡民纷纷响应，踊跃捐款。

屏山之麓，旷远清幽，育才之地，兴建书院。

道光三十年（1850），举人应銮阶、拔贡应蔚华进京参加礼部考试和内廷召试，特意拜访了前福建学政、时任工部右侍郎的彭蕴章，禀陈

屏山书院大门（应积满 摄）

峡阳修建屏山书院之事。彭蕴章欣然提笔,写了《峡阳屏山书院记》:"始于戊申四月十八日,成于本秋八月十二日,阅己酉而工竣。""中建讲堂,刊奉朱子《白鹿洞教条》。复构后堂,以祀四贤。前后东西两廊门庑外,扩地数亩许,堂之背又隙地十余亩,周围缭以墙垣,更绕以旁舍,共得五十一间,遂颜其堂曰'屏山'。"屏山书院于道光二十八年(1848)四月十八日动工,次年竣工。共建造中堂、后堂、东西两廊厢房及门庑等共计五十一间,然后扩地十余亩,种植桃李花木,修建围墙。整个书院,屋宇俨然,错落有致,奇花异木,四时芬芳。

峡阳屏山书院沿用朱子《白鹿洞书院揭示》,这个学规是朱子为培养人才而制订的书院教育方针,它包括的内容很广,提出了教育目标、教育内容、为学程序,指明修身、处事、接物的纲领。首先,要求学生明确纲常的"义理",并用之于身心修养,从而让人人自觉维护社会秩序;其次,要求学生按学、问、思、辨的"为学之序"去"穷理""笃行";再次,指明了修身、处事、接物之要,作为实际生活与思想教育的准绳。书院建成后,不分贫富,广收峡阳及周边乡镇的学生,不仅教化了学童,也扭转了地方民俗风气。同时,科举考试,声名鹊起,贡生、秀才、举人连捷登第。咸丰癸丑科(1853),应銮阶以大挑一等,先后宰湖北咸丰、松滋、枣阳诸县,政声显著,朝廷赏加知府衔,事迹载入《南平县志·列传》。应蔚华内廷召试后,任职直隶州判,俟后回闽,特授德化县儒学教谕,钦加内阁中书五品衔,晚年任屏山书院掌教堂长。

二

彭蕴章《峡阳屏山书院记》指出:"以孝弟(悌)忠信礼义廉耻为不可缺。"屏山书院正是这样,很重视对学生进行"孝悌、忠信、礼义、廉耻"的教育,这缘于"明清时期,福建各地成立的书院几乎没有不受到朱子影响的"(陈支平《朱熹及其后学的历史学考察》)。

朱子之所以尽其一生的精力构建庞大的理学体系,其真正的目的是为了引导社会道德的端正与政治氛围的改善。在朱子的著作中,我们可以看到大量涉及社会阶层中的一般平民百姓的社会现实问题的内容,诸如,如何兴学、劝学,如何促进基层社会教育,端正民风习俗,遵循社会礼仪,重建家族宗族组织,及推行乡俗孝道,化民成俗、养正毓德,等等。

福建各地书院之所以推崇朱子,以朱子为楷模榜样,当然是出于朱子的道德文章及其教化,以朱子道德的力量,培育后代,淳化社会。乡中老者回顾,其父辈曾说:屏山书院生童必读朱子《小学》一书。建造于同时期的南安诗山书院也是如此,清戴凤仪在《诗山书院志》录张伯行《朱子小学题辞》后写道:"朱子《小学》一书示人以读书阶梯、做人模样,……学者非将此全书熟读体认,则无以收放心、养德性,而正一生之学术。是《小学》者,《大学》之基址,即正学之权舆也。""可知训蒙之法,必先从事于《小学》,以清其源,使浊流不得而混。然后《四书》《六经》《近思录》之精奥可渐次而通,善人、君子、圣人之堂室可渐次而入。"从不少的记述中,我们可以领略到即使是到清代末期,朱子在福建民间书院中的影响力也是无可替代的。书院的各种规制及教材几乎都是源于朱子的教化理念。《峡阳屏山书院记》:"且教立则经正,经正则庶民兴,行而无邪慝。其极至于道路相让,风俗仁厚,而刑罚措。"朱子不懈地倡导推行兴学、敦化风俗的努力在峡阳收到了良好的效果。

屏山书院木制盛器(应积满 摄)

三

清光绪三十一年（1905），曾求学于福州鳌峰书院的应康济在屏山书院创办两等小学，并担任校长，成为南平县第一个创办新学之人。民国初年至抗日战争期间，南平县第二区公立第一高等小学也办在书院里。解放后，创办峡阳中心小学。1969年，峡阳中学又创办于屏山书院，校园面积和办学规模进一步扩大。2000年，屏山书院经修缮后焕然一新，正面筑以牌坊，雄伟高踞；又建"四贤堂"，悬挂"延平四贤"杨时、罗从彦、李侗、朱熹画像；还修建水池，设置盆景，植树栽花，环境更为幽雅。

书院修复后内设陈列室、成才室、书画室、图书室等。陈列室陈列着2000年修缮屏山书院时发现的木制器物，有戒尺，有祭祀时使用的盛器"豆"等；成才室有民国至1950年代的学生毕业证书，以及学子奉献社会荣获的奖状、证书等。书画室收藏的是从屏山书院走出去、工作在省内外的学子的书画作品，其中应植棠老校友凭记忆整理的《南平剑津中学校歌》《峡阳中心小学校歌》尤显珍贵。图书室则有藏书两万余册。

作为峡阳中心小学、峡阳中学的前身，书院里有祭祀用的木制盛器、木狮、案桌，有古钢琴、铁盒（装学校印章）、书桌等。这些木制祭具，让人仿佛触摸到历史文物跳动的脉搏，嗅闻到传统美德散发的馨香。

屏山书院修复后，每年举行"三老聚会"，即曾就读于屏山书院的老同学、老校友、老同乡在每年的国庆假日期间在屏山书院聚会。"三老"欢聚一堂，畅谈国家和家乡发生的巨大变化，分享着美好的"桑榆"晚情。

每年五四青年节、六一儿童节，峡阳中学、小学都要组织团员、少先队员到屏山书院参观学习，进行爱国爱乡教育，培养学生励志勤学、爱国爱乡的情感。每学期，峡阳中学在屏山书院召开德育工作研讨会，激励教师继承先贤爱生敬业的优良传统。

朱子理学等优秀传统文化养正毓德的精神在峡阳屏山书院、峡阳中心小学、峡阳中学继续传承。

四

屏山书院，2002年，被延平区人民政府确定为重点文物保护单位；2004年，被中共南平市委、南平市人民政府命名为爱国主义教育基地；2009年，又拓展为延平区乡村少年宫、峡阳镇图书馆；2018年，入列南平市"朱子文化遗存"名录。

屏山书院集"朱子文化遗存"、红色苏区旧址、南平市青少年爱国主义教育基地、乡村少年宫于一体。峡阳镇党委、政府充分认识到屏山书院所承载的文化价值，在屏山书院成立未成年人思想道德研究会，定期召开会议，倾听大众的意见，制订切实可行的活动计划，报告革命英烈、革命先辈的事迹，用爱国主义精神教育青年一代。把未成年人思想道德建设细化到"四个一"的措施：开展一次宣誓仪式，即组织七年级学生向不良行为告别宣誓仪式、八年级立志成才宣誓仪式、九年级成人宣誓仪式；开展一次公益性活动，如帮助孤寡老人做好事，到公共场所打扫卫生等；开展一次法治教育，聘请公安干警和老校友开展遵纪守法教育报告会；开展一次"我为家庭献爱心"活动，教育未成年人增强家庭观念。

如今，屏山书院依托"一会六室"，即未成年人思想道德建设研究会、陈列室、阅览室、书画室、文学创作室、科普活动室、成果展示室，多视角全方位开展未成年人思想道德教育活动。

养正毓德，注重道德修养，有利于和睦家庭、和谐社会、安定国家，峡阳书院在新时期将继续发挥教化功能，在促进乡村文明建设和乡村振兴中作出更大贡献。

附

峡阳屏山书院记[1]

〔清〕彭蕴章

剑津为朱子讲学往来处，其西溪沿流而上曰峡阳，巨镇也。乾隆初，分驻南邑邑丞，所辖一十五图。道光二十六年，杨君应斗宰是乡，修废举坠，谓"峡阳民风朴而未淳，士习端而近嚣，皆由薰陶之术未周"。乃与诸士绅议立书院。陟降原，相其形势，睇及屏山之麓，旷远清幽，曰："此可为育才地矣。"爰捐俸倡始，以次题捐，咸踊跃佽助。于是营基购址，庀材鸠工。中建讲堂，刊奉朱子《白鹿洞教条》。复构后堂，以祀四贤。前后东西两廊门庑外，扩地数亩许，堂之背又隙地十余亩，周围缭以墙垣，更绕以旁舍，共得五十一间，遂颜其堂曰"屏山"。始于戊申四月十八日，成于本秋八月十二日，阅己酉而工竣。余以丙午奉恩命视学闽疆，按试至津。知峡阳应试生童甚夥，历科科名不绝。岁科试竣，还朝奏报。庚戌春，应孝廉銮阶来会礼部试，应君蔚华，余己酉所拔南邑高才生，亦以内廷召试入都，晤于邸舍。二君皆峡产也，以新建书院碑记请余。惟国家敦崇教化，诏中外郡县，咸修学宫。敕谕学臣，加意教育，旁及僻壤山陬，无不得设义学、书院，凡以广德心，以一士习，

---

[1] 本文选自吴栻等：《（民国）南平县志》卷十三《艺文志》，《中国地方志集成·福建府县志辑》第9辑，上海：上海书店出版社，2000年，第535—536页。由应积满标点。

储民材以待朝用也。且教立则经正，经正则庶民兴，行而无邪慝。其极至于道路相让，风俗仁厚，而刑罚措。今杨君能以经术润饰吏事，权篆数月即汲汲于讲学之区，以化民成俗。征诸一事，其为治之不苟可知矣。而诸生生长理学名邦，濡染授受，渊源当益奋兴，求为有体有用之学，以明新至善之道为必可由，以孝弟忠信礼义廉耻为不可缺，以枉尺直寻、饰非怙过为必不可为，以博学笃志、切问近思、主敬行恕、存养省察为不可不勉。而及上祢周程，远宗洙泗，于以自内文明之治。他日进则为名公卿，退则宣上之德，观感闾里，以同风俗，以副圣世不遗荒远，永久无斁，作人之意，岂不懿欤！方今圣天子恭默思道，日与大臣表章正学，讲求正心诚意，本心法为治法，此尤士君子争自濯磨，亟欲报效之秋。夫士行为民俗之根，牖民以淑士为鹄，固非独系一乡一邑也，亦在勉之而已。余故徇二君请，为约略其言，使镌储石。至其题捐役费、租田约禁，另碑，故不书。

清道光三十年岁次庚戌仲夏之望，赐进士出身工部右侍郎兼管钱法堂事务前提督福建省学政加三级咏莪彭蕴章撰。

游定夫书院：程门立雪恒久远

◎ 张荣丽

游定夫书院，是闽北地区为数不多保存完好的古书院之一。这座书院与流传千古的"程门立雪"典故一样矗立在闽北大地上，根植于人民大众心中。

一

宋嘉定七年（1214），游酢五世孙游严从建阳长坪村，来到南剑州剑浦县积善乡普安里，即今延平区南山镇凤池村。游严精通易学八卦，踏勘地形，见此地山形如凤，遂取名凤池。又有传说，此处当年是凤凰栖息之地，凤凰曾经在清澈的池水里沐浴，故得名凤池。

游定夫书院坐落凤池村，距南平市延平区城区28公里，背依翠绿群山，面对良田、溪涧，是游酢九世孙游以仁为尊崇、纪念游酢，仿照建阳豸山书院兴建，初亦名豸山书院。明延平府同知曾子钦《定夫先生书院记》载："书院在溪之西，以其故里有豸山，故亦名豸山书院。"

豸山书院重建于元延祐四年（1317），以"尊师立雪，明理传薪"为训，形成了学规严谨的办学风格，培养了大量人才。元至治元年（1321），书院设立奖励减免制度，极大地激发了学子求学热情，远近乡村子弟纷纷前来读书求学。明嘉靖三十三年（1554），延平知府沈鏊联合当地士绅将其改建为游定夫书院，曾子钦应游酢十六世孙游居敬之请，撰《定夫先生书院记》，记述书院扩建事宜。原碑已失存，碑文见载于清《（乾隆）延平府志·艺文志》。书院以中轴线布局，轴线上依次为门厅、中堂、大殿。讲堂、祠堂、藏书楼是主要建筑空间，除此之外，还有供师生生活起居、游息玩赏等建筑。书院历经风雨剥蚀，清嘉庆元年（1796），游昌莘独资修复，修葺后的书院主建筑群规模宏大，两侧还有跑马场、练臂力的石锁等，并聘请名师执教，习文练武。当时的凤池村成了远近闻名的"文臣武将村"。

时代变迁，书院饱经沧桑，但元代的墙基，明代的石板、墙砖、牌匾，清代的四梁八栋、围墙仍存，尤其大堂保存较完整，中堂部分屋架坍塌，门厅已废。20世纪90年代，游氏后裔集资对书院进行第四次修复。修复后的书院占地面积2195平方米，建筑面积1093平方米，坐南朝北，

游定夫书院鸟瞰图（游恒照　摄）

依山面水，建筑风貌古朴，与"御史游定夫祠""游定夫学校""程门立雪亭""朱熹高弟游开之墓"，明代理学家"游居敬之墓"，明清建筑群"将军楼""州佐花园楼""育才楼""绅士舍"等形成独特的景观。

二

游定夫书院主祀游酢，书院悬挂"理学先驱""道南正脉"牌匾。朱子赞游酢："清德重望，皎如日星""流风余韵，足以师世范俗"。

游酢，北宋著名的理学家、教育家、书法家、诗人。游酢自幼颖悟，发奋读书，手不释卷，学问精进。《宋史·游酢传》记载：游酢，字定夫，号广平，宋建阳禾平里（今麻沙镇长坪村）人，生于宋皇祐五年（1053）。熙宁五年（1072），游酢二十岁在京城上太学时拜著名理学家程颢为师。同年八月，程颢任河南扶沟县令，游酢受聘为县学教谕，一面担任学职，一面受业于程颢。元丰四年（1081），游酢携杨时同往颖昌，就学于程颢，受益良多，得洛学之真传，游酢编《明道先生语录》。此后，游酢专攻理学，并以"灵利高才"见称于程门。

游酢于元丰五年（1082）登进士第；元丰六年任萧山县尉；元祐二年（1087）因家贫需奉养亲老，请求就近任河清县知县；元祐四年，任颖昌府学教授；元祐七年升太学博士。

元祐八年（1093），游酢已官太学博士，仍好学不辍，寒冬季节，偕同好友杨时，前往洛阳求教于程颐（程颢于1085年去世，程颐是程颢弟弟），那一天，大雪纷飞，正值程颐瞑目养神，二人不敢惊动，侍立一旁，等程颐察觉时，门外已雪深盈尺，这就是成语"程门立雪"的由来。

宣和五年（1123），游酢逝世，谥文肃。

游酢学识渊博，著述丰厚，著有《论孟杂解》《中庸义》《游廌山文集》《易说》《诗二南义》；从政40余年，勤政求新，惠政于民，清廉自守，史称："民戴之为父母，愈久不忘"；尊师重教、兴学传道，育才为本，著书立说，在理学的传承上，"程门立雪""载道南归"，是中国文化重心南移再兴的源头活水；正直人品、笃学精神、政治智慧、家国情怀贯穿一生。

宋理宗赞："伟哉圣道，光载南传。允矣君子，德业精专。春光融融，秋月娟娟。泰山之峻，河海之渊。先生风教，丽日中天。四方其训，朕有赖焉。"

清乾隆八年（1743），游酢从祀孔庙。旷世感召，教思无穷。

三

1994年修葺的游定夫书院为三进堂。由门厅、中堂和大殿三部分组成，从空中鸟瞰整个建筑结构呈"金"字形，后山呈"人"字形，是金字上部的一撇一捺；门厅、中堂、大殿三座主建筑是金字的三横；门厅后、中堂前的两口鱼塘，是金字的两点；中轴线是金字的一竖。门楼由四根圆形石柱和十根方形石柱高高托起，屋脊瓦顶上塑有精美的"二龙戏珠"，上方多层朱红色斗拱拥簇着竖写的金色雕龙牌匾"宋嘉熙二年敕建豸山书院"；大门用花岗岩石板材砌成，为八字墙式，这是经"皇帝恩准"给予游酢殊荣的特有建筑规格；上方镌刻着著名书法家游嘉瑞题写的"游定夫书院"五个金字，左右小门的门楣上刻着朱子手迹"程门立雪""载道南来"；右侧延伸墙上写"载道"，左侧延伸墙上写"南来"，字体活泼而遒劲，白墙黑字十分醒目。跨进大门，门厅为"正宗堂"，意为理学正宗，厅中的屏风是书院的简介，穿过碧绿的荷塘，登上石阶步入中堂，上方悬有"道南堂"牌匾，纪念游酢"载道南来"，所悬挂"道南儒宗""载道而南"是明代的匾额，下方挂着孔子的画像，左右墙上有理学家周敦颐、程颢、程颐、朱子的画像。再登石阶走进大殿，

游定夫书院大门（游恒照　摄）

仰视正中"立雪堂"牌匾，上方有一金色鎏金大方框，内写"道南正脉"，下方设有神龛，内尊游酢像，左右两侧挂清代匾额"理学元宗""西洛渊源"，大堂的左右墙上挂游九言、游九功、游似、游居敬画像。

书院 22 根石柱上书写着楹联，楷、行、草、隶各类书体尽备：有杨成武将军题写的"八闽理学和风起，两岸文章甘露来"，有福建省政协原主席游德馨书写的朱子楹联"道南首豸山学共龟山同立雪，理窟从洛水本归瀍水引导源"，有中国书法家协会原主席沈鹏题写的"广修德业昭今古，平守箴规学圣贤"，有福建著名书法家游嘉瑞题写的"程门立雪斋，步云秘省家"，等等。随处可见的墨宝，让漫步书院的人们陶冶于艺术的氛围中。

最为珍贵的是大殿右侧走廊尽头有口"聪明泉"井，井水冬暖夏凉，抿一口，清甜沁人，相传常喝这口井的水，能使人心智开窍，变得聪明。左侧尽头墙上镶嵌着宋淳熙年间制作的石雕龙头龙身，这是第四次书院大修时，从地下挖出的地龙，共八块，第一条石块上刻字，有些字虽模糊，但能看出"淳熙丁□□□抽常住财造□□谨记"；第二条石块上半部刻一兽首，下半部刻字；第三条石块刻龙头，眼睛、鼻子、舌头……，惟妙惟肖；第四、五、六、七条石块刻龙身，鱼鳞栩栩如生；第八条石块刻龙尾，整条龙体态矫健，粗壮的前爪，强劲有力的尾巴，似奔腾在云雾波涛之中。

四

游酢、杨时"程门立雪"，成为尊师重教的典范，在中国教育史上具有巨大的意义。

游、杨"程门立雪""载道南来"的精神，影响了他们的后世弟子——朱子。朱子十九岁中进士，在同安主簿任满后，从崇安（治所在今武夷山市）五夫里徒步三百余里至延平拜杨时三传弟子李侗为师，从此"捐书绝学费追寻"，一心向儒；宋淳熙三年（1176）八月，已名满天下、四十七岁的朱子冒着酷暑从五夫里到邵武，执弟子礼拜师于游酢高足黄中，讨教礼仪知识，引发朱子晚年编修仪礼大典——《仪礼经传通解》，使朱子学"理本礼用"的特征更加突出；在吸收游杨等理学先贤的学问后，朱子终成大器，集理学之大成，创立新儒学，开辟了中华文明新境界。

游酢后裔游以仁、游以义等传承弘扬先祖"程门立雪"精神，兴学重教，于元延祐三年（1316）在家乡凤池创建"御史定夫游公祠"，次年创建"豸山书院"，聘请名儒讲授理学。据游氏家谱记载，书院培养出许多仁人、贤才，仅明、清两代，凤池村不到百户人家，就有学子218名，按功名统计，有进士7名、举人67名、文武秀才14名。按官职统计，有尚书、侍郎、御史、巡按、知府、知县等64人。最出类拔萃的要数明代理学家、尚书游居敬的"五世宦仕"，朝廷为其一家立了6个牌坊。清代游昌莘家教严谨，子孙三代官至五品以上有6人。凤池村在游酢"程门立雪"精神的激励下成为闻名于世的"理学之乡"。

游定夫祠前立有一块宋元祐年间的石碑，记载"程门立雪"这一典故，还有一"儒石"也叙述着尊师重教的佳话。

从游定夫广场向右往书院方向，距离书院大门100米处的路边静立着一块条状石，刻着"上马石"三个遒劲大字，粗砺的石皮透着仁厚的本色，石块看上去古朴天然，像经霜的老人，但并非"村夫俗子"，而是沧桑中映透着书香气的"儒石"。游定夫书院人才辈出，声名远播，为学子所心仪，学子中不乏豪门子弟、富裕人家儿孙，骑马到游定夫书院上学，无不远远地翻身下马，

游定夫书院上马石（游恒照　摄）

把马拴在这上马石周边，徒步去书院，上完课，再在这上马石跃身上马回家。站在溜光发亮的上马石前，仿佛看到当年学子撩衫提袍在此石前翻身下马、上马，这上马石传承的不也是尊师重道的学风吗？

书院的第四次修复完成，为传承和弘扬"程门立雪"尊师重教精神提供了主阵地，有力地促进了社会尊师重教风尚的形成，当地很多望子成龙心切的家长前来瞻拜，祈愿孩子学业有成。书院内文物为研究闽学、传承中华优秀传统文化提供了翔实的资料，至今已有海内外专家学者及游氏宗亲近万人前来书院参观、瞻仰、考察。

"立雪见精诚，树尊师以令范；设堂明理性，遗重教之高风。"站在游定夫书院门前，看着朱红木门、青黑石凳、龙雕牌匾，耳畔仿佛听到了昔日书院的琅琅读书声……曾经的繁华依旧。熠熠阳光下，游定夫书院就像一座神圣的精神殿堂，激励着一代又一代学子尊师重道、孜孜以求、奋发图强。

附

定夫先生书院记[1]

〔明〕曾子钦

嘉靖甲寅，延平太守秀水沈侯始建定夫先生书院，则尝为文刻石，以纪其成矣。维时南冈吴公，以佥宪武平来巡兹土。敦崇风教，闻而韪之，犹病其为僧庐之旧址，而未辟也。乃再捐帑藏，下有司，敞其前门，翼之两序，黝垩而一新之。庙貌俨饬，士心翕悦。其后裔方伯可斋公谓钦与梁侯可大、徐侯珪亦尝董斯役者，不可以无言。

钦惟自孟轲氏没，而圣道之不属者千余祀。迨宋有濂溪周先生者出，不由师传，超然默契，建图著书，根极领要。然以孤微之学官卑与寡，未为时知。乃得二程夫子于穷荒寂寞之滨，遂相与扩大而推明之。于是人伦事物之繁殊，太极鬼神之幽深，莫不洞然森列，贯合于一。孔孟之传，复灿然昭著，如日中天。一时豪杰之士风从响应，在中州，则有若谢良佐、吕大临为之冠；在南方，则有若杨中立、游酢为之倡：皆号称程门高弟。游酢者，定夫先生也。卒与中立载道而南，游、杨盖并称也。后杨氏以其徒显，于是言周、程之嫡派者，咸宗龟山。而定夫之学，稍稍晦而不传，其尊崇之典，亦若有杀焉。余窃疑之，及考之史传，先生与兄醇文行并表，见当时交游皆天下士，伊川一见而许之可以入道。明道兴学扶沟，招典

---

[1] 本文选自〔清〕傅尔泰等：《（乾隆）延平府志》，《中国地方志集成·福建府县志辑》第37辑，上海：上海书店出版社，2000年，第739—741页。由张荣丽标点。

教士，先生尽弃其学而学焉。及宰河清，伊川喜之曰："游君德器粹然，问学日进，政事绝人远甚。"中立亦谓其成德有斐。师友之推重如此，其所造可知矣。当时学者往往淫于老、释，而先生蚤读《西铭》，独见大旨，曰："此中庸之理也。"故其学能以万物为体。元丰第进士，尉萧山，佥判齐州，调泉州，召为监察御史，风裁肃立。历守汉阳，知和、舒、豪三州，所至辄树惠政，戴如父母，去益久而见思。其为政一于薄敛谨刑，痌瘝乃身。本之以诚，出之以仁，所谓万物一体明通而公溥者庶几矣。然则先生发周氏之蕴，有功于程门者岂小哉？实德粹行，皎如星岳，流风余韵尚能使百世兴起尊崇者，胡独后耶？

先生先世乃建阳禾平里人，旧有鹰山书院奉祀遗像。国朝诏旨褒崇，相继修葺。其后有徙延平之吉溪里者，衣冠缝掖，蕃衍日盛，而书院独未之建，诚阙典也。钦也少，得闻此学于阳明之徒，每伏叹洙泗、峄阳邈哉，邈乎不可尚矣！得身亲于嵩伊闽洛之间，以纵观其盛，亦幸也。既而叨倅兹邦，入拜龟山、豫章、延平、紫阳四先生祠下，勃然若有兴者，而犹惑于定夫先生之未祀。今乃得竣事表章，使道南一派炳灵垂范，脉络洋洋。钦亦不揣蒙陋，窃从其后之人，岁时洒扫于俎豆之侧，恍游洙泗而亲溯濂洛，非大幸欤！虽然崇祀者有司事也，修其辞、明其道，以俟圣人者，则又先贤意也。良心旷世相触，哲士无文犹兴，苟生于其乡，仕于其地，而不知所歆激践肖焉，宁不为诸贤之罪人矣乎。《诗》曰："高山仰止，景行行止。"吾尚与延之人士共勖哉！

先生卒宣和五年，谥文肃。其迁吉溪里，则五世孙严。书院在溪之西，以其故里有鹰山，故亦名鹰山书院。方伯名居敬，学术政迹迨绍乃前修，方迈未已，盖先生十六世孙也。

建阳篇

建阳区书院概述：书院林立　讲帷相望

◎ 祝　熹

> 祝熹，福建省作家协会会员，南平市朱子文化研究会副会长。出版《大儒世泽——朱子传》《法医鼻祖——宋慈传》《建阳书院考》《蔡氏九儒》等著作。散文作品散见于《福建文学》《福建乡土》《福建日报》等。

建阳是"中国古代大学城"，也称"中国古代书院城"。据统计，建阳有古书院 51 所（另有 10 所官学）。就朝代而言，宋代书院最多，达 25 所。就地域而言，以莒口、麻沙两个乡镇居多，麻沙 10 所（另有社学 1 所），莒口 20 所（另有社学 2 所）。

建阳的第一所书院"鳌峰书院"创自熊秘。唐末乾符年间（874—879），兵部尚书、后任右散骑常侍的熊秘领兵入闽，择居建阳莒口的熊屯，在闽北创办了鳌峰书院（仅迟于政和梧桐书院）。也在唐末，刘、蔡、翁三姓于中原入闽后，聚居在麻沙、莒口一带，他们家族先后建了"瑞樟书院""梓里书院""思斋书院"等。北宋，为纪念"程门立雪"的游酢而建"廌山书院"。"闽中一流人物"宋咸建"霄峰精舍"。足见，历史上建阳人文蔚然，书院勃兴。

到了南宋，朱子学的兴起，促进了建阳书院的繁荣。朱子创办的4所书院，其中寒泉精舍、晦庵草堂、考亭书院在建阳，考亭书院是朱子晚年讲学著述及终老之地，四方来求学的人众多，也因此，在建阳考亭，形成了宋代影响最大的学派"考亭学派"（也称"闽学"）。朱子创办书院的过程虽艰难困苦，但最终与他所构建的理学体系相向而行、融会相成，将朱子学的精髓与书院的办学理念、办学精神相结合，书院不仅成为朱子学形成发展的重要载体，同时也是朱子学推广普及的重要平台。此外，朱子的得意弟子兼女婿黄榦的环峰精舍和潭溪精舍，朱子门人蔡元定的西山精舍，朱子门人刘爚的云庄书院等，建阳与朱子及其后学有关的书院数量多、影响大，在研究和传播朱子理学方面发挥着特别重要的作用。

朱子除了建书院讲学，还设立"同文书院"以刻书、印书。建本的兴盛与考亭学派的发展，推动了建阳书院的进一步繁盛。

元代，建阳私人创办的书院不多，元朝统治者通过对书院采取奖励政策、委派山长或给山长授予官衔的方式掌握书院的领导权。

明代，朝廷多次禁毁书院，加上边境屡有战事，书院的教育资金困难，《（嘉靖）建阳县志》就有书院门子（管理人员）工资被取消的记录，此时期教育重心开始下移，出现了社学的建设。

清代，朝廷"不许别创书院"，建阳书院的发展停滞。但雍正朝通过"正音书院"的设立掀起一场轰轰烈烈的官话运动，建阳也建起了正音书院。清末，民间力量兴起，士大夫开始以众筹的方式创办书院，建阳的奎五书院、招贤书院、培风书院相继建立。光绪三十一年（1905）科举停止，推广学堂，书院退出历史舞台。

建阳书院千年兴衰史，为建阳文化的发展留下了宝贵的精神财富。

建阳的书院，是中华优秀传统文化赓续的重要载体。建阳的游酢，在长坪建草庐（鹰山书院的前身），自觉续接中华文脉。游酢与杨时拜师二程,"程门立雪""载道南归",正是有了他们的传承,才使中原的正统学说得以不灭。洛学在福建四传到朱子,遂"集大成而绪千百年绝传之学"。

建阳的书院,有"兼容并蓄、博采众长"的大格局、大气象。早在北宋,泰宁的叶祖洽就到麻沙江坊的石壁山书堂,与游酢、施景明等共同学习交流,开启了不同州府的学人之间探讨研修的模式。朱子在寒泉精舍,与来自浙江的吕祖谦合编了中国第一部哲学选辑之书《近思录》。考亭书院期间,婺学派吕祖谦的学生辅广、心学派陆九渊的学生万人杰都来向考亭学派的朱子求学。熊禾在鳌峰书院举行释菜礼时,前来会拜的名士多达55人。江西的谢枋得流落建阳,交往最多的也是建阳书院的名士,如熊禾、刘应李、翁道渊等。莒口"三贤堂"这座书院,就是后人为纪念翁道渊、谢枋得、熊禾而建。

建阳的书院,体现了士人砥砺扶持、勇毅前行的风骨。蔡元定为先生朱子打造晦庵草堂;朱子晚年定居考亭,蔡元定为了与先生能走近一点,搬到莒口的后山村居住;晚年,蔡元定受朱子伪学牵连,流放道州,无怨无悔;蔡元定去世,朱子哀号,"并游之好,同志之乐,已矣已矣,哀哉哀哉"。黄榦建潭溪书院,主要是在庆元党禁期间,为了先生朱子去晦庵草堂"往还憩息"而建。叶味道参加科举考试,明知以理学答卷要被黜落,他不改初心,坚持理学思想并以此答题,宁失进士的功名而不悔。朱子临终前,亲人不在身边,蔡沉、叶味道等学生一直在考亭书院陪侍。朱子去世,正值党禁酷烈,辛弃疾不畏风险,前来致祭,发出"所不朽者,垂万世名;孰谓公死,凛凛犹生"的长号。朱子出殡时,几千人带着干粮,行走六天,扶柩送别,将朱子安葬于黄坑大林谷。即便到了晚清同治二年(1863),我们还可以看到30多位建阳士人集资创建奎五书院的记录。招贤书院、培风书院也是士人和衷共济,集体出资所建。

建阳的书院,在振举士风、化民成俗上有着极为积极的作用。

建阳的书院，有重要的精神引领作用。书院的创始人及山长，"功神元化，泽及生民"。朱子创办的同文书院重建时，熊禾说"睠我考亭之阙里，实为过化之书林"，熊禾正是看中"过化"的作用。艮斋（玉田书院）的创建者魏掞之，在徐市宸前建乡制社仓，《宋史》说："诸乡社仓自掞之始。"朱子在五夫建立社仓，汲取常平仓优点，创新管理机制，"有灾救灾，无灾济贫"，充分发挥社仓功能，宋孝宗颁布朱子《社仓法》，向天下推广。这些书院的读书人，将"化民成俗"落到了具体的实处。

建阳的书院，是新儒学的最重要生发点与对外传播的出发地。2022年，"韩国新儒学书院"成功入选世界文化遗产。韩国这些书院，是中国儒家文化在东亚传播的见证。而新儒学的最重要生发点与对外传播的出发地正是建阳的书院。朱子在建阳"寒泉著述""考亭集成"，朱子在建阳的书院构建起经学、四书学、史学、礼学的庞大的"致广大，尽精微"的儒学体系。朱子所著的《四书章句集注》《诗集传》《周易本义》等为天下学子共读之书。蔡沉尊师命在大明堂这所书院用十年完成《书集传》。朱子及弟子从书院出发，以书院为传播地，极大促进了新儒学的传播。

时光流转，小源的屏山书院、回龙的石林家塾经风雨而屹立。在中华文化复兴的今天，建阳重建了考亭书院、寒泉精舍，修复了鹰山书院、鳌峰书院。另有学者新办石庵书院，传播朱子文化、中华优秀传统文化，在课堂教育之外开辟出一种新的教学模式。

考亭书院：集儒大成矗丰碑

◎ 祝　熹

考亭书院是朱子晚年讲学著述及终老之地。

宋绍熙三年（1192），朱子迁居考亭，筑"竹林精舍"，后更名"沧洲精舍"，淳祐四年（1244），宋理宗御书"考亭书院"匾额，始称考亭书院。朱子依托考亭书院著述立说、讲学授徒、祭祀先贤、定制学规、编写教材、创新教育，为后世留下了珍贵的文化遗产。朱子晚年以"永弃人间事，吾道付沧洲"的担当，以"得天下英才而教之"为乐，在考亭书院著述宏富，远超前人，门生众多，英才辈出，形成了以朱子学为核心的"考亭学派"（又称"闽学"）。

一

朱子之父朱松在政和为官时，常到建阳考亭陈家"盖竹诗社"与诗友酬唱吟咏。朱松喜欢考亭山水的宁静幽美，曾对年幼的朱子说："考亭溪山清邃，可以卜居。"

绍兴十七年（1147），十八岁的朱子到建州参加州一级的考试脱颖而出；绍兴十八年，朱子参加殿试，赐同进士出身。参加殿试前，朱子

弦誦悠長——南平书院古今

考亭书院（《（道光）建阳县志》）

与刘勉之的女儿刘清四结婚。此时，岳父刘勉之住在离考亭不远的萧屯村。朱子也落籍建阳，并以"建州建阳县群玉乡三桂里"的籍贯参加科举考试。

绍熙三年（1192）六月，朱子从五夫迁居考亭。因求学的人众多，便在居室的东面建一座精舍供门人学习之用。精舍的门坊有两副对联："道迷前圣统，朋误远方来""爱君希道泰，忧国愿年丰"。朱子的居室为"清邃阁"，"清邃阁"之名则出自当年朱松所说的"考亭溪山清邃，可以卜居"之语。清邃阁门联是"佩韦遵考训，晦木谨师传"。清邃阁有藏书处，"藏书"的匾额是东南三贤之一的张栻所写。

二

绍熙五年（1194）七月，宰臣赵汝愚与外戚韩侂胄联手，拥立宋宁宗继位，史称"绍熙内禅"。随后，赵汝愚力荐朱子入朝。宁宗诏朱子为焕章阁待制兼侍讲。朱子成了帝师。

帝师朱子给新君宁宗讲授《大学》,讲解"敬胜怠者吉,怠胜敬者灭,义胜欲者从,欲胜义者凶",也批评新君"但崇空言,以应故事"。宁宗不久就容不下耿直的朱子,在第四十六天的晚间讲课结束后,宁宗御笔内批:"悯卿耆艾,方此隆冬,恐难立讲,已除卿宫观,可知悉。"意思是天气寒冷,你站着讲课很累,不如去任宫观闲差吧!朱子只给皇帝上七次课就结束了帝师的生涯。

十一月,朱子从京城回到考亭。考亭溪边有一片洲渚,形状像龙舌,村民称龙舌洲。朱子将龙舌洲改名为沧洲,并填《水调歌头》一阕:

富贵有余乐,贫贱不堪忧。谁知天路幽险,倚伏互相酬。请看东门黄犬,更听华亭清唳,千古恨难收。何似鸱夷子,散发弄扁舟。

鸱夷子,成霸业,有余谋。收身千乘卿相,归把钓鱼钩。春昼五湖烟浪,秋夜一天云月,此外尽悠悠。永弃人间事,吾道付沧洲。

朱子决定"永弃人间事,吾道付沧洲",将中华文化道统在考亭续接下去。此时,朱子身体状况不好,沧洲付道的朱子便自号"沧洲病叟"。

三

庆元二年(1196),权臣韩侂胄独揽朝纲,权倾朝野,党同伐异,将理学定性为"伪学",理学思想被禁,著作被毁。朱子的门生叶味道参加科举考试,因在科举试卷中表达理学的内容而被黜落。理学士人还被定性为"逆党",朱子的《四书章句集注》《语录》被列入毁禁的书目。这场宋宁宗庆元年间韩侂胄打击政敌的政治事件史称"庆元党禁"。

党禁酷烈,依然有不少门生坚定地跟随朱子,但也有人劝朱子解散学生。先生曰:"祸福之来,命也。""自古以来,圣人未尝被人所杀"。

考亭书院牌坊及书院（祝熹 摄）

又说："今为避祸之说者，固出于相爱，然得某壁立万仞，岂不益为吾道之光？"学生感受到了朱子的从容——一位圣贤面对生死的从容，于是他们也开始安定下来。

庆元三年（1197）正月初七，蔡元定因为支持朱子的"伪学"被流放道州（治所在今湖南省道县）。朱子带着一百多位门生为其送别。离别之际，蔡元定的同门凑份子去买了酒来。大家喝酒。朱子喝醉了。丘膺为蔡元定担心，一直在哭。蔡元定却吟诗相劝："执手笑相别，无为儿女悲。轻醉壮行色，扶摇动征衣。断不负所学，此心天所知。"这既是劝勉同门不要有儿女之悲，也是对朱子表态说"断不负所学"。

伪学之祸，这些门人在逆境中坚持是高贵的美德。朱子送别蔡元定的那年，朱子六十八岁，蔡元定六十三岁。一年后，蔡元定去世；三年后，朱子辞世。

四

朱子的门人，以考亭为优秀。

朱子的学派，以考亭为名，称"考亭学派"。

南宋爱国诗人陆游在为朱子门人方伯谟撰写的《墓志铭》中写道："朱公之徒数百千人。"朱子一生教育的学生数，各本记载不同，统计不一。据陈荣捷先生统计，朱子门人有明确姓名的467人，其中有官职的133人，有里居的378人。按里居分：福建164人，浙江80人，江西79人，湖南、安徽各15人，江苏、四川各7人，湖北5人，广东4人，原籍河南、山西各1人。朱子门人极多，陈荣捷在《朱学论集·朱门之特色与意义》中提到三点。其一，朱子门人多，"故谓汉后朱门人数居首，并非过言"；其二，朱子门人许多名里不详，无职无衔无爵无禄，是平民的教育，"全世界任何文化，任何社会，其知识阶级，恐未有如是之平民化者"；其三，朱子的门人以考亭为优秀，朱子在考亭，"比武夷为短，然学子之多，声誉之隆，则出乎武夷之上。杰出门徒如黄榦、陈淳、蔡元定、蔡沉、陈埴辈，皆竹林诸生"。

朱子与门人在考亭创立的学派称"考亭学派"，而朱子门人又继续将理学发扬光大，蔡元定创立西山学派，黄榦创立勉斋学派，陈淳创立北溪学派等。

淳祐元年（1241），宋理宗诏令"崇奖"理学，肯定朱子承继孔孟之学的道统地位。朱子在考亭创立的闽学，集濂学、洛学、关学之大成，对宋代后期的社会产生广泛而深远的影响。

五

宋庆元六年（1200），七十一岁的朱子病逝于考亭，书院不久荒废。

沧洲精舍（考亭书院）门楼（祝熹 摄）

宝庆元年（1225）秋，莆田人刘克庄到建阳任知县，决定在沧洲精舍旧址上建祠堂祭祀朱子。次年，祠堂落成，主祀朱子，朱子的门人黄榦配祀。刘克庄将祠堂取名为"文公祠"。此为考亭祭祀朱子的开端。

淳祐四年（1244），宋理宗赐"考亭书院"御书匾额。此为考亭书院之名的开始。

咸淳九年（1273），考亭建"文公阙里"牌坊，朱子"考亭"与孔子"阙里"并称。后来"文公阙里"改称"南闽阙里"，与"东鲁阙里"对应。

此后，考亭书院不断重修重建，随着科举终结，书院停摆。1919年，考亭书院改为建阳县第六国民学校，后又创办建阳县立初级中学等。

1949年后，"考亭书院"成了集体财产。1965年，书院被拆毁，仅存"恩荣"石牌坊，1966年西门电站建成蓄水，牌坊下半部被库水淹没。

1984年，由省政府拨款，将"恩荣"石牌坊移至考亭书院后面的玉枕山。1998年，建阳市政府与韩国朱子后裔共同出资重建朱文公祠，为单体建筑。

2017年夏，建阳区人民政府正式启动考亭书院重建项目；2019年秋，一期工程竣工并对外开放。总体规划占地面积230亩，总投资1.8亿元，完成的第一期工程为60亩，总投资1.2亿元。东西走向的中轴线上，以嘉靖辛卯（1531）所建的考亭书院古牌坊为起点，依次新建沧洲精舍门楼、道原堂、集成殿、庆云楼；南面建勉斋堂；北面建燕居庙、清邃阁，为展示区、研学区。集成殿负一层学术报告厅广泛开展各类教育培训活动。

如今走进考亭书院，首先映入眼帘的是明嘉靖十年（1531）所建的"恩荣"牌坊，牌坊上镌刻宋理宗御书"考亭书院"四个大字，这座牌坊历经沧桑巍然矗立，已然成了闽学文化的象征。

考亭书院集成殿（祝熹　摄）

附

考亭书院记[1]

〔宋〕熊　禾

周东迁而圣人出，宋南渡而文公生；世运升降之会，天必拟大圣大贤以当之者，三纲五常之道所寄也。道有统，羲轩邈矣，陶唐氏迄今六十二甲辰。孟氏历叙道统之传，为帝为王者，千五百余岁，则尧舜禹之于冀也，汤尹之于伊亳也，文武周公之于岐丰也。自是以下，为霸为强者，二千余岁，而所寄仅若此，儒者几无以藉口于来世。呜呼！微夫子《六经》，则五帝三王之道不传；微文公《四书》，则夫子之道不著。人心无所为主，利欲持世，庸有极乎？《七篇》之终，所以近圣人之居而尚论其世者，其独无所感乎？呜呼！繇文公以来，又百有余岁矣。建考亭视鲁阙里，初名"竹林精舍"，后更"沧洲"，宋理宗表章公学，以公从祀庙廷，始锡书院额，诸生世守其学不替。

龙门毋侯逢辰，灼见斯道之统有关于世运，故于此重致意焉。岁戊子，侯为郡判官，始克修复。邑令古澶郭君瑛，又从而增辟之。乙巳，侯同知南剑郡事，道谒祠下，顾诸生曰："居已完矣，其盍有所养乎？"书院旧有田九十余亩，春秋祀犹不给。侯捐田为倡，郭君适自北来，议以克协。诸名贤之胄，与邦之大夫士，翕然和之，合为田五百亩有奇。

---

[1] 本文选自〔宋〕熊禾：《重刊熊勿轩先生文集》卷二，南明隆武二年（1646）熊之璋刻本，《宋集珍本丛刊》第91册，北京：线装书局，2004年，第237—239页。由祝熹标点。

供祀之余，则以给弟子之廪膳，名曰"义学田"。初，省府以公三世孙朱沂充书院山长。既殁，诸生请以四世孙朱椿袭其职。侯白之当路，仍增弟子员，属其事于邑簿汪君蒙，且以书来曰："养可以粗给矣，而教之不可以无师也。"谓禾犹逮有闻，俾与前贡士魏梦牛，分教大小学，盖有甚欲然者。既又属禾记其事，其将何以为词？

重惟文公之学，圣人全体大用之学也，本之身心，则为德行；措之国家天下，则为事业。其体有健顺、仁义、中正之性；其用则有治教、农礼、兵刑之具；其文则有《小学》《大学》《语》《孟》《中庸》《易》《诗》《书》《春秋》《三礼》《孝经》《图书》《西铭传义》及《通鉴纲目》《近思录》等书，学者学此而已。今但知诵习公之文，而体用之学，曾莫之究，其得谓之善学乎？矧曰体其全而用其大者乎？公之在考亭也，门人蔡氏渊尝言其晚年间居于大本大原之地，克养敦厚，人有不得窥其际者。盖其喜怒哀乐之未发，早闻师说于延平李先生，体验已熟，虽其语学者非止一端，而敬贯动静之旨，圣人复起，不易斯言矣。呜呼！此古人接受心法也，世之溺口耳之学，何足以窥其微哉？公之修《三礼》，自家乡至邦国王朝，大纲小纪详法略则，悉已属之门人黄氏榦，且曰："如用之，固当尽天地之变，酌古今之宜，而又通乎南北风气，损文就质，以求其中可也。"使公之志克遂，有王者作，必来取法矣。呜呼！古人为治之大经大法，平居既无素习，一旦临事，惟小功近利是视，生民亦何日蒙至治之泽乎？秦人绝学之后，《六经》无完书，若井田，若学校，凡古人经理人道之具尽废。汉犹近古，其大机已失之矣。当今治宇一统，京师首善之地，立胄学，兴文教，文公《四书》方为世大用。此又非世运方升之一几乎？邵氏观化，所谓善变之，则帝王之道可兴者，以时考之，可矣。诚能于此推原羲轩以来之统，大明夫子祖述宪章之志，上自辟雍，下逮庠序，祀典教法，一惟我文公之训是式，古人全体大用之学复行于天下，其不自兹始乎？

今公祠以文肃黄氏榦配，旧典也。从以文节蔡氏元定、文简刘氏爚、文忠真氏德秀，建安武夷例也。我文公体用之学，黄氏其庶几乎。余皆守公之道不二，其侑公也实甚宜。公以建炎庚戌生于剑之南溪，父吏部韦斋先生仕国也。公蕴经世大业，属权奸相继用事，郁郁不得展。道学为世大禁，公与门人，益务坚苦，泊如也。庆元庚申，殁于考亭，后十年庚午，疆场事起，又六十七年丙子，宋亡，公之曾孙浚以死节著。呜呼！大圣大贤之生，共有关于天地之化、盛衰之运者，岂可以浅言哉！夫子之《六经》不得行于再世，而公之《四书》乃得彰于当代。公之身虽诎于当时，而公之道卒信于其后者，天也。

过江来，中州文献欲尽，自左丞覃怀许公衡倡明公学，家诵其书，人尊其道，凡所以启沃君心、栽培相业、以开治平之原者，皆公余泽也。方侯创义学，东平袁君壁适以臬事至闽，访求公后，表浚之嗣干、彬为省，长南溪、建安二书院，奉韦斋公及公祠。又以考亭乃公旧宅，恳恳为语诸生小学入门之要，尤以师道不立为忧。既而金华陈君公举司文吴会，为胄监学征藏书，考寻文献，且欲于此继成公志，以复《六经》古文为属，诚钜典也，而必欲有竢焉。

天运循环，无往不复，欲观周道，舍鲁何适？正学一脉，亟起而迓续之，则天地之心、生民之命、万世之太平，当于此在。侯之功不亦远乎？侯世以德显，其仕闽以化为政，道南七书院皆其再造也。考亭西北偏，有山曰"云谷"，晦庵在焉，亦为之起废。汪君于山之麓，为门以识之，凡公坟宅，悉从而表树焉，庶乎知政之先务矣。精舍创于绍熙甲寅，前堂后室制甚朴实。宝庆乙酉，邑令莆阳刘克庄始辟公祠，今燕居庙则淳祐辛亥漕使眉山史侯季温旧构也。书院之更造，惟公手创不敢改，栋宇门庑焕然一新，邑士刘熙实终始之。义学之创兴，宋燮、黄枢首帅以听，华恭孙、叶善夫、赵宗叟、盱江李廷玉，与有谋焉。而厚帑庚、完壂茨以迄于成，则虞子建、刘实也。贤劳皆可书。时提调官总管燕山张仲仪、教授三山黄文仲，及助田名氏，悉书石阴后。甲辰三岁大德十一年四月朔日后学熊禾记。

寒泉精舍：守孝近思寒泉坞

◎ 祝 熹

寒泉精舍在建阳区莒口镇马伏村，是朱子创建的第一所书院。

宋乾道五年（1169）九月，朱子的母亲祝夫人去世。乾道六年春正月，朱子安葬母亲于马伏村北面太平山麓，天湖之阳。依照丧礼，朱子"庐墓三年"，守三年之丧。朱子建起几间守孝小屋，同时也用于讲学著述，取名"寒泉精舍"。

祝夫人活到了"古来稀"的七十岁，此时她丈夫朱松已过世二十六年。朱松去世时，朱子十四岁；祝夫人去世时，朱子四十岁。朱子说："老人暮年穷约，以不肖子与世不谐之故，忧窘万

马伏十景中的寒泉精舍

状,无一日舒泰,遂以至此,尤重不孝之罪,每一念至此,心肝如抽裂也。某家中自先人以来,不用浮屠法,今谨用,但卜地未能免俗,然亦只求一平稳处,尚未有定论,计不出今冬也。"朱子的意思是说,老母亲晚年的生活穷困贫寒,全是因为不肖之子我难与世俗相容,以致她无比忧愁窘迫,没有一天舒坦。我真的不孝顺!每想起这些,心肝就像要撕裂一样……葬地的事,我也不能免俗,要找一块平阔的地方,大约冬天可以寻到葬地吧!

《诗经》中有一首《凯风》:

凯风自南,吹彼棘心。
棘心夭夭,母氏劬劳。
凯风自南,吹彼棘薪。
母氏圣善,我无令人。
爰有寒泉,在浚之下。
有子七人,母氏劳苦。
睍睆黄鸟,载好其音。
有子七人,莫慰母心。

这是一首赞美七位儿子能尽孝道的诗,后世即用"凯风寒泉之思"借指儿子感念母亲。祝夫人原是宋徽州歙县大户人家的女儿,来到闽地,丈夫早逝,她守寡二十六年抚育儿女。同时,祝夫人也是婺源入闽的八个人中最后一位去世的,她的去世意味着朱子父辈时代的结束。因此,朱子通过选择好的葬地来寄托哀痛之情,以此尽孝,表达对母亲的感念,所以给那块墓地取名——寒泉坞。

从乾道六年(1170)到淳熙二年(1175),寒泉精舍是朱子讲学著述的主要地方。

寒泉精舍比一般的草庐规模更大。朱子给蔡元定的信提及寒泉精舍

寒泉精舍（祝熹　摄）

的规模："别后两日，稍得观书，多所欲论者，幸会期不远。此只八九间，下寒泉十一二间，定望临顾也。"束景南先生认为"此"即指寒泉精舍，可见寒泉精舍至少有八九间的规模。朱杰人先生则认为"八九""十一二"是时间概念，譬如"八九"即指当月的"八日"或"九日"。

朱子在一封给范伯崇的信中提及，他带着儿子朱塾、朱埜到寒泉，约蔡元定等朋友一起来相聚论辩。朱子在给林择之的信中提及，他在寒泉精舍时，李宗思前来相见，李宗思资质好，但沉迷禅学，朱子约蔡元定前来，通过激烈的论辩，使李宗思"逃禅归儒"。朱子在给吕祖谦的信中提及，因为母亲墓地离刘㸌、刘炳的住地很近，朱子在寒泉精舍期间，刘㸌、刘炳都到朱子的门下求学。两年后，朱子推荐刘㸌、刘炳到吕祖谦门下学习。

到寒泉精舍拜访的朋友和求学的人不少。厦门大学教授傅小凡、谢清果主编《朱子理学与武夷山文化》一书，对朱子在寒泉精舍的生活有一段叙述："朱子携二子朱塾、朱埜饮食起居于其间。卧室外专设房舍，以作讲学之地。在朱子的倡导下，精舍学风渐浓，逐渐成为当地的理学研讨中心。经常来聚的有何镐、吴楫、刘㸌、刘炳、林用中等22名士人，其中有最为朱子器重的蔡元定。三年居丧期间，朱子的大部分时间都往来于寒泉，生活的主要内容便是讲学授徒。寒泉精舍是朱熹创立的第一个私塾性质的讲习之地，经他的大力宣扬，这里成为与吕祖谦金华、张栻长沙三足鼎立的理学研讨中心"。傅小凡先生将寒泉精舍的门人名士确定为22人。综合《南宋大儒朱熹》《朱子文化大典》等书籍，可以明确寒泉精舍从学的门人有：蔡元定、刘爚、刘炳、杨方、方耒、方士繇、廖德明、冯允中、连嵩卿、刘尧夫、周谟、魏应仲、吴英、李宗思、范念德、林允中、何镐、许升等人。

朱子在寒泉精舍一边守墓，一边读书、著述和讲学。他在寒泉精舍期间完成的著作有：《太极图说解》初稿、《西铭解》、《论语精义》十卷、《孟子精义》十四卷、《资治通鉴纲目》五十九卷、《八朝名臣言行录》二十四卷、《程氏外书》十二篇、《伊洛渊源录》十四卷、《古今家祭礼》十六篇、《阴符经考异》一卷，特别是和吕祖谦合编《近思录》十四卷。

朱子把寒泉精舍当作著述讲道的一个重要地方，有6年时间以寒泉精舍为中心。徐伟、涂怀京在《朱熹与南宋闽北书院》中称朱子的这段时光为"闽学学派开创时期"："寒泉精舍的落成，标志着朱熹生平一段重要的讲学著述时期的开始，即以朱熹为代表的闽学学派开创时期（1170—1178）。"束景南先生的《朱子大传》则称为"寒泉著述时期"："从乾道六年（1170）起，寒泉精舍便成为他朋来讲学和著书立说的主要地方，他往返于寒泉、云谷、潭溪之间，丧终以后也就常居在寒泉精舍。这是他生平的一段重要的'寒泉著述时期'，一直到淳熙二年（1175）七月，云谷建造全部就绪，朱熹讲学著述的中心才从寒泉转到云谷。"

《近思录》是朱子在寒泉著述的一部重要著作，编于淳熙二年（1175）夏。当时，浙东的吕祖谦到访，两人在寒泉精舍只用11天就编定完成此书。

《近思录》是我国第一部哲学选辑、理学入门之书。朱子以大公至正的态度，采选周敦颐、二程、张载著作中的622条几乎代表了理学全部的内容，分十四卷编定。《近思录》对后世影响极大，钱穆先生将《近思录》与《论语》《孟子》《老子》《庄子》《六祖坛经》《传习录》并列，认为是中国人必读的七部经典之一。

明代天启时期的内阁首辅朱国祯在随笔文集《涌幢小品》中，记载朱吕二人合编《近思录》的故事。寒泉精舍的那几天，两位大儒，没日没夜。夜深人静时，朱子精神百倍，不知疲倦；吕祖谦则体力不支，一定要休息。吕祖谦自叹不如，他问朱子：超常的体力到底是怎么来的？原来，朱子晚上著述时，总感觉脚下会踏着一个物体，让人精神倍增。几年后，朱子忽然见到一位神仙，头上有目光一百多道，说是多目星。见到多目星后的朱子，脚下踩踏的东西就消失了，到了半夜，朱子没有

寒泉精舍敬萱堂（祝熹　摄）

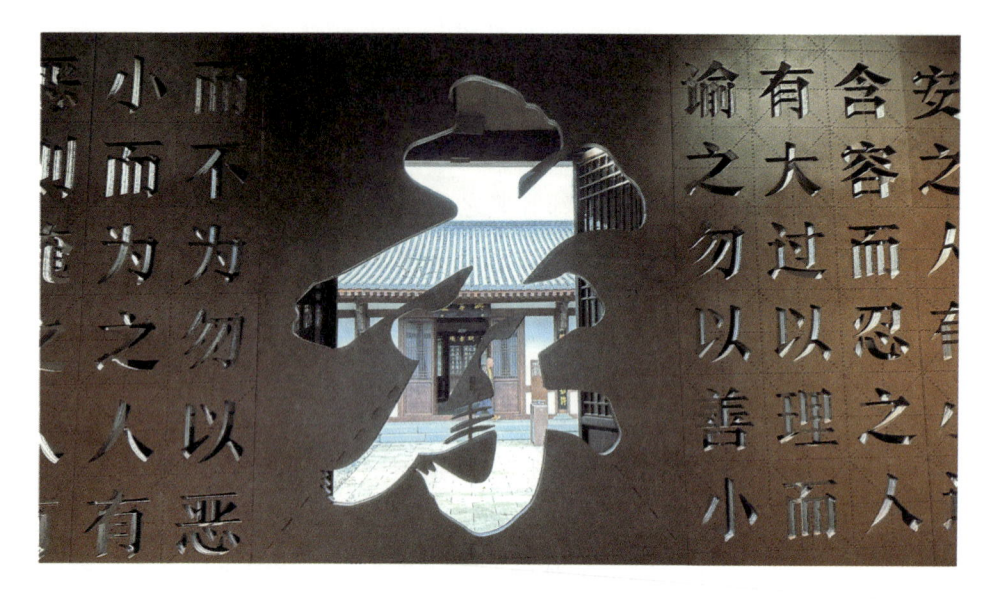

寒泉精舍展示的孝文化（祝熹　摄）

了往日的精神，也一定得去休息。这大概是后世文人对朱子编定《近思录》只用11天时间（此后，朱吕二人又陆续讨论修订）感到惊讶，所以虚构出"多目星"的故事来。

　　元朝末年，寒泉精舍倒塌。明正统十年（1445），朱子的八世孙朱澍，看到寒泉精舍的旧基低矮潮湿，就往高处移建。精舍的主体是祭堂，祭堂安奉祝夫人及韦斋先生朱松的神主。祭堂前是大门，祭堂两边建两条走廊。祭堂边上建了几间屋宇，是祭祀前斋戒、住宿的房间。此时，书院的功能已经消失。到了康熙年间，寒泉精舍完全废弃。2024年4月，寒泉精舍重建完成，该项目用地面积27461平方米（合41亩），其中景观面积24687平方米，以祝夫人墓及周边景观为主，注入朱子文化景观小品节点；总建筑面积1402平方米，包括寒泉精舍及敬萱堂建筑群。围绕"敬萱孝母、寒泉修心"的主题布置文化展陈，打造中国第一孝道文化园，是一处全面了解朱子忠孝思想和《近思录》的基地，让游客互动体验，走近朱子文化，走近中华优秀传统文化。

附

重建寒泉精舍记

林文志

《诗经》曰:"爰有寒泉,在浚之下。有子七人,母氏劳苦。睍睆黄鸟,载其好音。有子七人,莫慰母心。"

寒泉者,代指母亲也。

南宋福建路建宁府建阳县崇泰里(今福建省南平市建阳区莒口镇)马伏太平山麓。

此地本无名,因祝夫人归葬于此,故名寒泉坞。此地本无舍,因朱子筑舍庐墓,故有寒泉精舍。

朱子结缘于此,庐墓尽孝,是为天下之孝子。朱子之孝,誉享中华,万古流芳。

朱子结缘于此,著述讲学,是为理学之奠基。朱子理学,集儒大成,文脉源长。

墓者。既葬,朱子日居墓侧,旦望则归几筵。

述者。首当《近思录》。朱子与东莱吕祖谦,精诚合作,用时旬日,遂成中国第一部哲学选辑、理学入门之书——《近思录》。何以近思?乃见《论语》:"切问而近思,博学而笃志。"何有章节?乃撷周敦颐、程颢、程颐、张载之作六百二十二条,分十四卷。朱子《序》曰:"四子,六经之阶梯;《近思录》,四子之阶梯。"吕祖谦《跋》曰:"循是而进,自卑升高,自近及远,庶几不失纂集之旨。"

国运昌隆，文化复兴；思想引领，守正创新；"两个结合"，弦诵歌吟。建阳区人民政府战略规划以宏其阔，匠心设计以善其功，精细施工以优其质，智能布展以富其涵。工程肇起于壬寅公元二〇二三年八月，告竣于甲辰公元二〇二四年四月。

君请看：

扩地增舍，用地面积一百五十三亩，建筑面积一千四百平方米。仪门，大方而简约，热情迎接八方游客；敬萱堂，端庄而贤淑，娓娓叙说朱子孝道的古往今来；讲孝堂，开放而内敛，滥觞于孝道文化的悠远积淀；藏书楼，洋洋而深邃，彰显万卷藏书的厚重珍贵；茅草屋，轻巧而古拙，再现大贤鸿儒的忧国哲思。

寒泉精舍既成，实为国际朱子文化界盛事、武夷山国家公园1号风景道靓丽明珠、建阳朱子文化重要地标。国际儒学联合会表达祝贺，中国朱子学会授牌朱子文化研学基地；著名朱子文化学者捐赠朱子自画像，朱子后裔代表奉送古本《近思录》；旅游团队摩肩接踵，研学群体纷至沓来。寒泉精舍，必将在朱子文化传承发展、在武夷山国家公园1号风景道文化旅游上，发挥重要作用。

诗赞寒泉精舍：

天湖汪汪似眼开，寒泉丝丝连环带；
贯通历史续文脉，与时俱进向未来。

谨作此文，是以记之。

· 建阳篇 ·

西山精舍：悬灯相望析义理

◎祝 熹

西山精舍是宋代蔡元定讲学之所，位于建阳区莒口镇东山村的西山之上，今存宋理宗御赐"西山"二字石刻，及山中古城墙等。

一

蔡元定（1135—1198），字季通，号西山，宋建阳人。南宋理学家、律学家、堪舆学家，精通天文、地理、历数、兵阵之说，尤擅长易学、音律学，是朱子最得力的学术助手。所著《律吕新书》提出了十八律的理论。"伪学"之禁时，

西山精舍图（《蔡氏族谱》）

蔡元定以处士身份被流放，卒于湖南道州（治所在今湖南省道县）。

蔡元定出生麻沙蔡家。麻沙蔡氏唐末入闽，至蔡发为第十世。从蔡发开始，蔡氏家族连续四代出了九位大儒，九位大儒又有三位注释了儒家经典"五经"的三部，是为"五经三注第，四世九儒家"。

九儒：蔡发（1089—1152），字神与，晚号牧堂老人；蔡元定，蔡发之子；蔡渊（1156—1236），蔡元定长子，字伯靖，号节斋；蔡沆（1159—1237），蔡元定次子，字复之，号复斋；蔡沉（1167—1230），蔡元定第三子，字仲默，号九峰；蔡格（1183—1252），蔡渊长子，字伯至，号素轩；蔡模（1188—1246），蔡沉长子，字仲觉，号觉轩；蔡杭（1193—1259），蔡沉次子，字仲节，号久轩，宝祐四年（1256）迁升枢密院副使、参知政事，是蔡氏九儒中唯一以科举出仕并任高职的儒士；蔡权（1195—1257），蔡沉季子，字仲平，号静轩。

在"五经三注"中，蔡渊注《周易》，蔡沆注《春秋》，以蔡沉注的《尚书》（即《书集传》）影响最大。蔡沉的《书集传》与朱子的《四书章句集注》《周易本义》《诗集传》、胡安国的《春秋传》等书并列为官书，为科举所依据，成为元、明、清三代士人必读书目。

由于蔡元定、蔡沉于儒学有功，明嘉靖年间钦赐蔡元定、蔡沉崇祀孔庙。父子同入孔庙受祭祀。清康熙分别为蔡元定、蔡沉颁赐"紫阳羽翼"和"学阐图畴"匾。

二

西山对面有一座山峰，叫庐峰。

宋乾道二年（1166），蔡元定前往崇安县五夫里（今武夷山市五夫镇）拜朱子为师。

乾道五年（1169）九月，朱子母亲去世。第二年正月，朱子葬母于崇泰里马伏（今莒口镇马伏村）的天湖之阳。朱子在守丧期间，喜欢庐峰的幽雅。庐峰的山间，有一片谷地，云遮雾绕。朱子取名云谷。蔡元定为先生在云谷山建晦庵草堂。

蔡元定一边为先生建晦庵草堂，一边将曾经隐居的西山精舍重新修复。云谷山的晦庵草堂建好时，西山上的精舍也扩修结束。

云谷山的晦庵草堂与西山精舍遥遥相对。山势高耸，可以两两相望。晦庵草堂与西山精舍的门前都建有一座高台，台上有灯杆，灯杆上悬挂着灯盏。夜间，两处灯杆上的灯盏就是信号，他们不需要信使就能互通信息。暗夜茫茫，如果看到对面山中的灯光闪耀，则表明他们心中豁然；如果夜间蔡元定的那盏灯是暗的，则表示蔡元定心中有疑；如果夜间朱子的那盏灯是暗的，则表明朱子需要蔡元定一起讨论。灯暗的第二天，蔡元定就下西山，穿田塍，过沟壑，两人约定在山脚的灯笼桥见面。一

西山远眺（祝熹 摄）

见面，往往就是数日，问辩论难，对床讲道，通宵达旦。

这是学术史上的一段佳话。如果说"程门立雪"是"尊师重道"的典范，那"悬灯相望"就是师友知交的范例了。后来，宋理宗皇帝敕建西山精舍时，特赐绘制朱子与蔡元定对坐讲道的神像，以留世人崇祀。朱子说蔡元定"造化微妙，惟深于理者能识之，吾与季通言而不厌也"。

三

余秋雨先生在文化散文《千年庭院》中有一段关于朱子与蔡元定师生分别场景的描述：

> 1197年，官府即将拘捕他（朱熹）的得意门生蔡元定，朱熹与一百余名学生为蔡元定饯行，席间有的学生难过得哭起来了，蔡元定却从容镇定：为自己敬爱的老师和他的学说去受罪，无怨无悔。朱熹席后对蔡元定说，我已老迈，今后也许难得与你见面了，今天晚上与我住在一起吧。这天晚上，师生俩在一起竟然没有谈分别的事，而是通宵校订了《参同契》一书，直到东方发白。蔡元定被官府拘捕后杖枷三千里流放，历尽千难万苦，死于道州。一路上，他始终记着那次饯行，那个通宵。世间每个人都会死在不同的身份上，却很少有人像蔡元定，以一个地地道道的学生身份，踏上生命的最后跑道。

庆元四年（1198），朱子《周易参同契考异》基本完稿，但还未抄写并寄给蔡元定商量，蔡元定就去世了。朱子非常伤心地说："此说欲与季通讲之，未及写寄而季通死矣。偶阅旧稿，为之泫然。"此书定稿时，朱子署名"空同道士邹䜣"。"空同道士邹䜣"的"邹"是战国时邾子之国，"䜣"字与"熹"字同音。朱子署"空同道士邹䜣"之名，吴树平先生认为："朱熹不署真名，究其原因，恐怕是他轻视道家论丹典籍。我国封建社会是以儒家思想为正宗的。朱熹身为南宋儒学大家，他所代表的思想体系，具有划时代的意义。居此赫赫的地位而去考异丹书，难免在心态上有不平衡之感，所以只好用'邹䜣'之名行其书。"而马宗军的《周易参同契研究》则认为，朱子是影响深远的易学家，著《周易参同契考异》，开儒者注《参同契》之门。朱子其实不会不平衡，《易经》虽然是道家的"三玄"之一，但也是儒家的"五经"之首。

四

西山海拔666米，蔡元定号"西山"，人称西山先生。西山四围险峻，山顶却平敞，适宜耕种。山中有天湖，水源充沛。

蔡元定十八岁时，父亲蔡发去世。蔡元定将父亲安葬在西山脚下的上箬村。守丧期间，蔡元定登上西山绝顶，筑室苦读，野菜充饥，读书涉猎广泛，兼通经史，融会贯通。

蔡元定作为朱子弟子，声名渐为天下士人所知。朝廷下旨起用蔡元定，蔡元定坚辞不出，再次登上西山。朱子赞叹蔡元定说："临风引领，似已闻《采薇歌》。"

绍熙五年（1194）二月，朱子赴任潭州知州、荆湖南路安抚使之职。朱子走后，蔡元定再次登上西山，重启隐居著书的时光，写有《西斋自咏》表明心志："数椽茅屋环流水，布被藜羹饱暖余。不向利中生计较，肯于名上著功夫。窗前野马闲来往，天霁浮云自卷舒。穷达始知皆有命，不妨随分老樵渔。"

绍熙二年（1191），朱子卸任漳州知州，来到建阳，暂居童游桥头，并着手在建阳城西的考亭修建屋舍。第二年，朱子迁居考亭，蔡元定也举家搬迁到建阳后山。在《蔡氏诸儒言行录序》中，刘应李写道："绍

纱帽岩与西山石刻（祝熹　摄）

熙三年壬子，文公迁居考亭，西山移于后山，所居相近，来往益密。"

朱子与蔡元定互为师友，一生相知。蔡元定对朱子闽学的创建贡献尤多，被誉为"朱门领袖"，《宋元学案》则称蔡元定为"闽学干城"。他们师生留下"悬灯相望"的故事，作为中国古代理学家追求真理的记事，传颂千年，已为典故。

廌山书院：春光秋月丽中天

◎ 祝 熹

廌山书院也写为豸山书院，为游酢先生祠，位于建阳区麻沙镇长坪村。据载，"宋熙兴间，游文肃公广平先生倡学明道于斯，以面廌山，故名"。引文中的"熙兴"可能是笔误，所指当是"熙宁"，如此则书院建造时间不迟于熙宁十年（1077）。书院面朝廌山，故称廌山草堂，是为纪念北宋理学家游酢而建。

游酢（1053—1123），字子通，后改为定夫，号广平，世称廌山先生，宋建州建阳（今南平市建阳区）人。程（程颢、程颐）门四大弟子之一，北宋哲学家、理论家、教育家、文学家。

游酢十八岁时到麻沙界首江坊村的石壁山拜访学者江侧，一同前来的有施景明、叶祖洽等人。施景明，即施述，宋瓯宁人，元祐六年（1091）进士，与游酢的弟弟游醇同榜，出仕后曾任泉州市舶司提举。叶祖洽，宋泰宁人，十八岁中解元，又从邵武到石壁山求学，后来高中状元。

几位士人在石壁山求学的一天，庭院一棵梧桐树飘下一片树叶，树叶上写着"集诸贤于此"几个字；又落下一片树叶，这片树叶上写着他们几人的"字"。后来，几人都成为一时贤达，石壁山也被称为"集公山"了。

〔明〕仇英《程门立雪图》

游酢到京师求学时，程颐一见到他，就说游酢将来可以担当重任，传承道统。程颢任扶沟知县时，二程筹备设立学校，教育当地子弟，便请游酢到学校掌管教学，游酢欣然前往。

游酢、杨时二人因大雪当中拜访老师，留下"程门立雪"典故。他们学成要回南方的时候，程颢希望他们把洛学传承到南方发扬光大，而他也相信自己的学生有这水平、有这能力，因此感叹说："吾道南矣！"

因程门立雪、载道南来，游酢故里建起了祠堂，修复了书院，长坪村口也立起了"定夫先生故里坊"。

话说南宋乾道二年（1166），建阳知县萧氏建祠祭祀游酢。

嘉熙二年（1238），朝廷赠游酢大中大夫，谥"文肃"。同时，理

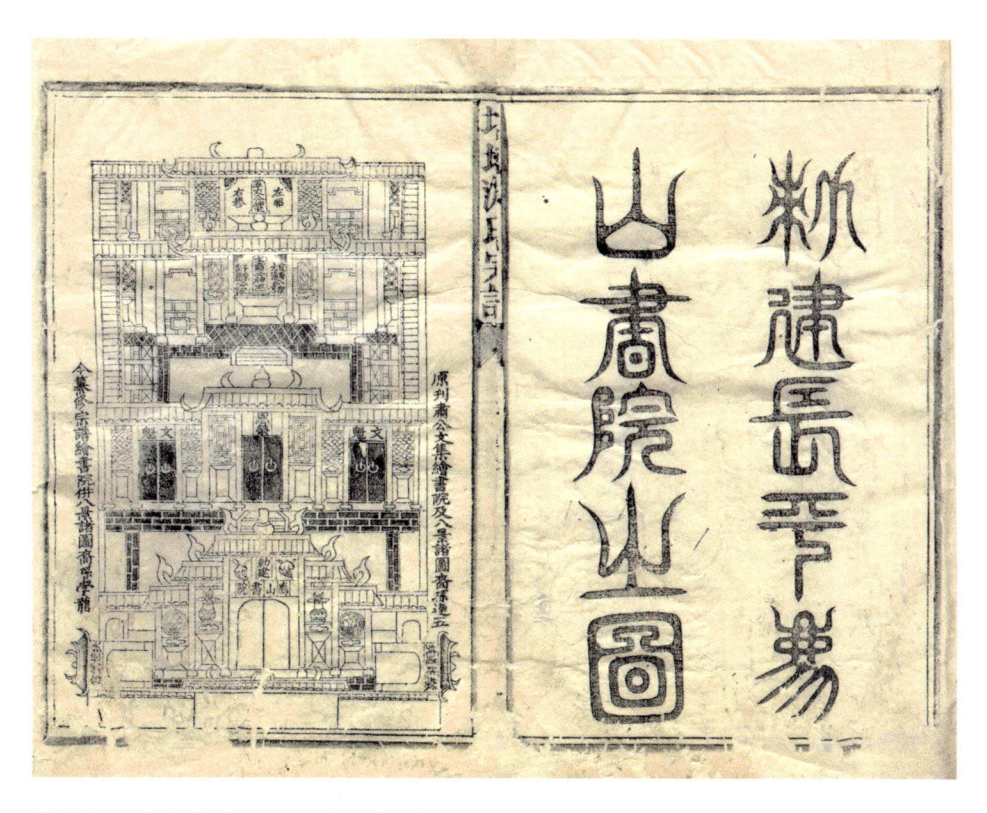

敕建长平廌山书院图（《游氏宗谱》）

宗皇帝还下令建宁知府王埜修建书院，并御书"鹰山书院"四字。这比理宗皇帝淳祐四年（1244）御书"考亭书院""环峰书院"的时间都早。

宝祐三年（1255）仲春，宋理宗赠游酢御赞，赞文曰：

皇天眷命，泰运南旋。祈我国邦，亿万斯年。
伟哉圣道，光载南传。允矣君子，德业精专。
春光融融，秋月娟娟。泰山之峻，河海之渊。
先生风教，丽日中天。四方其训，朕有赖焉。

赞文称颂了游酢道学南传及道学传播的功业，也以春光、秋月、泰山、河海的比喻来形容游酢的圣贤气象。

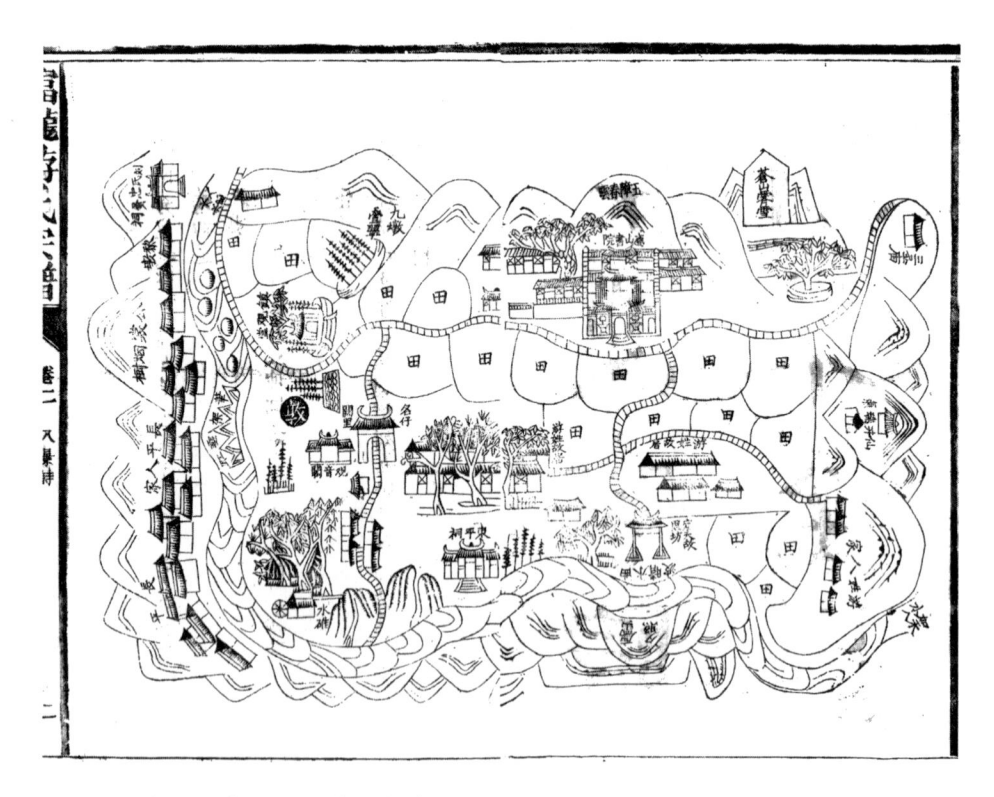

长平鹰山书院示意图（《游氏宗谱》）

廌山书院（祝熹　摄）

　　此后书院不断重修，明万历十三年（1585），巡按御史杨四知重修时立"道南儒宗"的祠堂匾。万历二十六年，御史金学曾在富垅渡口建"定夫先生故里坊"。清康熙五十六年（1717），建阳知县立"载道而南"祠匾。乾隆三年（1738），福建学政周学健立"理学元宗"祠匾。乾隆三十年，建阳知县詹登高捐俸重建，砖砌坊门，建"名儒阙里"坊。

　　据游酢三十七代孙游希鹏回忆，解放前书院房舍有上下栋，左右厢有廊屋，与前面的小圆门相通。上厅供祀游酢像，院内种有柏树，最后一次修建是清同治三年（1864）。《重修廌山公祠并补刊文集板小引》中提到："近遭兵燹，祠宇摧伤，《文集》之板，仅存一二。远近学者，尚思修建，况在孙子？即爰而倡议重修，踊跃肩摩，众擎易举，取用良多，庙宇聿新，享堂巍峨。"此后，书院倒塌，仅剩书院大门。2023年，廌山书院在保留原建筑与书院大门的基础上重新修复，如今，廌山书院已然是"朱子故里·理学圣地"南平的一处文化地标。

石庵书院：心有感动行有果

◎ 林光辉

　　林光辉，民建会员，福建省工商联执委、省广告协会副会长，南平市朱子文化研究会常务副会长，南平市建阳区政协委员。在《中国广告》《广告人》《福建日报》《闽北日报》等发表文章多篇。

石庵书院（林光辉　摄）

建阳区莒口镇石庵村，有一石庵书院。

它的规模不大，一座四层小楼，占地面积 340 平方米，建筑面积 1360 平方米。教学楼一层为驿站，也是住宿会客交流之所；二层为藏书室，亦是教学研讨之处；四层为书画室，为熏习琴棋书画之处。师生宿舍则分散在不同楼层。

它距建阳考亭书院、寒泉精舍不远，因此，近先贤之遗存，得文化之气韵，承斯文之缵续。每年举办各类文化活动，吸收全国各地的学子，重走朱子之路，学习朱子文化。所以，石庵书院虽然创办时间不长，但已颇有影响，社会期待不薄。

石庵书院的创立，源自于龚思玲老师，传承于爱书者同盟。

龚思玲，生前在建阳一中工作，是一位热爱学习，善于引导学生读书实践的政治老师。早在 2002 年，他就组织成立爱书者同盟。同盟以建阳一中为依托，以"爱与智慧"为宗旨，以"读万卷书，行万里路"为口号，书生意气，挥斥方遒。在建阳一中、在南平乃至在全国多所高校建立读书点，并逐渐吸纳了作家、教师、海外友人等不同领域的有志之士加入，开展丰富多彩的文化实践活动，不仅在建阳一中一级达标校评定中发挥了重要作用，更让这一群盟员热爱家乡的同时，建立起了文化情怀。

"爱书者同盟不但要将文化的道路走下去，还应该建设追求梦想的精神家园，以利于可持续发展。"龚思玲老师对盟员们如是说。于是，在他的倡议和带领下，6 位对龚思玲老师特别有感情，有志于把爱书者同盟事业做实做大的青年盟员，辞去手头上的工作，从木工、电焊、泥水等工种学起，再到建设装修这座小楼，先后花了四五年时间，建成了拥有精品藏书达 30000 余册的"爱书者同盟藏书楼"。在这里，经常开展各种读书交流活动，成为"书香建阳"一处重要的读书学习、文化交流的驿站，深受远近大众的欢迎。

2021年秋，曾经的建阳一中学生、爱书者同盟盟员、在外已经工作十年、有了稳定收入的张平及妻子陈燕婷，与盟员裴建忠、张大山等人，感念于龚思玲老师创立爱书者同盟，组织广大盟员文化实践的拳拳之心，回到家乡建阳，接过爱书者同盟的接力棒，在藏书楼正式兴办"石庵书院"。

石庵书院在考亭书院正式召开成立大会。一方面是为了接续考亭书院的传统，继承先贤的志愿，弘扬朱子理学，复兴家乡的文化；另一方面，也是秉承恩师龚思玲之愿，承"爱盟"之志，通过书院办学，把中国文化的精神传承下去。

待得二三子，挺立天地心。于是，完成义务教育阶段且有志于文化的青少年，他们陆续从天津、浙江、湖南，以及福建的泉州、福州、厦门等地，负笈而来，问道朱子，求学于石庵书院。

石庵书院师生，冠者六七人，童子三四人。他们秉持爱书者同盟"爱与智慧"的理念与主张，以"致知力行、明德新民"为座右铭，致力于当代书院教育与文化复兴，在传统书院与现代教育中探索当代书院作为教育体系补充的可行性。

如何办好书院？这是石庵书院老师们孜孜以求、着力探索的重大问题。他们提出并且实践了开门办书院的思路，即开放式招收生员，自主式管理教育，启发式讲学授课，互动式成长评价。在指导思想上，以孔子的"志于道、据于德、依于仁、游于艺"为方向，着眼于培养学子的品质与能力，努力使学子成长为对社会有益的人。

在讲学内容上，以《春秋左传》、朱子的《四书章句集注》《近思录》经典为主，集中授课，解经析义。以《朱子大传》《蔡元定传》等闽北历史文化名人传记为辅，了解圣贤的成长故事，感悟圣贤的精神人格。还以《古文观止》等古代散文、诗词为教材，琴棋书画等国艺，让学生受到中华优秀传统文化的熏陶。以经典熏陶和生活实践为重点，德才兼修，或耕或读，涵泳穷索，致知力行。

其一，因材施教。充分关注学子心性的成长，了解和尊重每个个体的禀赋与特性，各尽其性。

其二，立德。书院师长以"明德"之自觉去"觉人"；以传统经典中的人格榜样，唤醒孩子们自省迁善的自觉。

其三，立志。引导学子广泛参与社会各个领域活动，找到生命的方向与事业的志愿。立志向学，成己达人，担当社会、国家的责任。

其四，学问思辨。深入传统经典，以儒为宗，博学深造。同时开设时事观察课程，让学子通过阅读、研讨、论辩等形式，培养思考之习惯，建立社会之关怀。

其五，力行。通过大量的社会实践培养致用之功，学子广泛参与历史文化研学，如农村节庆风俗体验、武夷山摩崖石刻考察、茶文化研究、建本建盏的制作技艺的学习等，还有如重走朱子之路系列，泉州宋元海上丝绸之路、曲阜孔孟故里、西昆古村研学等活动，增强学子的社会行为能力。

其六，耕读养心。通过参与劳作，了解农事，学习厨艺，培养吃苦耐劳的品质和坚韧不拔的毅力。同时，培养学子与土地的感情，回归质朴厚实的纯真。

其七，自由开放。创设有情感、有诗酒、有眼泪、有欢笑、有热情、有野性、有风有雨、有花有草、有泥土之劳作的多元课堂。

其八，力与美的张扬。学习琴棋书画，涵泳心性，野蛮其体魄，激发学生活泼的天性和野性。

石庵书院师生用行动践行先贤精神：先后五次走朱子之路，翻山越岭，背着行囊，徒步300公里，串联闽北、江西等近百处朱子文化遗迹，在考亭书院举办庄严的成年礼，再现朱子的礼乐教化；继承爱书者同盟二十余载优良传统，每年清明祭扫朱子、游酢、蔡元定、蔡沉、祝夫人墓等精神上的"先祖"；推广建本、建盏文化，招募各地学子了解建阳的历史文化，深度访谈建本传承人；投入到家乡全民阅读的公益事业中，服务市民学习《四书章句集注》《近思录》等经典，开展"闽北文史勘探"等系列文化与生活课程。

一代人有一代人的使命与责任。石庵书院深知，文化的复兴需要代代相传的火种。龚思玲老师遗教有云："建阳此地，八百年前出了朱子，后世子孙岂可蝇营苟活？"此心何远，此志何坚？在中华优秀传统文化复兴的大时代背景下，石庵书院愿以师志为己志，以文化为己任，去接续火种、传承文明，为七贤过化之地重现历史荣光而尽绵薄之功。

每年，石庵书院的开学典礼，都在考亭书院的集成殿举办。师生们向朱子像行跪拜大礼，诚表其心，让圣贤见证学子的成长，参与师生生命的延展，为的是接续先贤的精神，让师生欣然有所得，奋然有所为，慨然有所立。这份承前启后的使命，让石庵书院有更多的力量，去守望精神家园，去开辟文化天地。

张平山长强调，新时代的书院要有新时代的使命担当、目标追求、创新作为。石庵书院要做到：传承圣贤君子的浩然之气，弘扬先人前辈的祖德之气，融入天地山川的自然之气，贴近百姓大众的烟火之气，从而真正成为有益于社会的新时代的书院。

邵武篇

邵武市书院概述：山中邹鲁　踵事增华

◎戴　健

　　戴健，原名戴建明，福建省作家协会会员，武夷文化研究院研究员。出版《感受南武夷》《闽北物语》《诗话翘楚——严羽传》等著作。诗词、散文作品散见于《诗刊》《中华诗词》《福建文学》《福建日报》等。

　　在书院发展上，邵武保持了与全国同步发展甚至略为领先的水平。这个优势一直保持到明朝中叶。得益于众多的书院，邵武人才辈出。据统计，从唐至清，邵武曾出过 2 名宰相、8 名尚书、298 名进士、217 名举人，还有 5 名总兵以上武官。南宋名相李纲、吏部尚书黄履、兵部尚书杜杲、文学评论家严羽、明代山水画家上官伯达等历史上名闻遐迩的邵武人，都与邵武书院文化有关。

　　邵武最早的书院是"和平书院"，由弃官返乡的黄峭，于五代后梁开平二年（908）创办，系闽北最早的三座书院之一。和平书院初创时是一座黄氏宗族自办学堂，专供族中子弟就学。此后邵武南部各姓氏宗族竞相效仿，宗族办学相沿成习。自宋以后，和平书院逐渐成为一所地方性学校，吸引了一大批历史上著名人物到书院讲学。相传，杨时和朱子都做客和平书院讲学，朱子还亲自书写了"和平书院"匾额。

和平历史上文化教育的发达，营造了和平千余年读书求学的氛围，文风炽盛，造就了一批又一批英才人杰。宋代大理丞黄通，司农卿黄伸，榜眼龙图阁待制上官均，元代国史编修、文学家黄清老等，都负笈求学于和平书院。

从五代至清代，在邵武这块土地上官办和私办的书院到底有多少？据现有资料统计，有23所之多。宋代邵武出现了樵溪书院、蒙谷精舍、台溪精舍。其中樵溪书院最为有名，位于邵武城东行春门外，为方澄孙所建。方澄孙（1214—1261），字蒙仲，又字行，号乌山，宋福州侯官（治所在今福州市区）人，南宋著名诗人，淳祐七年（1247）进士，曾任邵武军教授。景定元年（1260），方澄孙被委以主管邵武军的重任，在此期间创办樵溪书院以祭祀李纲，意在以李纲为楷模教化士兵。只可惜方澄孙在书院建成的第二年就去世了。后来书院被多次迁址重修和扩建，最终得以保存下来。元至元十八年（1281），同知万不花将书院迁到樵溪五曲之上。新建的书院设有礼殿，祭祀先圣孔子；还建有先贤祠，祭祀李纲和其他本乡贤士。朝廷还派设山长一名，主持书院工作，并置学田若干亩用于维持师生膳食。泰定三年（1326）和顺帝至元四年（1338），又对樵溪书院进行了修葺。明洪武二年（1369），通判章文旭、府学教授林必忠以邵武府学规模过小，地基太窄为由向朝廷请示，要求扩建府学，后来，在樵溪书院的旧址上改建了邵武府学。

明代邵武府仅有四县，是全省最小的府州之一，进士及第的人数也排在全省末位。对此，邵武的官员十分不安，决心改变这种落后面貌，首先从加强书院建设入手，邵武书院由此迎来了井喷式的喜人发展局面。正德十五年（1520），邵武知府张羽将一些寺庙改建成书院，即福山书院、矩墨书院、白渚书院；嘉靖十二年（1533），邵武知县曹察再次将廨舍与寺院改建为书院，即崇贤书院、养正书院；嘉靖二十年，邵武推官丁湛建孤山精舍；二十一年，知府邢址建邵阳精舍；万历三十一年（1603），推官赵贤意建九曲书院；万历三十四年，邵武诸生共建凤鸣书舍。万历三年（1575），知府许天增建崇正书院。书院正中祭祀朱子，配祀理学诸儒。万历十三年，提学王世茂将书院改为朱文公祠，配享朱子六位门生，由官府主持春秋祀事。此外，还建起了东山书院、西山书院。但这些书院都未能延续到清代。

进入清代，邵武书院再现繁荣。雍正七年（1729），邵武创建正音书院；乾隆年间（1736—1795），邵武建崇仁书院、樵川书院；道光五年（1825），建集义书院；光绪十四年（1888），建元峰书院；光绪十八年（1892），建西垣书院；光绪二十五年（1899），建连萼书院，等等。

尽管邵武书院起起伏伏，但还是为邵武的文化教育做出巨大贡献。然而，它曾经没有正规使用官话（亦称"正音"）教学。连康熙、雍正二帝都说，他们可以听懂绝大多数汉语方言，唯独闽粤二省官员乡音最重，几乎听不懂。于是，雍正皇帝第一个发出"雅言正语"式的修正命令，要在福建、广东推广官话。雍正六年（1728），皇帝亲自发布圣谕，下令设立正音书院。

邵武正音书院位于北门宝严坊。书院"延师教习"，即延聘语音正确、学问宏博者任教，教授当地士子规范的官话，为他们能够顺利应试铺路，也为本籍士子培养今后出省做官通晓官方语言、顺利办理公务的相应能力。

邵武正音书院创办初期因其是"奉文设立"，动用官银维持日常开销，国家每年按师生名额核拨"膏火"费，也就是办学经费，成绩斐然。然而到了乾隆后期，建阳、浦城、延平、崇安、政和等地的正音书院，纷纷裁撤。这种裁撤之风也影响到了邵武。不过，令人欣慰的是，当时的邵武官员和乡绅邑民，在"膏火"、修缮费用紧缺时，有钱的出钱，有力的出力，为邵武的正音书院不断注入生命力，使之一次又一次地起死回生、延续命脉。至道光年间，福建省各县的正音书院均已相继停办，唯邵武的正音书院尚存，但也已改为教习诗文了。"正音"名存实亡。邵武正音书院历180多年的兴衰，一直坚持到清王朝的最后一年，终于完成了其历史使命，成为全国最后裁撤的正音书院。

而今，邵武在书院保护和对书院文化的发掘上方兴未艾。在台溪精舍的遗址上重修了"台溪精舍"。2022年，对和平书院进行了修缮和布展，展陈的主要内容有和平书院沿革、书院人物、书院大事记、书院故事、和平历代科举进士名录等，夯实了和平书院的文化底蕴。

千载古邑——邵武，山中邹鲁——邵武，书院绵延，墨香流韵，踵事增华。

和平书院：宗族办学树风范

○乔　夫

乔夫，本名黄光炎，邵武人，中国作家协会会员，出版散文集《回望故乡》《碎语闲言》等。

一

邵武市和平镇区的西北隅，有一座青砖黛瓦、构建特异的厝屋，与镇上其他古建筑相比，虽然门楼无雕无画，质朴无华，但却以其布局的巧妙和内涵的深邃，散发出独特、悠远的光韵。

那是一座四合院式天井院建筑，占地面积约700平方米，建筑面积约500平方米。坐东朝西，斗砖封火墙，单进厅穿斗式构架。天井两侧及门楼后建廊楼，堂房地面高出天井和廊楼地面约1.6米，天井正中筑有十三级石阶。堂房面开五间，中为厅堂，堂后封火墙外为三坡水附建的膳食之所。

厝屋的门前，有一块河卵石铺就的小空坪，北侧是一堵砖石结构的单体门墙，中间一大门，两边各一券拱小门，形似"品"字，门顶类似古代官帽形状。站立在厝屋正大门内望，门楼内廊楼正中的雕月木梁上，

和平书院内景（乔夫 摄）

展着一幅书卷翻开的图案，卷内刻文依稀可见"天开文运"四字。举目上望，眼前依次展现的是欲达堂房大厅必登的十三级石阶和大厅前梁、中梁、后梁分别悬挂"毓贤""礼义廉耻""万世师表"三块巨额牌匾。大厅中堂端挂着一幅彩色孔子画像，两边对联分别为："仁义礼智信，温良恭俭让"。

综观整座建筑，构思奇特，风格迥异。它的前后门，分别用青石阳雕和木刻阳雕的雄劲正楷，向世人宣示了自己的身份：和平书院。

二

和平镇历史悠久，早在4000多年前就有越族先民在此拓土定居，繁衍生息。唐称"昼锦"，宋、元为"和平里"，明为三十三都，清设和平分县，民国为邵武第三区，1950年设和平镇。

历史穿越时光。早在唐朝中叶,有黄氏一脉自河南光州固始随唐将李适南下,经湖北江夏小住,再沿长江入闽。唐文宗大和二年(828),黄惟淡一支到达福建,初居浦城,后落籍邵武平洒。黄惟淡生五子,五子皆进士登科。后来第三子黄知良(谱名黄锡)携家由平洒迁居和平,亦生五子,长子黄峭被后世尊为和平黄氏的开基祖。

黄峭,又名峭山,字仁静,号青岗,生于唐咸通十二年(871)。黄峭自幼沉宏、有智略,十九岁中进士。唐昭宗时(约890),邵武水灾频繁,蝗虫四起,加上地方军阀割据,盗匪出没,民不聊生。目睹这种状况,正值弱冠之龄的黄峭毅然拿出自家的积贮财物赈济灾民,并聚合乡邻兴办义师,保境安民。当时的陇西郡王李克用赏识黄峭有"干济之才",推举他为千户长。乾宁二年(895),王行瑜、李茂贞、韩建三藩镇侵犯京都,黄峭辅佐李克用率兵讨伐,攻克邠州,诛王行瑜。本应乘胜追击余贼,不料昭宗听信朱温诡言,诏命休兵,同时也封李克用为晋王,黄峭为千户侯,参管江浙、两广军务。乾宁三年,李茂贞复叛迫近长安,昭宗出走华州,李克用发兵入援,黄峭勤王有功,授官工部侍郎。后来,朝廷日益衰败,朱温弑君灭唐,自立为梁。黄峭悲痛欲绝,一病不起并绝食数日,后经劝勉强顺时,并思谋解甲归田。后梁开平二年(908)正月,晋王李克用逝世,其子存勖继位并承父志举兵伐梁,遣使征聘黄峭出山辅政。

和平书院内景(乔夫 摄)

黄峭以无意仕途婉拒，于当年弃官归隐故里，"既而创和平书院，诱进后人"（《峭公行录》）。

三

相传，黄峭因为创办和平书院声名远播，闽王曾派员上门聘他前往福州办太学被婉言谢绝。不久，他又筹资增建书院诗画楼（藏书阁）。落成那天，宾客满门，自任书院山长的黄峭为诗画楼剪彩，泉州及一些县城的鸿儒学者都前来祝贺。

曾经荒芜的一角天地，已然变成一方文化沃壤，承载着书院的诗与远方。众文人雅士欢聚一堂，莫不称赞黄峭弃官归里，倾心办学，为国育才的气度和风范。

> 挺拔俊俏诗画楼，文光闪烁射九霄。
> 老君挥帚微口笑，太白拔云亦拱手。
> 乱世奇才隐荒丘，耕耘讲学育毓秀。
> 喜看桃李满天下，独吟风雪梅花瘦。

庆典仪式上，黄峭诗兴大发，当堂挥毫泼墨书写了他的诗作《四景诗》，并一直悬挂在书院。

黄峭创办书院，敦聘鸿儒名师，诱诲后进，书院人才辈出，仅宋朝一代就培养出进士70余人。还有如宋代大理丞黄通、司农卿黄伸、榜眼龙图阁侍制上官均、柳州知州朱缶，元代国史编修文学家黄清老，明洪武翰林编修吴言信、明万历临洮知府黄和等，都是身着青衫从和平书院走出，跨入峨冠博带的国臣之列。此外，在和平书院莘莘学子中，还不乏才情如炬，却无意仕途的清雅之士，如宋代音韵、训诂学家黄公绍、元代诗人黄镇成、明代山水人物画家上官伯达等。

四

　　青山如黛，流水如诗。现存的和平书院为清代建筑。据清《（咸丰）邵武县志》：清乾隆三十四年（1769），士民黄浩然等请以昔年所置田租建塾，延师以教子弟。台司嘉其义，许之。知府张凤孙即文昌阁辟地复建，以唐宋旧名名之。邵武知府张凤孙曾作《记》。20世纪50年代后，和平书院为和平小学校址，直至70年代末，和平小学才另迁建舍。

　　和平书院的设计儒风被泽，匠心独运。北门墙由三扇门形成"品"字，寓意读书人进门要先养品德，修品行，唯其如此，才能成为于国于民的有用之才。门墙的顶部形似一顶官帽，意寓"有品才有位"，也体现了"万般皆下品，惟有读书高"及"学而优则仕"的传统社会思想观念。

　　进入书院大厅，必须登十三级台阶，前六级为基础，后七级为官位七至一品，寓意只有努力读好书，才能出人头地，步步高升。大门后内廊楼雕月木梁上展开书卷的图案，寓意"开卷有益"。

　　据《峭公行录》：黄峭归隐后，"既而创和平书院，诱进后人，……

和平书院北门墙（乔夫　摄）

处此五季更移之际，惟戒诸子养晦韬光，毋昧时而躁进……"，而且书院还将"训诵读"列为"宗训"载入族谱。可见黄峭初创和平书院时属黄氏宗族自办学堂，专供族中子弟就学，后来再逐步开放吸收异姓子弟。尤其至宋后，和平书院逐渐衍变为一所地方性学校，吸引了一大批历史上著名人物到书院讲学，如宋代大儒朱子、理学家杨时都曾到和平书院讲过学。尤其杨时，熙宁元年（1068）曾就读于和平书院，熙宁九年进士及第后，还进驻和平书院讲学。

五

沧桑岁月铸辉煌，古韵流传至今长。

和平书院创办于五代，是中国最早创建的书院之一。它的创建，引发了各姓氏宗族争相仿效并相沿成习，从而营造了和平一带千余年来重视教育、重视人才培养的良好氛围和人人崇尚读书的良好品德，为和平历史上教育发达、文风炽盛作出了巨大贡献。

而今，和平镇被誉为"全国罕见的城堡式大村镇"，古厝林立，古巷幽幽。行走在被布履踏磨如镜的青石板街巷，抚摸着被莘莘学子汗手渍亮的壁板，观看着栋栋民居中遗存的"忠孝持家远，诗书处世长""世间只两样事耕田读书，天下第一等人忠臣孝子"等木刻楹联，回味着这里历史上出过2名宰相、6名尚书、137名进士的巨大荣耀，谁还能不赞誉黄峭宗族办学的风范气宇！谁又能不赞叹千年和平书院的历史辉煌！

附

和平书院记[1]

〔清〕张凤孙

设官分治教,其首务矣。禾坪县丞之设,所以广教化、移风俗也。余下车甫二年,士民蒸然向风,即有请捐神会田租以立义馆者,虽始基无多,而相劝于善,如良苗怀新,勃不可遏。余嘉其请,稽古而命之以"禾坪书院",且酌议条规,申之上台矣。夫相率而动于善者,机也;因机顺导者,太守事也。禾坪袨耆造庭言曰:"自有营义馆之请,远乡隶西南者,咸翘首慕思,曰'奈何乎遗予?'相与父勉其子,兄劝其弟,愿输材力以助。"余固知人心有同然,俾袨耆持簿以往,从其乐输之情可也。《诗》曰:"攸介攸止,烝我髦士。"又曰:"神之听之,终和且平。"异日行部至乡,仰书院之落成,聆弦歌之弗辍,见童冠中有学成行优者,此禾坪髦士也。庶几科名文物有以追唐宋,和平之盛而蔚为国家之光,岂非守土者之所深企欤!

---

[1] 本文选自〔清〕张景祁等:《(光绪)重纂邵武府志》卷十二,《中国地方志集成·福建府县志辑》第 10 辑,上海:上海书店出版社,2000 年,第 207—208 页。由乔夫(黄光炎)标点。

台溪精舍：七台山下味道堂

◎ 戴 健

南宋时期，邵武东乡村有个上麓村，1924年改称尚读村。南宋理学家何兑、何镐父子就出生在这里。何兑创办了台溪精舍，何镐与朱子亦师亦友研讨理学，情深意笃。朱子应何镐之请为台溪精舍撰写了《味道堂记》。

尚读村后有七台山，因层峦叠嶂、形如七个台面而得名。这里山峰隽秀，怪石峥嵘；古木参天，花开四季；蜂飞蝶舞，百鸟啁啾；溪如玉带，潭如明镜；云雾袅袅，霞色缤纷。行走其间，步步是景，处处含情。这里人文底蕴浓厚。山中的七台山寺，建于唐代会昌（841—846）中期。古色古香的建筑依山起势，如一座坚固的城堡，层层升高，使得大雄宝殿、天王殿、观音殿格外壮观。在山间还可见多方石刻，字体雄浑，笔画遒劲。整个七台山集山、水、林、泉、洞、庙为一体，融雄、秀、幽、险、奇于一身，深受邵武读书人的喜爱。尤其是家居七台山麓的何兑、何镐父子，兴致使然便去登山寻幽，在"一览众山小"的山巅观风景，思索理学要义。即使不去登山，他们一出家门便可看见远处的七台山，之后便惬意地投入到研学中。

何兑，字太和，因其是龟山门生，故号龟津，故称龟津先生。北宋

台溪精舍大门（戴健　摄）

重和元年（1118）进士，初授广西提刑检法官，后被御史马伸赏识，并向他传授二程《中庸》学说。马伸因上书朝廷，抨击奸臣，受贬死。何兑不平，暗地收集其生平事状。南宋高宗绍兴间，何兑任辰州通判，从邸报中看到秦桧篡改历史，掩盖自己对金朝屈膝投降、纵容张邦昌称帝等事。于是，何兑把他所辑的马伸事状呈报给朝廷，表白马伸的忠直，揭露秦桧的奸伪。秦桧老羞成怒，将何兑编管至瘴气密布、猛兽出没的凶险之地英州，直到秦桧死后才复官，担任祠官一年而卒。何兑不但为官清正，忠心爱国，而且一生学而不厌，博览群书，著有《随津易传》，乡人都非常敬重他，称他为"中庸何公"。朱子称赞他："忠纯笃厚之姿，廉静直方之操，得于天而成于学，充于内而不暴于外。"

何镐（1128—1175），字叔京，何兑之子。他从小承续家学，立志以圣贤为师，一心讲求道德修养。何镐因父恩补安溪县主簿，未赴任，之后前往汀州任上杭县丞。他为政主张"宽仁"，曾为辖内百姓罢除"税外无名之赋"，受到朝臣称赞。他在协助郡守处理积案时，处事果断，用不到十天的时间，阅毕所有案卷，并提出公正的处理意见。之后，他对该郡赋税负担不均提出调整意见，郡守不悦，他便辞职回乡，交道同之友，收徒讲学，著书立说。

回到上麓，何镐将台溪精舍改名"味道堂"，既是其修藏之地，又是教导学生的学堂。在味道堂北侧不远处有斗井，名通判泉。通判泉为何镐的父亲何兑所筑。何兑曾任辰州通判，故名通判泉。相传掘井的时候，有双鹤从井中飞出，故又名"鹤泉"。通判泉有五眼井水，井水由高到低依序为饮用、洗菜、洗衣、洗污物、洗粪桶，最后流入田畴灌溉农作物，体现了古人的生活智慧。

何镐与朱子交游甚密。朱子是通过范如圭老师之子范念德的介绍认识何镐的。一接触，二人志同道合，相见恨晚，亦师亦友。朱子称赞何镐家学渊源纯正，且才智敏锐，做学能问，"深造默识""口讲心潜，

味道堂（戴健　摄）

躬行力践",非一般诵说闻见所能及。朱子多次前往何镐的"台溪精舍"访友、讲学、探讨理学。朱子还应何镐之请,为味道堂撰写《味道堂记》,因此台溪精舍,又名"味道堂"。何镐将台溪精舍改为味道堂之名,源自《中庸》"人莫不饮食也,鲜能知味也"。何镐取其名是要自己不忘追求,朱子为之作记,也是为了告诉自己要自励。

在培养后进,著书之余,何镐陪同朱子、吕祖谦畅游武夷山,并随朱子参加鹅湖会讲。这些活动丰富了何镐的知识储备,加深了他对理学的理解。他还为朱子的《杂学辨》作序,为朱子的《吕氏大学解》作跋。二人惺惺相惜,彼此敬重,书信往来频繁。仅朱子《答何叔京》书就有四十一件,内容既有友人间的问候,又有学术阐述和辨析。

七台山对于何镐来说是难以忘怀的。他曾登山写下《七台山》一诗:

> 一上青云梯,杖藜披素襟。
> 追随同声客,不作殊方音。
> 过雨飞重泉,积烟昏茂林。
> 叠嶂杳峭崿,竦峰起岖嵌。
> 仰阚天门开,俯窥地户深。
> 丹壑收暝色,绛霞结幕轻。
> 天空抗空馆,岚散凌孤岑。
> 沧海飞赤舄,疏林散黄金。
> 仿佛天仙来,逍遥上帝临。
> 雷电屡兴灭,日月相深沈。
> 遐讨抱元气,冥搜清道心。

这首诗描绘了一幅壮丽的自然景观,诗中何镐运用丰富的意象和生动的语言,展现了七台山的雄伟与神秘。诗中提到的"青云梯""重泉""茂林"等自然元素,以及"天门开""地户深"等奇观,都表现了作者对

"台溪地"牌坊（戴健 摄）

大自然壮美景色的赞叹。这首诗不仅是对自然景观的描绘，也反映了何镐的哲学思想和情感世界，表达了其对宇宙和人生的深刻思考，以及对超然境界的向往。《七台山》是何镐留下的重要诗作，它不仅展现了作者的艺术才华，也为我们提供了理解宋代文学和哲学思想的宝贵资料。通过对这首诗的阅读和赏析，我们可以更深入地了解何镐及其时代的文化背景。

淳熙二年（1175），何镐循资调任潭州善化知县，未赴任就病故。消息传来，朱子悲痛欲绝，急匆匆赶往上麓吊唁，为何镐作祭文、题墓

通判泉（戴健　摄）

志。在墓碣铭的结尾，朱子评价何镐："清直而温，夷易而方。惟学不懈，厥猷以光。"祭文写得情凄意切："昔我来斯，兄出迎门，罗列豆觞，语笑温温。今我来斯，莫此空尊，长号大恸，兄卧不闻。"今昔对比，过去何镐对他笑脸相迎，以美食美酒招待，今天的何镐已驾鹤西去，即使他悲痛欲绝，何镐再也听不到了。字字满是不舍与悲情。

何镐著有《易说》一卷、《论语说》一卷及《史断》《台溪集》十卷。后世称他为"台溪先生"。

台溪精舍，元代毁于兵祸。明成化间，里人邱福重建，万历间重修。2009年，台溪精舍在原址重建。这座二层楼房，本着修旧如旧的原则，体现了传统建筑的精髓，其结构采用砌斗砖封火墙技术，而窗棂则雕刻着传统的图案，彰显了古典之美。内部地面铺设方砖，摆放着古朴的读书桌椅，墙壁上悬挂着朱子撰写的《味道堂记》。

门额上挂"台溪精舍"匾，大门两侧挂着意味深长的朱子撰联："日月两轮天地眼，诗书万卷圣贤心"，这两句话不仅表达了对自然宇宙的敬畏，也寄托了对知识与智慧的尊崇。

附近的通判泉亦经过整治，增设了休息亭和照明工程，方便游客休憩与夜游。周围修建了围墙和人行步道，既保障了安全又增加了游览的便利性。此外，还种植了880平方米的草坪，绿意盎然。为了保护这些文化遗产，还特别设立了保护碑，提醒人们注意保护和维护这份珍贵的历史遗产。

为了深入挖掘朱子以及何兑、何镐等儒家学者对当地文化的影响，书院还将他们之间的故事、理学成就，打造成"文化长廊"，供游客游览学习。这不仅让历史文化得以传承，也激励着尚读村村民崇尚读书，传承勤学向善的精神。

2016年，"台溪精舍遗址"因其丰富的历史价值和独特的文化内涵，被邵武市人民政府正式公布为第九批市级文物保护单位。2018年，"台溪精舍"因与朱子有紧密关联，被南平市人民政府列入"朱子文化遗存"名录。同年，"通判泉"作为与"台溪精舍"紧密相连的重要文化遗迹，被正式列为福建省文物保护单位。

这些连续的认定和保护措施，共同构成了一个强有力的历史文化保护网络，确保了"台溪精舍"及周边遗迹得以保存和传承，夯实了当地文化的内涵。

附

味道堂记[1]

〔宋〕朱　熹

　　武阳何君镐叔京一日以书来，谓熹曰："吾先君子辰阳府君少事东平马公先生受《中庸》之说，服习践行，终身不懈。间尝榜其燕居之堂曰'味道'，盖亦取夫《中庸》所谓'莫不饮食，鲜能知味'之云也。今不肖孤，既无以嗣闻斯道，惟是朝夕粪除，虔居恪处，不敢忘先人之志。子其为我记之，以告于后之人，而镐也亦得出入览观焉，庶乎其有以自励也。"熹惟何公实先君子太史公同年进士，熹不及拜其床下，独幸得从叔京游而兄事之，因得闻其学行之懿。顾虽不德不文，不足以称述传信，然慕仰之深，愿得托名于其屋壁之间以为幸，因不敢以不能对。

　　谨案公讳某，字太和，始为少吏南方，会马公以御史宣慰诸道，一见贤之，奏取为属。因授以所闻于程夫子之门者，且悉以平生出处大节告之详焉。既马公以言事谪死，公归守其学，终身不少变。其端已接物，发言造事，盖无食息之顷而不惟《中庸》是依也。乡人爱敬，至以"《中庸》何公"目之。于他经亦无所不学，而尤尽心于《易》，作集传若干卷。其忠纯笃厚之资，廉静直方之操，得于天而成于学，充于内而不暴于外，

---

[1] 本文选自〔宋〕朱熹：《晦庵先生朱文公文集》卷七十七，朱杰人、严佐之、刘永翔主编《新订朱子全书（附外编）》第25册，上海：上海古籍出版社，2022年，第3711—3712页。文后"简跋"由戴健撰写。

世之君子莫能知也。晚以马公移书伪楚，斥使避位之节列上史官，宰相恶其分己功，逮系诏狱，削籍投荒，而终不自悔以殁其身，此其于道，真可谓饮食而知其味矣。惟其知之深，是以守之固而行之乐，行之乐是以益味其腴而弗能去也。然公之所谓道者，又岂若世之俗儒，习见老佛虚无寂灭之说，而遂指以为道也哉。考诸公之《中庸》，亦曰五品之民彝而已。熹愚不肖，诚不足以窥大人君子所存之万一，然窃意其名堂之意，有在于是也。是以敢备书之，以承叔京之命，后之君子得以考焉。

抑叔京之清夷恬旷，不累世纷，既闻道于家庭，又取友于四方，以益求其所未至，其衔训嗣事而居此堂也，可无愧矣。今又欲由是益自励焉，是其进之锐，而至之远，其可量哉！其可量哉！此于法当得附书，因并识于此云。乾道癸巳二月甲申，新安朱熹记。

[简跋]

记文撰于南宋乾道九年（1173），为朱子所作。味道堂，南宋理学家何兑、何镐父子读书问学之所，位于今邵武市洪墩镇尚读村。《（光绪）重纂邵武府志》载："台溪精舍，在七台山之麓，小溪之滨，宋儒何镐读书处，居人至今名曰'学堂'，堂曰'味道'，朱子有记。元季兵毁。明成化间，里人邱福重建，万历间重修，旁有祠。"何兑，宋邵武人，字太和，号龟津。重和元年（1118）进士。系理学家杨时门人，著有《易传》等。其子何镐，字叔京。幼承庭训，从朱子学。朱子友敬之，曾造访其家，常有书信往来。

武夷山篇

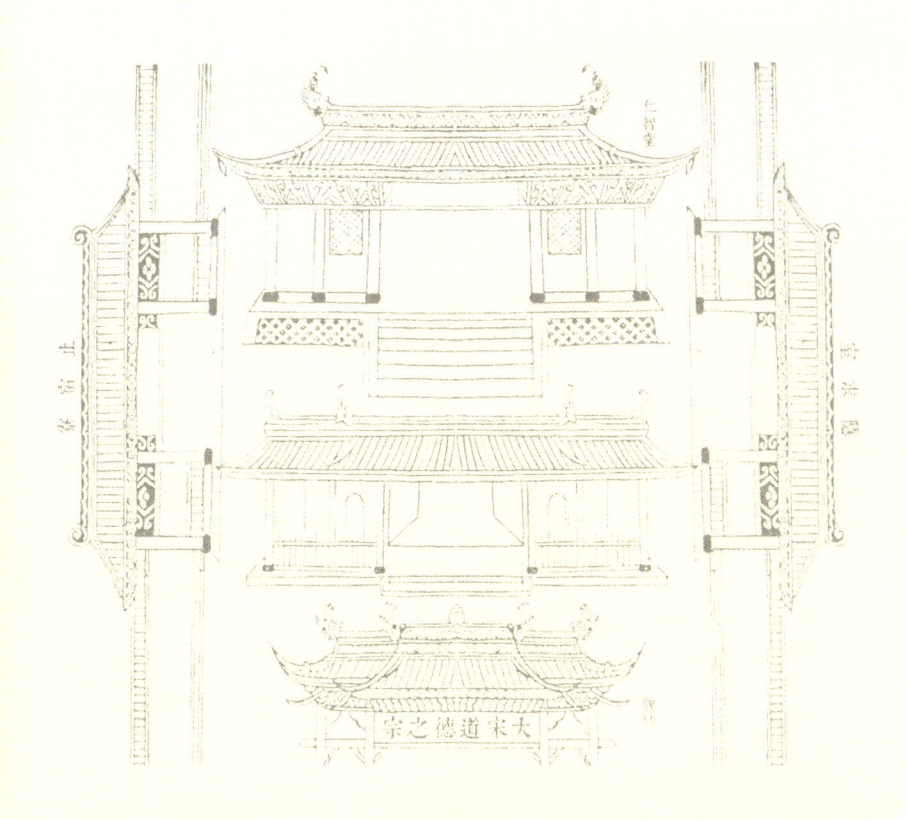

武夷山市书院概述：世界遗产　璀璨瑰宝

◎ 朱燕涛

> 朱燕涛，曾任武夷山市政协常委，福建省人行文联摄影协会副主席，现任闽北朱子后裔联谊会副秘书长，武夷山市人大常委会聘任委员，福建省摄影家协会会员。在《中国风景名胜》《福建乡土》《闽北日报》等报表《武夷山闽赣古关隘探秘》《朱子与武夷山书院文化》《朱子与武夷文庙》《朱子的乡愁诗词赏析》等文章及人文摄影作品。

在中国古代，一个地方的书院数量多寡、规模大小及影响远近，一定程度上是这个地方历史文化地位高低的表征。"东周出孔丘，南宋有朱熹。中国古文化，泰山与武夷。"孔子在泰山之麓集夏商周三代文化之大观形成了博大精深的"儒学"系统，朱子在武夷山中集孔孟后文化之大观完成了继往开来的"理学"体系。这两次先后"集成"于泰山和武夷山的"儒学"与"理学"统驭了近2500年中国古代文化。武夷山在泱泱中华文化史上之地位，能同泰山双峰并峙，并与泰山先后荣列世界文化遗产名录，此与武夷山市（原崇安县）书院数量之多，书院文化之盛，密不可分。

一、武夷山书院的发展奇迹与荣膺世界文化遗产名录

名山毓才俊,秀水衍圣贤。闽北武夷山市,水碧山丹,地灵人杰,历代儒者云集,倡学与创设书院之风长盛不衰。早在唐五代时期,武夷山的翁氏、彭氏等家族便有设筵讲经及延请名师教子的私塾传统,因而其家族人才辈出。其中"作邑彭氏"仅在唐代就有彭继苗、彭种、彭保廉等五位子孙因受良好教育而进士及第并在外为官且政声卓著。至宋明时期,武夷山文化教育进入历史上最为辉煌时期,脱胎于私塾而面向社会的研学一体的书院文化空前发展。全国各地大儒士子到武夷山游学之风最盛,书院建设最多。如宋代,许多著名学者,如游酢、杨时、胡安国、朱熹、陆游、辛弃疾、蔡元定、游九言、真德秀等人都曾驻足武夷,有的本来出身武夷,有的长期客居,有的频繁往来,或修筑书院,聚徒讲学,或游学论辩,倡道东南。其中最著名的办学代表人物即为当时已名满天下的朱子。他是继孔子之后对中国历史影响最大的文化巨人、教育大家,后世尊称朱子。朱子矢志"为往圣继绝学,为万世开太平"并"集大成"发展的"新儒学",被国际汉学界称为"后孔子主义"。他除了在武夷山之外的地区创办、修复、重振了寒泉、云谷、考亭、白鹿洞、岳麓等多所书院外,更在他成长、成才、成就的武夷山市境内,创建了著名的武夷精舍及在本市的多所书院讲学、论辩、立说、著书、生活近 50 年。这期间,他还通过多种途径为书院的长效供养生息进行探索与鼓呼。例如,他通过为武夷山文庙学官撰写《建宁府崇安县学田记》,以舆论支持县府征收佛老废寺灯香田、接受贤达捐赠田亩为"社会办学"提供经济来源的举措。他的《学田记》经济策略影响到全国,并为各地书院所效法,推进了包括武夷山在内的书院教育的长足发展。

在朱子的矢志耕耘下,武夷山书院所麋集的学生及其后学,受教后大多成为济世贤臣、博学名士。他们从四面八方云聚武夷山,探研理学,

传播理学，学术气氛浓烈而高涨，并使理学文化藩衍各地，且在其后的八百多年一脉相承，经久不衰，武夷山遂成为天下理学名山，被称为"道南理窟"。作为新儒学思想文化的杰出代表——朱子理学，集孔子之后中国学术思想之大成，在历代书院与先贤前赴后继的传灯与深耕下，不断得到统治者的高度认可与加持，成为各朝官方的正统哲学思想，构筑了中国 13 至 20 世纪一直处于统治地位的思想理论——新儒学，亦成为中华民族主流的价值观念，代表了具有普遍意义的传统民族精神，成为东亚文明的体现，影响远及东南亚和欧美诸国。武夷山因此有"斯文在兹""道南理窟""闽邦邹鲁""学术执全国之牛耳"之誉，经联合国教科文组织考察评定入列世界文化遗产名录，这些美誉的获得，武夷山地区的书院功不可没。

　　1999 年 12 月，武夷山在申报世界"双遗产"答辩会上，曾现"惊险一幕"，但被武夷山的一所书院安然化解。当时，武夷山在申报"双遗产"中，风景奇秀、保护良好的"自然遗产"方面，条件充分，毫无异议。但是，当审议到作为"文化遗产"重要内容的"朱子理学文化摇篮"一款时，其与孔孟儒学文化的传承关系受到欧美评委的质疑诘询。好在武夷山世遗申报团工作人员有备而来，镇定地播放了一段申报视频资料。工作人员在投射视频时，当位于武夷山市五夫镇"兴贤书院"门额上"洙泗心源"四个砖雕汉字画面出现瞬间，将其戛然定格，并解说道："洙泗"是孔孟家乡的两条河流，"洙泗心源"即指孔子之道、朱子理学。话音一落，评审团专家组中，通晓中华文化的日籍汉学家立即起身，发言表示肯定并由衷赞赏。会场立即响起一片掌声。兴贤书院门额上的这四字成为了无懈可击的有力证据，联合国专家们均表示心服口服、再无异议。于是，在一片掌声中，武夷山列入世界文化与自然遗产名录的申请获得通过。这有惊无险的一幕，也成为了漫漫申遗路上最精彩的瞬间与最完美的结局。它至今仍是武夷山人津津乐道的一段佳话。

二、武夷山书院的规模冠闽与科举名列前茅成就

武夷山市古代兴建办书院之风炽热，数量多，品位高，影响大。据统计，从北宋至清末，武夷山市境内有据可考的书院达 61 所，其中北宋兴建书院 8 所，南宋新增书院达 25 处，武夷山无愧"书院名山"。武夷山的书院主要兴盛于宋代，它们的创办者、讲习者，多为朱子及其师友、门人与后学，更为重要的是他们多为所处时代的"国家级"大师硕儒，"学术执全国之牛耳"自然不足为奇。

武夷山市古代的书院，主要集中在今武夷山风景区内，目前有史可考的便达 45 处（其中宋代 17 处、元代 4 处、明代 16 处、清代 8 处）。书院建在风光奇秀的武夷山风景区，大多分布在九曲溪两岸，契合了古代文人对清幽山水的情有独钟。因为这能让他们获得所向往的清静，获得更多学习与思考的灵感和开悟。这些书院错落分布于碧水丹山之中，更增添了景区内的文化色彩和书卷气息，使人与自然风景融汇一体，相得益彰。

书院的勃兴，让武夷山俨然成为一座山水中的"大学城"，弦歌不绝，薪火相传，为本邑培养和向社会输送了大量人才。若以考取进士人数评比古代地方培养人才能力，福建在全国排名第一，而其中的闽北又是福建的冠军。若剔除一些不可比因素，则武夷山科举在闽北当荣居魁首。旧崇安在闽北属小县，民国前土地面积与人口数量均列倒数，宋至清平均不足 4.5 万人［崇安县在南宋的人口高峰时人口 4.38 万人，清康熙元年（1662）人口 3.39 万人］，但从武则天垂拱年间（685—688）至清光绪十八年（1892），全县却高中文进士 248 名，其中状元 3 名；文举人及贡生 575 名。其中两宋为崇安的科举高潮，考取了文进士 194 名，另有特奏名进士 20 名，在闽北（两州一军）16 县中居第四位。前三位分别为"府治"所在的建安、瓯宁和南平县。此三县拥有府治优良的政

治经济与学习条件以及人口众多的优势，若剔除府治所在的县，崇安县的科举水平则跃居闽北第一。如果以县级为单位按总人口平均，崇安县的科举水平，在全闽亦名列前茅。而这一切，当首先归功于武夷山书院数量和质量高居全闽之首的地利与人和，亦当归功于以朱子为代表的群贤倡道武夷带来的文风气象。例如，在闽北有"进士之村"称号的九曲溪上游詹氏聚落的黄村，仅唐宋两朝詹姓进士便达31人，其中状元1人。查詹氏在本村和武夷山景区所办的书院就达6所之多，其书院山长也多为进士出身，书院之功由此可见一斑。

三、武夷山书院的沧桑涅槃与在新时代的启发价值

古代书院的创办主体多样，有官办，有私人创办，更多的是宗族设立，常见的则是慕名而来的学者私人出资、友人集资及学生捐资创办。武夷山最著名的书院武夷精舍，便由朱子亲自规划并组织学生诛茅垒石创建，土地则由其妹夫刘彦集捐献，部分资费由友人资助。武夷山由众多学者筚路蓝缕开辟的这些书院，大多成就了这些心怀天下的创办者们"为往圣继绝学，为万世开太平"的抱负，培育了许多社会栋梁，也因此成就了武夷与泰山齐名的辉煌地位。为纪念创建书院先辈们的崇高追求与他们成就的伟业，以启后人，其中不少书院同时设立祭祀创立者的祠堂，通过春秋祭祀以缅怀他们的恩德并激励后人。如武夷精舍明代更名"武夷书院"便增建了"文公祠"。清代后期书院功能退出，特别是推行新学后，武夷精舍主要成为凭吊先贤的场所，甚至一度更名为"五曲文公祠"，主要祀朱子及其四配（蔡元定、黄榦、刘爚、真德秀）。又如北宋江贽（字奉先）创办的"叔圭精舍"后来也更名"奉先祠"；明代武夷宫附近的"一曲书院"也改名"四贤祠"，等等。它们的书院功能虽已退居其次而以祠祭为主，但是仍不影响其书院的定性与名义。如同"庙

学合一"的文庙,虽在内部设立了大成殿祭祀孔子而被百姓俗称"孔子庙",但仍不影响其作为官办教化机构的学校(府学、县学、学宫)的定位与作用。

改革开放后,特别是党的十八大以来,随着中华优秀传统文化的复兴,部分书院遗存得到了保护和修复。目前墙屋尚存和经近年修缮的书院,主要有五夫的"兴贤书院""紫阳书堂(紫阳楼)"和武夷山景区的"武夷精舍""磊石山房"等。武夷山景区的"叔圭精舍""留云山房""铁板山房"等虽只余山门或坊墙,但已得到保护。这些书院遗存,对我们研究朱子理学的兴衰演变以及中国哲学思想发展史等弥足珍贵,是我们追溯和弘扬中华优秀传统文化不可多得的载体与瑰宝。

随着党中央对传承中华优秀传统文化的日益重视,特别是习近平总书记2021年3月22日考察武夷山朱熹园,在"武夷精舍"首次提出"第二个结合"理论以来,到武夷山调研朱子理学等中华优秀传统文化的专家学者络绎不绝。他们对其中曾"执全国学术之牛耳""集孔孟后文化之大成"的武夷山书院集群,赞扬有加。他们认为,武夷山书院无愧为中国古代书院的代表。它们在历史的嬗变中滥觞与涅槃了现代治学思想与办学体制,至今对我们发展中国特色现代教育仍有借鉴意义,对武夷山开展优秀传统文化及爱国主义教育,以及发展文化旅游事业等,俱是不可多得的巨大财富。

武夷精舍:"第二个结合"首提地

◎朱燕涛

东风浩荡满眼春,万紫千红朱熹园。2021年3月22日,中共中央总书记习近平考察武夷山朱熹园,在详细了解朱子生平及理学研究等情况后,作了重要讲话:"我到山东考察时专门去看了孔府孔庙,到武夷

武夷精舍(朱燕涛 摄)

道南理窟（朱燕涛 摄）

山也专门来看一看朱熹园。""我们走中国特色社会主义道路，一定要推进马克思主义中国化。如果没有中华五千年文明，哪里有什么中国特色？如果不是中国特色，哪有我们今天这么成功的中国特色社会主义道路？我们要特别重视挖掘中华五千年文明中的精华，把弘扬优秀传统文化同马克思主义立场观点方法结合起来，坚定不移走中国特色社会主义道路。"

  同年7月1日，在庆祝中国共产党成立100周年大会上，习近平总书记发表重要讲话，提出"坚持把马克思主义基本原理同中国具体实际相结合、同中华优秀传统文化相结合"。因此，武夷山朱熹园（武夷精舍）成为了"两个结合"中"第二个结合"的"首提地"，并且很快成为全国学者和旅客研学及观光的热门"打卡点"。

  武夷精舍，位于武夷山国家公园核心区、九曲溪中段五曲隐屏峰下。其为宋淳熙十年（1183）朱子亲手营建，是古代武夷山的一大建筑群，世称"武夷之巨观"，是"道南理窟"的地标，"理学圣地"的殿堂。1980年代，著名文化学者张岱年为武夷精舍手书"朱熹园"三个大字，因此，朱熹园成了武夷精舍的别称。1999年12月联合国教科文组织世界遗产委员会公布武夷山为世界"双遗产"地，包括武夷精舍在内的朱子文化遗存荣列世界文化遗产名录；2021年9月福建省人民政府公布武夷精舍遗址为福建省第十批文物保护单位。

———

创建武夷精舍是朱子多年的夙愿。朱子少年时期，曾追随恩师刘子翚常来常往于武夷山中，"琴书四十年，几作山中客"。朱子对武夷山胜景十分熟悉与喜爱，将其当成"自家后门山"。淳熙五年（1178）初秋，朱子与妹夫刘彦集、隐士刘甫等又一次结伴悠游武夷。当走出云窝来到五曲附近时，他们恋恋不舍地停下了脚步。这时刘彦集招呼大家围坐一块巨石上，畅聊感受，并雅兴大发，呼来纸笔让大家"斗诗"。宋代文人不仅好"斗茶"，还擅随时随地"斗诗"。刘彦集倡议以汉东方朔《与

武夷精舍理学正宗殿（朱燕涛 摄）

友人书》中"相期拾瑶草,吞日月之光华,共轻举耳"中的首句文字抽签,每人以所抽字的韵脚写诗一首。朱子抽到第四个字"瑶",很是兴奋,挥笔写下《游武夷以"相期拾瑶草"分韵赋诗得瑶字》题目,略作沉思后便挥笔:"秋声入庭户,残暑不敢骄。起趁汗漫期,两袂天风飘。眷焉此家山,名号列九霄。相与一来集,旷然心朗寥。栖息共云屋,追寻唤渔舠。一水屡萦回,千峰郁岹峣。苍然大隐屏,林端耸孤标。下有云一壑,仙人久相招。授我黄素书,赠我英琼瑶。茅茨几时见,自此遗纷嚣。"朱子欢畅的心情与归隐武夷山隐屏峰下的梦想跃然纸上。众人互相点评后,大笑而归。

淳熙十年(1183),朱子受命提举浙东常平茶盐公事,在奏劾唐仲友中受挫,愤而辞归。回到武夷山,他告诉诸位亲友,要在武夷山中筑庐,研究学问与收徒施教,并以此稍解辞官后经济拮据窘境。朱子的妹夫刘彦集告诉朱子,五曲隐屏峰下那块谷地,是他父亲刘韫早年所置而一直闲置的产业,其父生前就有赠与朱子筑室归隐的心愿,无妨就送给朱子使用,并可资助必要的建筑经费。朱子对刘彦集的慷慨解囊,大喜过望,立即召集众友一起规划。许多好友包括建宁府与崇安县衙闻讯后,纷纷表示支持及愿给予资金帮助。对此,朱子却均婉言谢绝,称所建为私家精舍,当自力更生,只劳众弟子出工献力。在朱子的操劳及众多弟子的努力下,诛茅斩棘,垒石架木,很快得屋数间。仅用四个月,精舍就初具规模。据朱子《武夷精舍杂咏序》所记,其布局为:在大隐屏前麓谷地中有房三间,名"仁智堂",用于学生上课。堂的左右有两间卧室,左名"隐求室",为自居;右名"止宿寮",为客房。精舍的坞口垒石为门,名"石门坞"。坞内建有一排房屋,作为学者群居之所,名"观善斋"。石门西边,另建屋一间,名"寒栖馆",主供道流学友居住。观善斋前,建有"晚对亭"和"铁笛亭",供憩息赏景。而在寒栖馆外,则绕以一圈竹篱,当中安装一扇柴门,上挂自题榜书"武夷精舍"横匾。

· 武夷山篇 ·

二

　　精舍初成，建宁知府韩元吉及著名史学家袁枢等众友前来道贺。韩元吉参观后饱含深情地写下《武夷精舍记》，记述了朱子偕弟子筚路蓝缕、

武夷精舍仁智堂（朱燕涛　摄）

武夷精舍隐求室（朱燕涛　摄）　　武夷精舍止宿寮（朱燕涛　摄）

129

栉风沐雨兴建精舍的全过程，并称朱子并非想逃避现实的"出世"隐士，而是以更有作为的形式，做积极"入世"的儒士。他将朱子乐居武夷山与孔子喜游泰山相提并论，是登名山以怀天下，有圣人气象，由衷地表达了十二分的敬佩。袁枢贺诗则写道："本是山中人，归来山中友。岂同荷蓧老，永结躬耕耦。浮云忽出岫，肤寸弥九有。此志未可量，见之千载后。"（袁枢《武夷精舍十咏·隐求室》）。诗的末句，果然言中，朱子后来无愧是"千年一人"的圣哲。诗人陆游未能亲临，但也驰函祝贺，并寄贺诗，其中两首为："先生结屋绿岩边，读《易》悬知屡绝编。不用采芝惊世俗，恐人谤道是神仙。""山如嵩少三十六，水似邛崃九折途。我老正须闲处著，白云一半肯分无？"（陆游《寄题朱元晦武夷精舍》）诗文饱含深情、艳羡与谐趣。

朱子对武夷精舍的落成，自己也十分满意，写下了脍炙人口的《武夷精舍杂咏》十二首，并配以序文，以纪其盛。《杂咏》第一首《精舍》便吟道："琴书四十年，几作山中客。一日茅栋成，居然我泉石。"喜悦之情，溢于言表。该组诗很快被诗界不断转抄，传遍全国。随之而来的，包括辛弃疾在内的诗友所写的"唱和""次韵"诗，也如雪花飘来。

此后，朱子即在武夷精舍广收门徒，著书讲学，长达八年，培养了一大批学生。当时，著名学者如蔡元定、黄榦、刘爚、詹体仁等，都前来就学。据朱子文化专家方彦寿先生《朱熹书院与门人考》一书介绍，在武夷精舍接受过朱子亲自授课、有明确姓名记载的门人有91人，加上那些没有文献记录，当有数百人之多。更重要的是，由于朱子在武夷山中率先垂范的成功办学，带动了一批理学名家也相继来武夷山中择地筑室，聚徒讲学。如游九言的"水云寮"、刘爚的"云庄山房"、蔡沉的"南山书堂"、蔡沆的"咏归堂"、熊禾的"洪源书堂"，等等，先后崛起于武夷山中。它们星罗棋布于碧水丹山之境，弦诵声声伴随着九曲潺潺和鸟语花香，为武夷山增添了一道天人和谐的靓丽风景。

三

朱子逝后，武夷精舍屡毁屡修，既历尽沧桑，也满载辉煌。

南宋后期，武夷精舍便修葺扩建过多次。淳祐四年（1244），朱子的季子朱在和长孙朱鉴，因精舍"荒苔蓓草蔽荫"而加以重修，并"葺治而广大之"，建宁知府王遂为之撰《重修武夷精舍记》。景定二年（1261），崇安知县林天瑞又在书院中创"古心堂"，由官府设山长主其事。咸淳四年（1268），官府再加大营建并拨给公田，由程若庸任山长。因其已成为官办且规模宏大，而非私家之精舍，便被更名作"紫阳书院"。

进入元代至元年间，官府也曾对武夷精舍修葺一新，由詹光祖、游鉴、江应、詹天祥相继担任武夷精舍教授，但不久毁于兵燹。

进入明代，武夷精舍屡次修缮扩建并屡更其名。明永乐四年（1406），武夷精舍倾圮，建州博士府及崇安星村文公后裔前往修葺，朱子的崇安裔孙朱池作《增修五曲书院记》（清乾隆《崇安紫阳朱氏宗谱》）。正统十三年（1448），朱子八世孙朱洵、朱澍重建，强化了祭祀功能，主祀朱子，并以蔡元定、黄榦、刘爚、真德秀配祀，再改名为"朱文公祠"。正德十三年（1518），

〔明〕丁云鹏《武夷精舍》

[清]董天工《武夷山志·武夷精舍图》

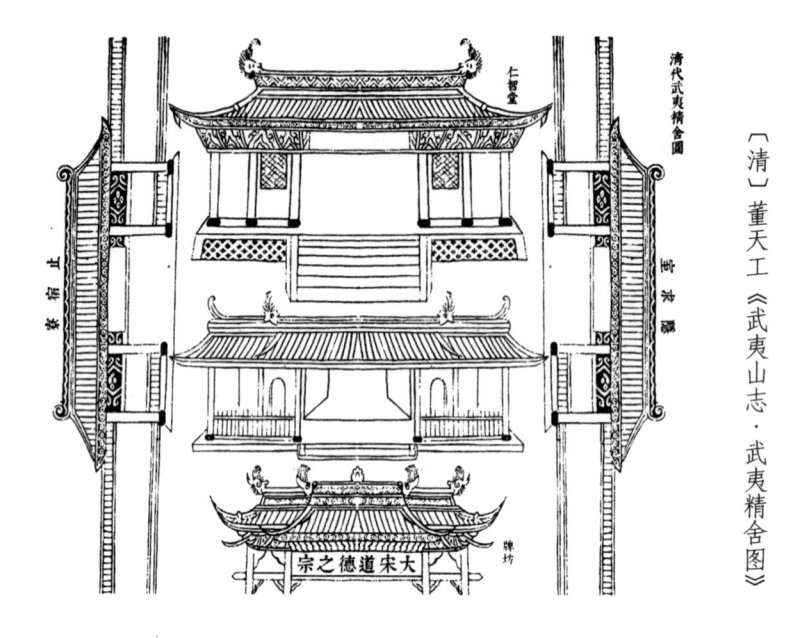

巡按御史周鸿清、军御史周震及佥事萧元协力谋划,檄令县令重修,辟地百余丈,绕以周垣,前竖牌坊,匾上镌刻"武夷书院"。此后"武夷精舍"便较多以"武夷书院"称呼。"武夷书院"内建"高明楼"五楹、大堂五楹、两庑各六间。各幢建筑,飞檐流丹,宏丽高雅,并置田百亩作为祭祀及修缮费之用。旁又建屋数间,设"祠生"一职,择朱子后裔一人居住管理与主持祭祀。明万历年间,兵部尚书少司马陈省寓居武夷云窝,也曾修葺过武夷书院。陈省修葺武夷书院,有一段趣味佳话。传说这期间的武夷书院又有多处倾颓破损,有士人于其壁上题诗:"紫阳书院对清波,破壁残碑半女萝。颇爱隔邻亭榭胜,画栏朱拱是云窝。"影射陈省云窝别墅的华丽居然盖过圣人朱子的书院。陈省见诗,笑曰:"是其启我乎!"即解囊鸠工,将紫阳书院修葺一新。(清董天工《武夷山志》卷十)。修葺后的武夷精舍弦诵又起。据万历年间来学的朝鲜李朝学者鲁认《锦溪日记》载:"迤迤入武夷山,第五曲有朱子书院。院中学徒数百余,院长每日率诸生讲学行礼,学规甚严。"崇祯末年,晋江进士

陈履贞过武夷，又捐资修葺。

进入清代，朱子及其武夷书院更受清廷及官府重视，修扩最盛。顺治十六年（1659），崇安县令韩士望重修再饰书院。次年春，大风拔木，文公祠圮毁，仅存二门。康熙二十六年（1687），官府出资修建，康熙帝御笔亲书"学达性天"匾额赐武夷精舍，同时颁赠天下学宫，在恩荣武夷书精舍的同时，也褒扬了朱子学。康熙五十四年冬，时为文渊阁大学士的理学家李光地（1642—1718，福建安溪人）请假省亲，绕道至武夷，参拜朱子遗迹，并撰《谒御额"学达性天"武夷精舍》诗，其三曰："高山岿然哲人迈，犹有手整六经在。章句初年成习心，专门白首归模楷。下竿浅刺寒溪风，肃佩上趋精舍霭。相看来裔寝微茫，谁念前修久相待。"李光地谒后觉得武夷精舍建筑不够宏敞，便同闽浙总督觉罗满保合议捐俸扩修。他们的善举立即传开并获得了众僚响应。这次增修堪称为华堂巨构，武夷精舍焕然一新。光绪年间，精舍又经修葺。此后，精舍的总体布局一直沿袭至近代保持不变。

进入1950年代后，武夷精舍经历了先毁后兴的凤凰涅槃。特别是1990年代以来，武夷精舍遗址和尚存的两堵土墙得到有效保护。2000年，武夷山市政府于原址重建了武夷精舍。无论是其牌坊，还是三进主体殿宇，新武夷精舍建筑之巍峨，布局之严谨，用材之考究，展品之丰富，已远非往代武夷书院可以比拟，深得朱子后裔及游客好评。新武夷精

武夷精舍（文公祠）（1960年代初 摄）

舍掩映于五曲隐屏峰下绿树繁花中，粉墙红瓦，每天吸引了众多海内外学者与游客前来拜谒瞻仰。广大参访者无不感慨万千，肃然起敬。

四

朱子一生笔耕不辍，留下了2000多万字的鸿篇巨作，其中有相当大的部分及最重要的著作是在武夷精舍完成。如《易学启蒙》《孝经刊误》《小学》《大学章句》《中庸章句》等在此完成；《论语集注》《孟子集注》等在此初撰；还有《武夷精舍杂咏》《武夷櫂歌》等一大批诗文和书信也在此书写。因此，许多学者称武夷精舍是朱子思想与著作的"孵化巢"，是朱子理学的"摇篮"。其在我国文化史上的贡献及对后世的影响之大可见一斑，其历史功绩永垂不灭。

东周时代的孔子，集夏、商、周三代文化之大成，即"第一次集大成"，形成了被誉为"万古明灯"的儒家学说，照亮了中华民族一千多年日渐繁盛。南宋的朱子，在式微渐"绝"的孔子儒家学术中，融入中国本土的道家理论与外来的佛教思想等文化，以及汉唐北宋的百家学说，即"第二次集大成"，形成了"致广大、尽精微、综罗百代"理论缜密的"朱子理学"，亦称"新儒学"或"后孔子主义"，从而再次拨亮了中华民族复兴的"明灯"。"朱子理学"影响之深远，至今依然渗透于我们社会的每一个角落，每一个人的血脉，并仍然是我们中华民族生生不息的文化生命源泉。"春晖明，大邑望。"乘着习近平总书记考察武夷山朱熹园的春风，武夷山市开启了朱子文化传承发展的新征程，举办了武夷论坛等重大文化活动，朱子理学迎来了将与马列主义先进思想相融合的第三次集成的历史时代，武夷精舍（朱熹园）也将为中华优秀传统文化创造性转化、创新性发展，为服务中华文明前进谱写下新的篇章。

附

武夷精舍记[1]

〔宋〕韩元吉

　　武夷山在闽粤直北,其山势雄深盘礴,自汉以来,见于祀事。闽之诸山皆后出也。其峰之最大者,丰上而敛下,肖然若巨人之戴弁,缘隙磴道,可望而不可登。世传避秦而仙者,蜕骨在焉。溪出其下,绝壁高峻,皆数十丈。岸侧巨石林立,磊落奇秀。好事者一目不能尽,则卧小舟,杭溪而上,号为九曲,以左右顾视。至其地或平衍,景物环会,必为之停舟曳杖,倚徙而不忍去。山故多王孙,鸟则白鹇、鹧鸪,闻人声或磔磔集崖上,散漫飞走而无惊惧之态。水流有声,其深处可泳,草木四时敷华。道士即溪之穷仅为一庐,以待游者之食息。往往酌酒未半,已迫曛暮而不可留矣。山距驿道才一二里许,逆旅遥望,不惮仆夫马足之劳。幸而至老氏之官宿焉,明日始能裹饭命舟。而溪之长,复倍驿道之远,促促而来,遽遽而归,前后踵相属也。

　　予旧家闽中,为宦于建安,盖亦遽归之一耳。吾友朱元晦居于五夫山,在武夷一舍而近,若其外囿,暇则游焉。与其门生弟子挟书而诵,取古诗三百篇及楚人之词,哦而歌之,得酒啸咏,留必数日。盖山中之乐,悉为元晦之私也,予每愧焉。淳熙之十年,元晦既辞使节于江东,

---

[1] 本文选自〔宋〕祝穆:《新编古今事文类聚续集》卷八,元泰定三年(1326)庐陵武溪书院刻本。由朱燕涛标点。

遂赋祠官之禄，则又曰吾今营其地，果尽有山中之乐矣。盖其游益数，而于其溪五折负大石屏，规之以为精舍，取道士之庐犹半也。诛锄草茅，仅得数亩，面势幽清，奇木佳石，拱揖映带，若阴相而遗我者。使弟子辈具畚锸，集瓦木，相率成之。元晦躬画其处，中以为堂，旁以为斋，高以为亭，密以为室，讲书肄业、琴歌酒赋，莫不在是。予闻之，恍然如寐而醒，醒而栢隐，隐犹记其地之美也，且曰其为我记之。

夫元晦，儒者也。方以学行其乡，善其徒，非若畸人隐士，遁藏山谷，服气茹芝，以慕夫道家者流也。然秦汉以来，道之不明久矣，吾夫子所谓志于道亦何事哉！夫子，圣人也。其步与趋，莫不有则。至于登泰山之巅而诵言于舞雩之下，未当不游，胸中盖自有地。而一时弟子鼓瑟铿然，春服既成之咏，乃独为圣人所予。古之君子息焉者，岂以是拘拘乎！元晦既有以识之，试以告夫来者，相与酬酢于精舍之下，俾或自得，其视幔亭之风，抑又何如也？是岁八月，颍川韩元吉记。

重修武夷晦翁书院疏[1]

〔宋〕熊　禾

宇宙间三十六名山，地未有如武夷之胜；孔孟后千五百余载，道未有如文公之尊。苍崖碧涧，山水依然；赤字绿文，图书在是。倡明斯道，实始兹山。《四书》衍洙泗之传，《纲目》接《春秋》之笔。当今环海数州之内，何人不读其书？岂是空山一亩之官，其徒不为之守？几载雨凌风震，一朝地辟天开。兹盖伏遇府判梅庵先生，以蜀西之珍，负道南之望，昭布明时之德化，厚培昌运之人才。倘斯文其在兹乎，舍此地又何适矣！爰谋爰始，以经以营。既为吾道中人，皆非己分外事。尚弘乃力，用相于成。小学成始，大学成终，肯但作房、杜诸人之事业；千载在前，万载在后，尚永怀乾、淳一老之典型。

---

[1] 本文选自〔宋〕熊禾：《重刊熊勿轩先生文集》卷三，南明隆武二年（1646）熊之璋刻本，《宋集珍本丛刊》第91册，北京：线装书局，2004年，第282页。由朱燕涛标点。

兴贤书院：洙泗心源一脉承

◎朱燕涛

武夷山市原名崇安县，历史上书院众多。1999年，武夷山以历史上拥有数量众多、声誉崇高的古代书院表征的"朱子理学"文化和城村古汉城遗址等，荣膺联合国世界文化遗产名录，使武夷山一举夺得世界"双遗产"桂冠。在申报世界"双遗产"名录时，武夷山申报文本封面上五夫兴贤书院外观照片中的"洙泗心源"四个大字，为"孔孟儒学"与"朱子理学"的传承关系提供了无懈可击的证据。五夫兴贤书院在武夷山书院中的地位与影响由此可见一斑。

一

兴贤书院位于五夫镇兴贤古街18号，为清代武夷山地方特色建筑风格。其原为乡学私塾，始建于宋绍兴年间（约1138—1140）。南宋初期，崇安县白水籍溪里胡坊村的胡氏乡民，有许多迁到五夫里兴贤街区，因此该街区也称"籍溪坊"。白水的籍溪里胡坊村声名显赫，走出了一代大儒胡安国（1074—1138，字康侯，号青山，后人称武夷先生），而胡安国又培养了多位儿子及侄子专注儒业并皆有成就。胡安国的一位侄子

胡安国绘像（朱燕涛　供图）　　胡宪绘像（朱燕涛　供图）

胡宪（胡淳之子，1085—1162，字原仲，后人称籍溪先生），精通儒学，被五夫的刘子翚（1101—1147，字彦冲，后人称屏山先生）聘请来刘氏私塾"六经堂"做塾师。胡宪在五夫期间便栖居"籍溪坊"，并于绍兴年间在"籍溪坊"也开设了一所私塾，为这一带的胡氏及其他向学子弟传道授业。这时的胡安国已去世，并被朝廷褒奖谥号"文定"，于是胡宪将该家塾取名"文定书堂"。刘子翚去世后，朱子便主要到"文定书堂"听胡宪讲课，直至考上进士。

胡宪于绍兴三十二年（1162）去世。不久，即南宋孝宗年间（1163—1189），官府为表彰与纪念胡安国和胡宪叔侄的弘道精神与成就，在籍溪坊"文定书堂"基础上兴建了一所书院，取名"兴贤书院"。"兴贤书院"肇建时，朱子已学有所成，为书院作了许多谋划，书写了"继往开来"堂匾及楹联。传说书院取名"兴贤"及大门上横额"洙泗心源"四字，俱是朱子的创意。书院名称用"兴贤"，在于白水的籍溪村走出了胡安国一家五位贤儒，时称"胡氏五贤"，即胡安国、胡宪、胡寅、胡宏和胡宁；同时"兴贤"又有"兴贤育秀、继往开来"之意，朱子希望这所书院能再兴胡氏的贤良家风，为国家兴旺培养更多贤达人才。而"洙泗心源"的"洙泗"，指孔子与孟子出生地鲁国和邹国上的洙水与泗水两条河流。"洙泗心源"意为五夫与邹鲁的孔孟道心相契，学脉同源，五夫后生当惜此活水之源并传承拓展。其意义深邃，高瞻远瞩。五夫于明代，在村里的路口建有一座石质牌坊，上书"邹鲁渊源"四个大字，其含义与"洙泗心源"异曲同工。书院建成后，朱子在寓居五夫里期间，时常来此升坛讲学，以文论道，弘讲理学。元皇庆二年（1313），朝廷颁发崇安籍学者胡安国的《春秋传》和朱子的《四书章句集注》以及蔡沉的《书集传》给全国学宫，作为科举考试的经文定本。崇安由此一度"学术执全国之牛耳"，五夫兴贤书院声名也水涨船高，许多地方新建书院，也效法冠以"兴贤"之名，使全国"兴贤书院"达十数座之多。五夫籍溪坊段的古街，也因"兴贤书院"前一派弦诵不绝，冠盖如云景象，官府便在此街上跨冲建了一座"街坊"，上书"籍溪胜境"大字，成为兴贤古街上十余座牌坊中最上游的第一座。

兴贤古街"籍溪胜境"牌坊（朱燕涛　摄）

一切文明总是随时代发展，伴历史前行。五夫"兴贤书院"也历尽沧桑，清光绪二十四年（1898）进行了最近一次的大规模修建。20世纪70年代，书院遭到毁坏，其第二和第三进建筑被拆除建民宅，保留下来的书院大门及一进厅堂，也出现了较严重的破漏状况。1987年，当时的崇安县政府拨款对幸存的兴贤书院进行了抢救性修缮，兴贤书院壮阔精美的外观重见天日，再现华丽。

二

兴贤书院采用中轴对称、方正严整的院落式布局。建筑坐西朝东，平面呈长方形，占地450平方米。主体建筑为硬山式屋顶，五开间，三进院落。现在的兴贤书院虽然后两进被不幸拆毁，但它仍是武夷山目前保存至今最古老、最精美的传统书院建筑。兴贤书院于1992年被武夷山市人民政府公布为第四批市级文物保护单位；2017年被福建省人民政府公布为第九批省级文物保护单位。

兴贤书院规模宏伟，色彩绚丽。书院的大门前，为用条石与卵石拼砌而成的祥瑞图案小型广场。逢年过节的五夫传统龙鱼戏，都要到此进行"龙鱼拜府"。书院的大门立面，为五间三门牌楼式门墙，构筑精巧，技艺精湛。门墙正中为主门，门上是琳琅满目的砖雕石刻彩绘，有卷草花卉，祥鸟瑞兽，飞天乐伎，典故人物，封侯（猴）拜相（象）等祈祥祝福图案。门楣上横书"洙泗心源"四个大字，再上方则嵌"兴贤书院"大字竖匾，两侧围以"龙凤呈祥"浮雕。大门两翼各有一孔小拱门，左右分别为"礼门""义路"。牌楼造型的门墙上方，以仿木砖刻斗拱、叠瓦飞檐翘角，构造出放射状奔放向上的造型。门墙整体既飘逸，又凝重，气势雄伟，蔚为壮观。

书院主体风格具有鲜明的武夷山特色，包括三仰式的封火马头墙，

兴贤书院"跃鱼龙"（朱燕涛　摄）

悬山顶四坡瓦面，穿斗式土木结构，两侧高墙护舍，三进大井四水归堂，等等。书院的第一进，面阔13米，进深20米，分下廊与正厅。跨入大门即下廊，首先映入眼帘的是一口矩形天井。正堂的上方有大型"九龙腾云"壁画，寓意"龙生九子，各具其才"，表达了胡宪等老师忠实地传承孔子先师"有教无类，学皆成才"的治学理念。壁画上方为朱子书法"继往开来"横匾，其源自朱子"此先生之教，所以继往圣，开来学，而有大功于斯世也"。堂中各木柱，或镌刻或书写有笔力遒劲的书法楹联，如"祖述尧舜宪章文武，德参天地道冠古今"等。如果站在天井边，回头看大门上方，可见一行"升高行远"的大字。大字倒着读则是"远行高升"，同样通顺，并更具意蕴。如果再向上，越过瓦面看墙头的最高处，上面供置着三顶以砖瓦拼垒的"乌纱帽"，分别为"状元""榜眼""探花"。书院管理人员介绍说，此"升高行远"为明代学者张东铭所书，取《中庸》"君子之道,辟如远行必自迩,辟如登高必自卑"之意,告诫学子在治学为官上既要志存高远,更要谦卑,清廉为民。

兴贤书院的二进与三进,虽被拆除,但五夫仍有许多老者对其记忆犹新:第二进为书庑,分左右两庑,中为大天井,极为敞亮,有利于上课读书。书庑为穿斗式结构,八架椽屋,后对四柱,庑的明间梁架采用月梁和梭柱。第三进为文昌阁,系二层木结构。其下层为书院山长起居室和师生的书斋、膳堂等;上层为文昌帝君神龛与书柜。书院内最高位置崇祀五夫诸贤儒,这是作为清末兴建兴贤书院的最重要的一项目的,其与书院大门上的"洙泗心源"四字内外呼应。

三

兴贤书院所崇祀的五夫贤儒,即胡安国、胡宪、刘子翚、刘勉之和朱子等。此"五夫五儒"在中华文化史上对继承"往圣绝学(孔孟儒学)"并发展成为"朱子理学"上,发挥了关键的承启作用。他们学问的源头活水,来自"洙泗"的孔孟之道,由于他们不懈地接力传薪,方成后来"后

兴贤书院中堂九龙图(朱燕涛 摄)

孔子主义"的奔涌大江。这即是"洙泗心源"的深层内涵。

"五夫五儒"中，胡氏叔侄胡安国和胡宪，代表了朱子理学的多代师承，对朱子理学的成熟与"集大成"帮助极大。其中的胡安国，为北宋哲宗绍圣四年（1097）榜眼，北宋末南宋初著名理学家，"湖湘学派"开创人。入仕40多年，历任太学博士、提举湖南学事等职。他早年拜游酢、杨时为师，研究性命之学，后将学问传授给胡宪，胡宪再传给朱子，朱子将胡氏之学集成于其创立的"闽学"中。五夫的胡氏叔侄，对朱子理学的发展集成，具有非同寻常的贡献。

籍溪先生胡宪，培养了朱子等"新生代"而成就了一番显赫的"儒业"。胡宪亦是南宋理学家、教育家，绍兴六年（1136）赐进士出身，任建州州学教授，后以母老需奉养而回归白水籍溪老家，潜心研究理学，著有《论语合议》《南华真经解》等著作。返乡期间，他与隐居乡里的刘勉之、刘子翚、朱松等频繁交往。秦桧死后，朝廷诏他担任秘书省正字一职，他毅然赴京，但呈上一叠抗金建议的奏折后，便立即离京还乡。皇帝留他不住，就下诏任命他为左宣教郎、奉祠主管崇道观。朱子受父亲临终前嘱托，到五夫拜"武夷三先生"胡宪、刘子翚、刘勉之为师。所以朱子在谈到老师时不无感慨地说："（在五夫）从三君子游，而事籍溪先生为久。"胡宪诲人不倦，将所得儒家真传，毫无保留地传授给朱子。胡宪精通《礼》，朱子的第一部礼学著作就是在胡宪的指导下完成的。胡宪向朱子传授的《论语》，对朱子"四书"学思想的形成贡献巨大。朱子通过胡宪，获得了包括胡安国、周敦颐、程氏兄弟等数代理学先贤有关孔孟的儒学精髓。而朱子就在武夷山"致广大、尽精微、综罗百代"，集成为旷世学问"朱子理学"体系，并将它们通过"兴贤书院"等杏坛再传给下一代，让孔孟的"洙泗心源"其清如许地流淌千秋万代。

随着人们对中华优秀传统文化认识的普遍提高及五夫朱子文化古镇

兴贤书院讲座（朱燕涛　摄）

的建设发展，兴贤书院越来越受到大众的重视，到五夫旅游，特别是到兴贤书院参观者络绎不绝，许多党政机关及司法部门在此设立"廉政教育基地"和"爱国主义教育基地"，开办"廉政讲坛""爱国讲坛"或"国学讲坛"。因此，兴贤书院内部空间日显狭小局促，游客和各相关单位希望五夫地方政府重建兴贤书院原有的第二、第三进院落，重现书院往日荣光，以适应文化旅游发展的需要。

屏山书院：祖庭幔幔向四方

◎朱燕涛

作为朱子学习、生活了近50年之久的武夷山市五夫镇，拥有许多蕴藏着朱子成长、成才密码信息的文化遗存，是武夷山世界文化遗产的重要组成部分。屏山书院遗址就是宝贵的朱子文化遗存之一。

2018年12月，武夷山市人民政府向福建省人民政府呈报了《关于推荐申报"屏山书院遗址"等为第八批全国重点文物保护单位的函》（武政函〔2018〕85号）。不久，省政府报经国家文物总局同意，对五夫镇"屏山书院遗址"在已获省级"文物保护单位"的基础上，进行进一步的考古取证。后考古挖掘工作延至2023年才全面展开。据文

屏山书院遗址考古现场俯瞰（武夷山文保局 供图）

物保护部门介绍:"屏山书院遗址为迄今国内唯一经考古勘探证实的宋代朱子文化真迹。"在五夫镇府前村,随着考古队员们将稻田沃土一层层剥离,如同历史帏幔一幕幕掀开,刘子翚、朱子、刘珙等贤儒的身影,伴随着弦诵声声,款款向我们走来。

一

大儒朱子,是极大地受益于书院教育而又对我国书院的发展发挥过扛鼎作用的文化巨人。五夫屏山书院,是一座朱子少年启蒙其中,成年讲学其里,并促成其日益壮大而影响深远的著名书院。

据学者统计,全国历代书院累计有七千多所,而以"屏山书院"命名的就有十多所。闽北的武夷山、建阳、建瓯、延平等就拥有多座屏山书院,江苏、四川、广东、广西、台湾等,甚至韩国也有"屏山书院"。各地的"屏山书院",大多数与武夷山五夫"屏山书院"有渊源,可以说五夫的"屏山书院"为各地"屏山书院"祖庭。

五夫"屏山书院",坐落在"全国历史文化名镇"五夫镇府前村屏山脚下,宋抗金英雄世家刘氏庄园就坐落在这屏山之麓。朱子的老师刘子翚见山势如屏风横立,且"屏"字有含蓄内敛等意蕴,于是将其命名为"屏山",并为自己取号"屏山"。刘子翚,字彦冲,号屏山,别号病翁,生于北宋建中靖国元年(1101),卒于南宋绍兴十八年(1148),谥"文靖"。他是知名的理学家和诗人,著有《复斋铭》《圣传论》和《屏山集》流传至今。建炎二年(1128),刘子翚二十七岁,以父荫任兴化军通判。在任三年,政绩突出。由于任劳任怨,加之悲父忧国,忧愤成疾,遂请奉祠归里,隐居五夫屏山之麓,且耕且读。

刘子翚在屏山之麓博览群经,因读书颇有心得,便于建炎四年(1130)将居所一部分改造为书堂,称"六经堂",用作读书、研学和会友之所,兼为刘氏家族子弟辅导经典。他亲自撰写《示六经堂学者》（亦称"《六经堂学规》"）："汝心之休，处此如游。汝心之流，处此如囚。此堂何有？维经与史。隐索周施，于兹备矣。诵书琅琅，其神乃扬。杂虑横心，圣言则忘。讲书默默，精义乃得。借聪于人，终焉必惑。视彼迅晷，若弗云来，今汝不勉，则何有哉？时习之说，反身之乐。瞻忽茫茫，匪伊情度。"由于《六经堂学规》之循循善诱及他讲经解义深入浅出，很受学童欢迎和家长信赖。随后除刘氏子弟之外，对远近异姓的俊秀子弟，他也来者不拒，一时生童济济。特别是至绍兴十三年，朱子失怙托孤于五夫刘家并与刘家孩子一同接受教育，作为家塾性质的"六经堂"已经承载不下那么多的学童。刘子翚遂将六经堂进行扩建，命名为"屏山书院"，并延请了"以道义交"的友人籍溪胡宪（108—1162）、白水刘勉之（1092—1149）等名师为塾师，教育生童健康成长。

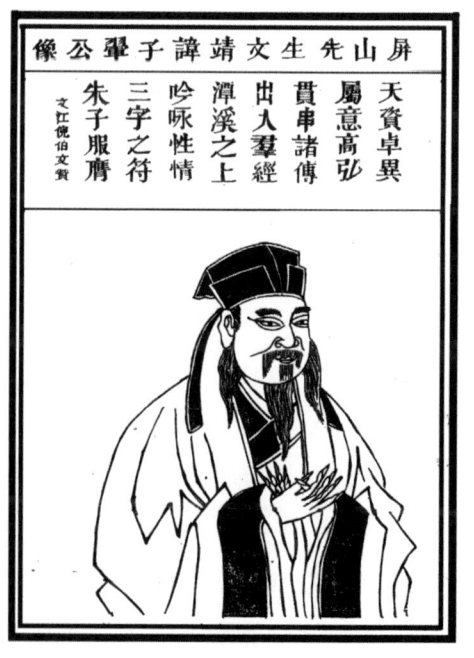

白水先生刘勉之（朱燕涛　供图）　　文靖公刘子翚像（朱燕涛　供图）

二

屏山书院遗址背靠屏山，面朝潭溪。刘子翚为此赋《山馆》诗描绘："春林绕舍青，门馆终日静。吾心乐有余，所寓皆胜境。更凿庭下池，溶溶浸山影。"屏山书院是个建筑群。绍兴十三年（1143）书院扩建后，刘子翚于绍兴十八年去世。淳熙二年（1175），朝廷为褒扬刘子翚的教育业绩，特钦命重建屏山书院，规模就此进一步扩大，并更符合书院的规制。如重建了大门，朱子亲书"屏山书院"门匾。门前有坊，三进主屋，两侧廊庑，内设杏坛、六经堂，东为"复斋"，西为"蒙斋"等，庄重雄伟。元初毁于战乱。明洪武二年（1369）重建，规模更加宏丽。此后，书院又经多次修葺，最后毁于民国初期。兵燹后的遗址于20世纪50年代同"刘氏相府"宅基地一起平整改造为稻田。

屏山书院虽建筑不存，但遗址保存完整。考古勘探显示，其面积宏大，东西长110米，南北宽105米，面积约10000平方米，其中核心区域为8930平方米；结构清晰，由前侧驿道、四周围墙和内部建筑群基址构成；内外呼应，外有封闭式围墙，内部主要由三组大型建筑群基址构成，每组建筑群的面积均超过1000平方米，以主厝为干、附厝为辅，穿插以道路和水沟等；基础扎实，所有建筑的基础遗迹均以河卵石砌造。

尤其珍贵的是，遗址中发掘出了一口保存完整的半圆形水池，即古代官学特有的标志性建筑"泮宫之池"，简称"泮池"。它证明了屏山书院，已不是纯粹的刘家私塾，而是面向社会、有官方加持、拥有较高规格的官办教育机构。其相当于五夫里的"文庙"，内立孔子及重要乡贤的神位，适时举行孔诞和开学拜师等活动，是五夫的教育中心，地位显赫。与此同时，考古队还出土了大量书院生活常用的盘、碗、杯、壶等陶瓷器皿，其中不少瓷器底部烧制或墨书了"刘""丁""连"等字。古代学生进书院读书，都要自带碗筷、席被等生活用品。遗址中发现的

弦诵悠长——南平书院古今

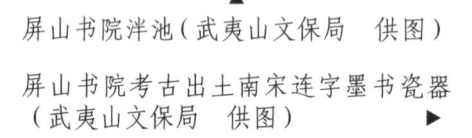

屏山书院泮池（武夷山文保局　供图）

屏山书院考古出土南宋连字墨书瓷器
（武夷山文保局　供图）

这些书写了不同姓氏的瓷器，也说明了当年在此学习生活的学子与老师，既有来自刘家的，也有来自其他姓氏的，体现了屏山书院"有教无类"的办学特色。从其宽阔的正厅及膳堂空间看，约可容纳40多名学生同时上课。这对于作为"里"一级的地方，可见其规模很不一般。

从挖掘情况看，屏山书院建筑存在的时代，从南宋至民初，历时约七百年。朱子十四岁被朱松托孤于五夫刘家，就住在刘子羽建造、离屏山书院不远的紫阳楼，并在屏山书院受教于刘子翚、刘勉之、胡宪。朱子成年入仕后，自同安任满返回五夫侍母时，又在此接过先师的教鞭，为五夫新生代学子传薪授课，培养了众多的人才。考古专家根据已出土的文物，结合《刘氏宗谱》《刘氏家谱》及《八闽通志》《崇安县志》等文献资料，确认该遗址为朱子少年读书处、朱子老师刘子翚宅第及宋至清初屏山书院旧址，是迄今国内为数不多，经考古勘探证实的宋代朱子文化真迹。遗址保留了书院历史信息的原真性和完整性，是朱子文化史迹的重大发现，也是五夫刘氏家族辉煌历史的见证。它的发现，弥补了朱子史迹及研究的缺环，为武夷山"世界文化遗产"的内涵增添了重

五夫刘氏家祠"时光隧道"（朱燕涛　摄）

要内容，对深入研究朱子文化和助力闽北旅游业发展具有重要意义。

三

考古队人员在完成勘察任务后，郑重地评价：屏山书院遗址保存完好，书院建筑风格特征明显，朱子文化特色突出，具备高规格保护和利用的条件，具有重大的保护意义与利用价值。

它是刘子翚亲自创办、发展壮大、传授理学、培养人才最成功的一所书院。刘子翚创办屏山书院的目的十分明确：一是为读书，其中《周易》

读得最透,他中庸内敛的理念与修为便由此形成,并深深地影响着朱子。二是为著述,《五夫十七景》等大量诗词及文章均在此写作,合编为《屏山集》,为后人留下了宝贵的文化遗产。三是为交友,常与道义文友围炉切磋,如他有诗云:"斯言拨弃勿复理,把酒论诗差可喜。围炉夜语忘刻漏,吹灯晓色盈窗几。"四是为教育,通过招收读书学子传道、授业、解惑,为社会培养人才。屏山书院除了家族子弟和朱子入学就读外,还接收各地慕名而来的学子,如黄子厚、魏掞之、刘懋、黄铢、方士繇、欧阳光祖等一大批栋梁之才。后来的南宋著名理学家、蜀学代表人物魏了翁(1178—1237)为此称赞刘子翚:"一代师儒,万世师表"。

它是朱子少年启蒙、科举得志及理学思想滥觞最关键的一所书院。朱子之父朱松临终前遗命:"籍溪胡原仲、白水刘致中、屏山刘彦冲,此三人者,吾友也。其学皆有渊源,吾所敬畏。吾即死,汝往父事之。"朱子从十四岁至十九岁,多在屏山书院接受父亲嘱托的"武夷三先生"的教育,不仅按照老师的规划,系统学完了《大学》《中庸》《论语》《孟子》《易》《春秋》《礼记》等儒家经典及六艺,在学子中出类拔萃,科举一路高歌猛进,还向老师们学到了许多做人的要领,如刘子翚以"木晦于根,春容晔敷;人晦于身,神明内腴"教导朱子,为其取字"元晦",又赠"不远复"座右铭,让朱子受益终身。刘子翚深厚的易学功底及诗学成就,对少年朱子的理论启迪与文学造诣,产生了不可磨灭的影响。

它是朱子开启讲学实践并对书院教育产生深刻认识的最重要一所书院。屏山书院的老师刘子翚、刘勉之都在朱子二十岁前撒手人寰,书院师资短缺,青年有为的朱子责无旁贷、奋勇担当。特别是同安任满回到五夫待职期间,更是边研究理学,边担任屏山书院教师,在教学相长中收获满满。在屏山书院办学讲学期间,朱子对书院教育在人才培养、品德塑造上的巨大作用有了深入的理论思考,为他此后创办书院,开展书院教育打下了坚实基础。

它是武夷山乃至福建省历史上获得朝廷钦命敕建的第一所私立公助书院。刘子翚逝世后，屏山书院在朱子及一代代掌门人的努力下，声名远播。朝廷下旨原址重建，以资鼓励。这是对朱子的高度嘉奖，也是对五夫刘氏的莫大恩荣。为此，刘氏子孙后来虽分迁各处，但多重视教育，在各地开办书院时，大多以"屏山书院"命名。此既是表达对祖庭"屏山书院"旗帜的一片赤诚崇敬，亦是将屏山书院精神在各地发扬光大。

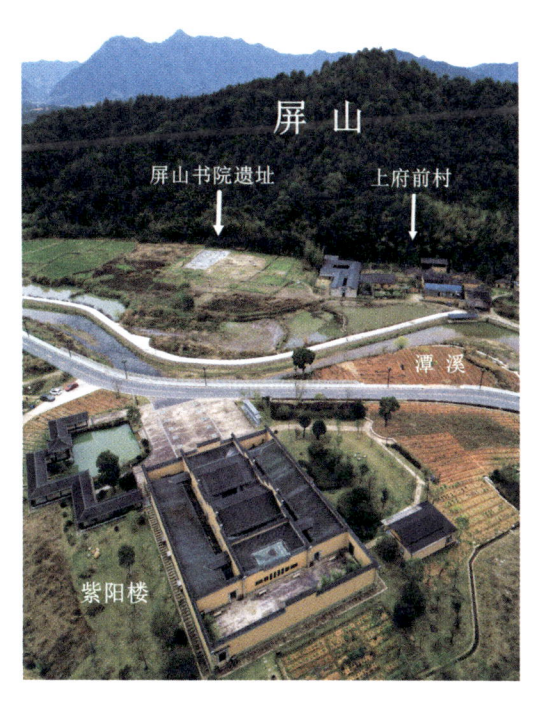

屏山书院遗址示意图（朱燕涛 摄）

据了解，有关部门正在积极申报屏山书院为国家级文物保护单位，依据文物保护法等相关法律法规，落实保护措施；对遗址周边环境进行整治，结合五夫历史文化名镇名村和特色小镇建设项目，对屏山书院遗址所在的府前村进行统一建设；对遗址进行活化利用，开放作为旅游景点，增强五夫作为朱子文化旅游地的吸引力。这一重要的文化遗存定将发挥越来越重要的中华优秀传统文化教育基地作用。

同文书院：两岸交流显特色

◎江礼良　朱燕涛

江礼良，福建省作家协会会员，曾任教于政和一中，后在党政机关、群团组织工作。散文作品《父亲的电影》《流水还不走光阴的故事》《此时无声》等在福建省报纸副刊作品评选中获奖或在专刊杂志发表。

中国历史文化名镇武夷山市五夫镇，有一座声名传扬海峡两岸、书香远飘海外的书院——同文书院。拱辰山下景色常新，潭溪小河流水潺潺。这座充满活力的书院已成为这个文化名镇的一道独特文化景观。

"同文"一词典出《中庸》："今天下，车同轨，书同文"。当年，朱子在建阳创立寒泉精舍以著书立说，于此完成了《资治通鉴纲目》《伊洛渊源录》《近思录》等著作。这些著作完稿试印后，许多书院和家塾争先用于藏书与教材，一时洛阳纸贵。当年印刷市场虽然繁荣，但许多书籍质量包括行文用字等方面均较为混乱，各行其是，市场上还出现了大量盗版。朱子希望通过自己的刻书实践，引领和规范市场，实现"书同文"理想，于是在建阳县书坊购置一块土地，建了一间自己的"出版社兼印刷厂"，朱子称其"书库"，雇工印刷书籍。

五夫同文书院大门（章一定　供图）

　　据1990年代参与编修《考亭紫阳朱氏总谱》的方彦寿等学者考证，"同文书院"之名始于元代。元大德五年（1301），泉州府总管推官张光祖到访书坊，看到朱子当年的"书库"已荡然无存，基址一派荒草萋萋，于是捐资重建，命名为"同文书院"，让乡里聘请乡贤名儒招生讲学，为崇化里及建阳县培养了许多人才。

　　此后，崇敬朱子的贤达薪火相传。明洪武二十七年（1394），礼部侍郎、建阳人张元略，翻新了院舍。正统三年（1438），提学佥事高公超进行修葺，典史廖公荣修建了前堂和东厅，并收藏《洪武正韵》等多种书籍及印书雕版于其中。万历二十一年（1593），隐居武夷山的兵部侍郎、长乐人陈省倡助重修，知县赵子贞牵头，魏时应帮助完成。历代官府对同文书院都像对由朱子亲自肇建的书院一样尊重，允许以本乡（崇化）的人口税供养书院。另外还不时有官员、贤达、富室捐银或田亩为书院添砖加瓦。直到清末新学兴起，同文书院才与其他古书院一样，为新学所代替。

历史翻到了 21 世纪的新页。一位热爱传统文化、富有情怀的文化学者章一定，从福州连江来到南平武夷山。章一定对中华优秀传统文化十分热爱，长期坚持自学和开展传播活动。之前，章一定在连江创办小沧学贤书院，积累了实践经验。他了解到南平厚重的朱子文化积淀，特别是武夷山的五夫镇，是朱子故里、理学圣地的核心，朱子在五夫从师就学居住长达 40 余年，因此慕名而来，拟在五夫创办一所书院，志在传承发扬朱子文化。"同文书院"于 2020 年 12 月挂牌成立，福建省原副省长陈荣凯题写院牌。章一定担任山长，书院独立运行管理。

取名"同文"，不仅是重建朱子手创书院，而且意在传播中华优秀传统文化、开展两岸文化交流，体现两岸"同根同源同宗同文"。创办以来，章一定和他的团队不忘初心，立足于活化传承朱子文化、弘扬中华优秀传统文化、促进海峡两岸文化交流，开展了有声有色的活动。

秉承传统，举办各种培训班。教育培训是中国古书院最悠久的传统，同文书院突出这一特色，创办以来累计举办培训、研讨等活动 300 余场，与政协、组织部门、党校（行政学院）等机构合作办班，每年办班五十期以上。2022 年 5 月，举办"海峡两岸（武夷山）联合国学经典《大学》高级研修班"，我国台湾中华华夏文化交流协会、台湾中华经典研究学会、台湾正仁书院等机构参加，还先后开展海峡两岸"道在武夷，理行天下"朱子文化研习班，海峡两岸（武夷山）国学夏令营等，共接待海峡两岸"走朱子之路"师生及游学人士 10 批次 500 多人次。此外，书院还编写朱子文化读物及撰写研讨文章 3 册，章一定被聘为省政协特邀理论宣讲员。

文旅结合，成为金牌讲解员。因世界文化与自然双遗产的品牌效应，近年来武夷山的游客不断增加。同文书院配合"五夫朱子文化园"建设，从事朱子文化弘扬发展的培训研学活动、五夫文化景观导游讲解服务，突出为港澳台及海外学者等来五夫访问游学提供帮助。凭着朱子文化的深厚功底和出色的表达能力，章一定已成为武夷山的"金牌讲解员"。

载道出行，传播先哲大智慧。随着五夫同文书院的影响日益扩大，章一定先生的名气逐渐走出五夫，被邀请到各地讲课。福建省政协请他到福州鼓岭福建省政协培训中心，为在这里参加省政协常委培训班学员讲课，他的《走进朱子》，被许多学员评价为"这是多年来听到的最好的课"。2023年4月27日，应邀到新加坡，在"东盟十国论坛会"上作"北孔南朱"主旨演讲。一开场，章一定响亮的声音在会场上回荡：在中国历史上，有两个人，国学大师钱穆先生这样评价，"前古有孔子，近古有朱子，此两人皆在中国学术思想史及中国文化史上发出莫大声光，留下莫大影响。旷观全史，恐无第三人堪与伦比。"我以为，"天不生孔子，则尧舜禹汤、文王武王、周公之道无以显；天不生朱子，则孔子、曾子、子思、孟子之道无以明"。顿时，会场上响起了热烈的掌声，得到广泛好评。

同文书院解说五夫朱子文化（章一定　供图）

与时俱进，用好现代新媒体。这是同文书院对传统文化的传播手段进行创新性发展的实践。近年来，同文书院的几位老师，立足五夫，又走向闽北各县市，制作历史文化景点短视频 500 多件，总浏览量超过 1000 万人次，其中"走进理学宗师朱子"这一条，抖音与微信视频号总浏览量超 30 万人次，转发 8000 多人次。

同文书院有一个特色亮点，就是自觉承担海峡两岸交流基地的建设和工作。2022 年 5 月，在武夷山五夫镇举办"朱子缘·两岸福"首届闽台（武夷山）"福"文化主题交流活动。活动取得了较好的交流成效，两岸众多文化团体及我国台湾地区诸多知名人士全程参与或发电文祝愿朱子文化发扬光大。活动得到"学习强国"、网易、南平新闻等媒体宣传报道，在两岸交流上发挥了积极作用。

对于同文书院未来的发展方向，章一定院长充满了自信与展望。他表示，要进一步突出地方优势。五夫已成为国内国际聚焦的文化旅游目的地、休息养生地、交流研学地。在这样的大背景下，同文书院未来可期。要着力打造两岸交流品牌，为两岸共创美好家园贡献力量。还要加强与社会的融合度，如链接家庭教育，组织更多的年轻父母及各年龄阶段的学生家长参与国学教育培训；更大力度走进社区、教育机构及大中专院校、中小学、幼儿园等，把传统礼仪传递到日常生活中去，让传统文化更好落地入心。

建瓯篇

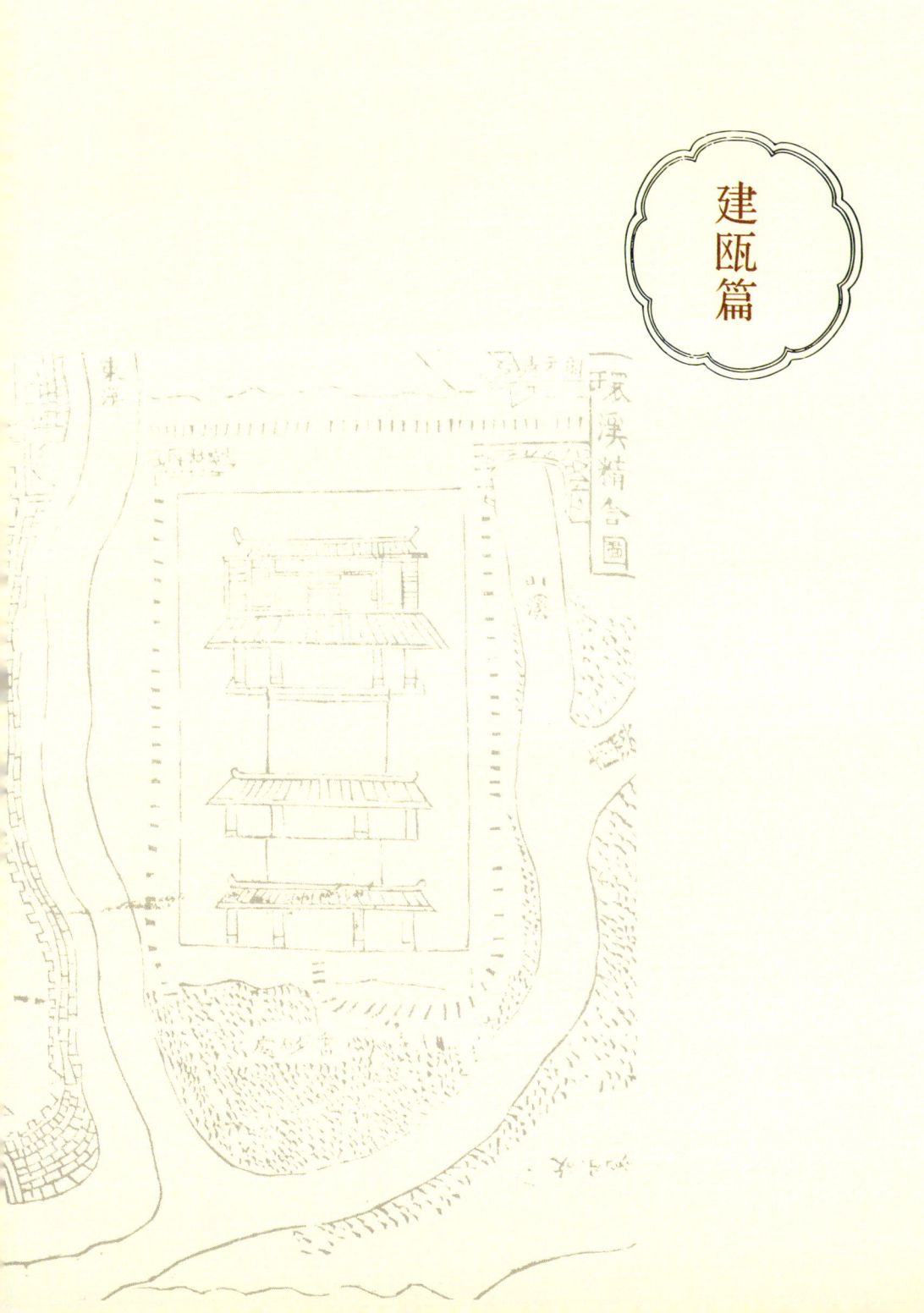

建瓯市书院概述：千年建州　庠序底色

◎吴章中

> 吴章中，中国作家协会会员，福建省曲艺家协会会员，南平市朱子文化研究会副会长。现就职于建瓯市民政局。20世纪90年代开始创作散文、诗歌，2010年起，潜心研究闽北人文历史、宋明理学文化，出版《建安纪事》《斯文在兹——朱子与闽北》，散文诗歌集《念亲恩》等著作。

远古之时吏师合一，党正即一党之师，州长即一州之师，没有专职于教学之人。秦汉以后，始有吏儒之分，吏管治民，儒者则受聘为师以教世之子弟。隋唐开创科举以来，方有官办学校的出现。福建乃狭阻僻远之地，至唐建中元年（780）常衮任福建观察使，才开始在全闽推行学校教育。

建瓯是福建的古县，历为闽北府（州）治所，其儒风文教因而常领闽地之先。常衮任福建观察使时，大诗人陆长源到任建州刺史，建中初年，陆长源在州治建瓯"设学校、举孝廉、礼耋艾"，大兴文教，建瓯的学校由此始兴。

书院是学校出现后的另一种教育机构，有官办的也有私立的，真正以书院命名且成为一种教育制度行世则始于宋代。建瓯的书院之设始于南宋，到清代书院数量达到顶峰。有文献可考的建瓯古代书院共49所，居建宁府辖区县之最，其中城区书院15所，乡村书院34所。南宋绍兴初年（约1131），刘子翚在建瓯城北北津古渡边的梅岩山上创设的屏山书幌，是建瓯境内的第一座私立书院；南宋嘉熙二年（1238），建宁府知府王埜奉诏创立的建安书院，是建瓯第一座官办书院。其他如南宋绍兴十年（1140）由朱松在建瓯城南创建的环溪精舍，嘉定三年（1210）由宝谟阁直学士李大异在城内黄华山麓创立的紫芝书院，元至正六年（1346）由建宁路总管麻合马等人在城内登俊坊创立的屏山书院，等等，都是建瓯较早且影响力颇著的书院。而在乡村的青山绿水间，也遍布着由当地豪族隐士创立的书院，如东游党城的右文书院、小桥龙池的养蒙书院、小松大庙的聚奎书院、吉阳的六翁讲堂，等等。

　　建瓯书院的发展、变迁及至衰落，始终与中国宋代以来之社会变迁相契合，具有鲜明的时代特征。宋代，以州府之地奉诏创立的建安书院，是一座闻名遐迩的官办书院，而喜爱山水之趣的私立书院也多颇有声望者。到了元代，文人大多隐身晦迹，公开的书院并不多见。明清时期，多数书院成为科举附庸，书院之设如雨后春笋，特别是清代，建瓯书院的数量达到历史高峰，其经费来源、山长任免、学生管理等都要受到当地官府的影响，地方官员支持和修建书院的情况也越发普遍。鸦片战争后，受洋务运动和维新变法的影响，以及"西学""西艺"的冲击，建瓯境内的书院和全国书院一样都被改制为新式学堂，书院结束其历史使命，完成了向近代教育的转变。

　　党的十八大以来，在树立文化自信、推动文化大繁荣的新形势下，大力推进传统文化创造性转化和创新性发展，建瓯以打造"千年建州·理学名城"为使命，以物化历史遗存、活化人文教育为抓手，重启新时代书院教育的历史篇章，一座座淹没于历史长河中的著名书院，正在建瓯的城市与乡村渐次重现。

建安书院：理学名城的荣光

◎ 吴章中

建安书院，坐落在建瓯市理学文化街区磨房前路，右邻建瓯市第一中心小学，对面是宋大贤徽国文公朱子祠（文公祖庙）和世翰林第（五经博士府），始建于宋理宗嘉熙初年，是在朱子去世之后中国用以公开奉祀朱子和传播朱子理学的第一所书院，是"千年建州·理学名城"建瓯市一处灿烂的历史文化圣地。

南宋嘉熙元年（1237），崇尚理学的理宗皇帝到太学视察，因不认同王安石，遂下令撤去王安石的太学之祀，补进周（周敦颐）程（程颢、程颐）朱（朱熹）张（张载）等人的祀位，朱子供奉自此进入太学。朱子能够享

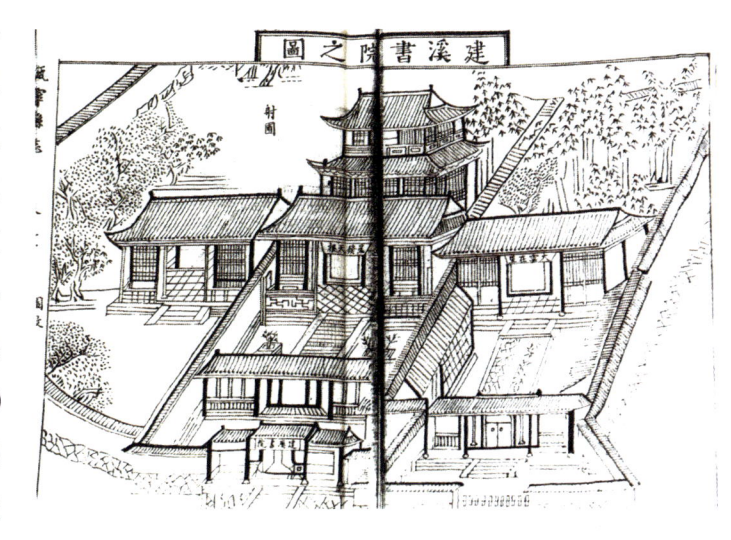

清代建安书院图（时名"建溪书院"）（吴章中 供图）

有国家最高学府的奉祀,表明当年迫害他的"庆元党禁"流毒已彻底清除。为了重树党禁以来被打压的朱子理学的影响力,理宗随后诏令建宁府知府王埜,命其在闽北建宁府城(治所在今建瓯城)公开表彰和传颂朱子和真德秀等人功绩,诏辞曰:"游(游酢)胡(胡安国)朱(朱子)真(真德秀)流风未泯,表宅里以善其民,则予汝怿。"知府王埜接诏后,大喜过望,发出"天子之所以命者,敢不敬谨"的欢叹。于是,他请奏皇帝恩准以主祀朱文公(朱熹),并祀真文忠(真德秀)的规制营建书院。理宗很高兴,遂以建宁府旧名"建安"赐额"建安书院",至准营建。

王埜(?—1260),字子文,号潜斋,宋浙江金华人,真德秀门人,嘉熙至淳祐初年任建宁府知府。嘉熙二年(1238),王埜接受任务,在府治北、文公家庙对面建建安书院,不到一年时间落成,主祀朱文公,真德秀配享。当年冬季,理宗送来御书"建安书院",王埜将理宗御书制成匾额高悬书院大门之上,从此,地方上有了专祀朱子的学堂。

从南宋末期开始,建安书院历程漫长而曲折。宋至元代,书院进入发展鼎盛时期,特别是创建初期,在王埜之后,接任的几人,如知府王遂、山长黄镛等人都是南宋名臣,他们不遗余力推动书院建设,建安书院迎来历史高光。元末,书院毁于明军攻城的战火。明洪武十九年(1386),建安知县余子恭将书院迁入建宁府学,与府学合二为一,朱祠与孔庙并存于府学,朱祠主祀朱文公,配享人除真德秀外,补进蔡元定、黄榦、刘爚三位。清初戊子之役,府学及书院又遭兵燹尽毁。康熙三十二年(1693),瓯宁知县邓其文易址重建书院(址在原都御坪县委县政府大院处),改名"建溪书院"。乾隆十九年(1754),建宁府知府史曾期重修。道光四年(1824),建宁府知府陈俊千与建安知县包幹臣再修。光绪三十二年(1906),废书院制,改为"建郡中学堂"。民国,中学堂更名为"福建省立第五中学",后与"建瓯县立中学"合并为"福建省立建瓯人民中学"。1952年又合并私立"培汉中学"为"福建省立建瓯中学",1956年改名"福建省建瓯第一中学"至今。时光荏苒,建安书院几易其名,始终不负光阴,铭记着其教育教学的历史初心。

回顾建安书院的历史,其有三个亮点在中国理学史上闪耀着夺目的光辉。

这是第一座专为公众奉祀朱子而建的书院。

古代举凡官办学堂或是民办书院都要建祠以作祭拜之用,主祀者或是至圣先师孔子,或是其他令人敬仰的大儒。"庆元党禁"遗毒清除后,祭祀朱子的活动逐渐在各地兴起,初期仅在官学中别立祠祀,或在孔殿中配享香火,尚未有专门奉祀朱子的书院祠堂。理宗宝庆三年(1227),建宁府城祀朱活动在朱子家庙中开始举行,但参与者仅限朱氏族人。嘉熙二年(1238)创立的建安书院,是理宗皇帝特旨在朱子故地建宁府兴建的新学堂,其创院目的之一就是要让广大民众有奉祀朱子的专门场所,用以颂扬朱子功德,涵养百姓理义。自从有了建安书院,建宁府城及所辖闽北各县官民知书达理蔚然成风,及至明代宗时,皇帝朱祁钰盛赞此地为"德盛仁熟,理明义精"。

正在复建的建安书院(谢才生 供图)

这是一座为复兴朱子理学厥功至伟的书院。

创建建安书院的另一个重任就是整理和校对朱子和真德秀的著述。"庆元党禁"时期，由于摧毁和禁锢理学，朱子的著述遭到毁灭性破坏，朱子理学面临失传窘境。经过书院创立以来连续二十多年的努力，完成了抢救朱子著述的艰巨任务。咸淳元年（1265），时任山长黄镛将书院多年努力累积的朱子著述整理成系列文集，在建安书院镂版印刻，遂成《朱文公文集》一百卷《续集》十一卷《别集》十卷，此三集成了现今通行本《朱子全书》（朱杰人、严佐之、刘永翔主编）的核心内容。书院及时的抢救和有力的保护，为后人留下了极其珍贵的文化遗产，其功著于百世，正如山长黄镛在《文公别集序》中说的"真斯文之大幸也！"

这是一座后朱子时代造就人才的著名书院。

创建建安书院的第三个重任就是培养人才。书院创立时的首聘山长蔡模是朱子私淑弟子，其祖蔡元定，其父蔡沉，均为朱子得意门生；聘师郑师尹，为朱子高弟廖德明弟子。随后，如秘书省正字林翼龙，教授徐几，及后来官至右丞相的黄镛，元代的陈印翁、黄君复等人都担任过书院山长，他们不仅教书育人，本人也在书院著述立说。如蔡模在书院期间，撰有《文公年谱大略》《易传集解》《大学衍论》《河洛探赜》《续近思录》《论孟集疏》等与朱子理学关联的著作留存，其中《文公年谱大略》成为后世研究朱子生平珍贵的考据书。元代，山长黄君复曾主持刻印《蜀汉本末》，推动书院藏书呈现多元化。清代，朱子建安十六代孙朱玉编成《朱子文集大全类编》于书院刻印传世。入学书院的门生后学亦不乏人中翘楚，如南宋理学家叶采，撰《近思录集解》；明代政治家杨荣，编撰《四书五经性理大全》等。而千名进士县建瓯历史上的众多进士，不少人亦出自建安书院。

2023年11月，建瓯市委、市政府为复兴"理学名城"的文化荣光，启动在宋代原址重建建安书院工程。重建的建安书院占地面积6305平方米，建筑面积 3730 平方米，前有大门、重门，中有中堂，后有文昌阁，东、西各建有两大院落，西为义学堂、花园，东为燕居堂、射圃，是一座集讲学、奉祀、藏书功能为一体的传统规制与现代功能相结合的书院。斗转星移，历经八百年历史沧桑，这颗淹没在中国理学史上的璀璨明星，又以耀眼的新姿重现于理学名城建瓯。

学在而文存，历史上的建安书院，以再兴理学之伟力，培育人才之盛景，实现了书院初创者王遂在《建安书院记》中的良愿："可以迎前修而来后学"；文存而道明，今天的建安书院，必将以复兴文化的承载力，在传统与现代的交融中迎来中华优秀传统文化创造性转化和创新性发展，在理学名城点亮文以载道的明灯。

附

建安书院记[1]

〔宋〕王 遂

淳祐三年夏,前建安太守王公移书今郡守王遂,曰:"埜疇昔受命也,上之训辞曰:'游胡朱真流风未泯,表宅里以善其民,则予汝怿。'埜再拜稽首,天子之所以命者,敢不敬谨?入郡学则游公、御史胡公文定之祀于乡先生有年矣。惟是朱文公聚学考亭之下,其在周、程,犹孔子之得孟子。元年春驾幸太学,命撤王安石之祠而祀周、程、张、朱,则文公之宜祀也较然。而真公退居迁阳十年,笃意文公之学,不下及门之士,诏参大政而没,赐谥文忠,邦人所共惜也。乃临北津,筑祠以祀文公,而文忠媲之并祠。西立斋舍,因室而营书院,上许之。山川之明豁、风日之清美,可以迎前修而来后学。其工役之大小、兴筑之多寡,则已戒吏而饬之费,独埜不及记其事而落其成,微子无以遗后人。曰:初,公之未奉诏也,以廖公德明之门人郑师尹为贤而开馆迎之,尤以蔡公元定孙模为贤而移书致之,使校朱、真二先生遗书。会书院成,请蔡君典教事,其敬之者至而爱之者深矣。适公入觐,郑以故归,蔡亦忧去,士不能不觖望。后两年,项公寅孙摄府事,因其不能致者而致之。公时居婺,

---

[1] 本文选自詹宣猷等:《(民国)建瓯县志》卷九,《中国地方志集成·福建府县志辑》第6辑,上海:上海书店出版社,2000年,第515—516页。由吴章中标点。

又以蔡属遂。既至，请拨田于庙以为之食，别筑孔子礼殿于西而跌坐以为之祀，而力未及也。抑早岁幸读文公之书，长不登于其门，于文忠则尝预闻。乙亥救荒，乙未得士之盛，其大经大法，一言一行，得诸心存，触诸目击。今居是邦，不能是师是学，而徒欲发扬其美，何居？抑闻之，教学相长也，道义无穷也，前之作者非有余，后之继者非不足也。道在天地间，亦各尽力以求诸心而已。自孟子后千七百载之疑，更诸儒讲说之异，文公不取诸言论之间，而验之躬行之实，不索之想像之末，而察之义理之精，《四书》之训，为世标准。入朝三疏，能动孝宗之听，而不能不困于邪说之横流。求放心一语，先帝之所深知，而不能不惑于伪学之明禁。肆吾圣上，褒崇德厚，可谓建诸天地，而百世以俟圣人也已。文忠初年以言语文字受知当宁，布政方牧，事业伟然，不幸谗说废放，退而讲习，皆本文公《衍义》一书，君人之渠欂在焉，所谓论谏本仁义而焕如丹青者矣。然二先生之门多有论著，无非天理人心之正、修己治人之方，王公已刊之祠宇，而门弟子少有存者。惟蔡君为巨擘，诚帅诸生用力于四勿，尽心于一贯，持敬于端庄静一之中，而致知于学问思辨之际。虽师亡而道远，学在而文存，容讵知后之所作者不有盛于今焉？此圣上所以为风历之意，王公所为属念之深，而尤有觊于四方之来学者也。遂以是操简执笔而不敢以固陋辞。

屏山书院：一代师儒精神驻

◎ 吴章中

屏山书院，顾名思义，以朱子老师刘子翚（号屏山）的"屏山"命名的书院。南宋建炎四年（1130），辞官回乡的刘子翚，以自号"屏山"为家乡五夫里的刘氏家塾冠名"屏山书院"，这是史上最早的屏山书院。刘子翚去世后，因其教书育人的功绩，获誉"一代师儒，万世师表"，朝廷追赠其为太师，谥"文靖"，赢得了一名师者的崇高荣誉。这座闽北山区里的民办书院，因而拥有了无数官办学校都无法与之比拼的教育力，声名远播，家喻户晓，从此因果缘生推仿各地。

建瓯屏山书院，正是五夫与建瓯的因果缘生。

五夫里人刘珙（刘子羽之子、刘子翚从子）当上同知枢密院事后，朝廷为他在建宁府城登俊坊（今建瓯三中区域）营建了私人府邸。刘珙去世后，恰逢建宁府开设乡试的贡院失火焚毁，刘家遂将府邸献给官府改成贡院，以资助当地科举事业。南宋灭亡后，元朝廷一度废除科举，贡院也因没了乡试而被弃作他用。随着入主中原的马背民族越来越需要汉文化的充实，元中后期朝廷开始重置科举，社会兴起崇儒之风。元至正六年（1346），为表彰刘子翚教书育人功绩和刘珙后人对科举事业的贡献，经福建宣慰使司正使赵镛、副使斡玉伦，建宁路总管麻合马、同知刘伯颜等人合议，以

明代移建洪山寺的屏山书院位置（标黄处）（吴章中 供图）

刘珙故宅的贡院旧址兴建屏山书院，用以传教久违了的理学文化。院内建刘屏山祠，主祀文靖公刘子翚，以门人朱子和从子刘珙配祀。

元朝中后期在建瓯兴建的屏山书院，对于开创了朱子理学的闽北来说，无异于久旱的甘雨；而对于被漠视了数十年之久的汉儒文化而言，则标志着由外族人统治下的国家已在治国思想上接纳了儒家学说。面对这种变化，元代著名理学家虞集按捺不住由衷的喜悦，这位在去世后拥有与刘子翚同样谥号的大儒，为新建的屏山书院撰写了碑记。复旧如新，屏山书院虽然不是在建瓯首创，但经历了蒙元对汉文化休克式的停滞后，彼时新建的屏山书院，因有府城的文化底蕴加持，成了一代师儒刘子翚学说的传播胜地。

元末，建瓯城里的公署、学校遭兵燹尽毁。明洪武十一年（1378），为尽快恢复在战争中毁坏的建安县学，官府将屏山书院改造为建安县学。建安县学是建宁府(治建瓯城)一府两县(建安县、瓯宁县)三所官学之一，屏山书院因之而渐渐为世人所忘却。

然而，理学事功的应运而生在这座地灵人杰的古城总是此起彼伏，绵延不绝。数十年之后，建宁府来了一位卓越的儒士知府刘钺，这是一位到任第三天就开始谋划重建朱子家庙（宋大贤徽国文公朱子祠）的官员，在他的推动下，建宁府城更加显现了理学名城的气象。明天顺八年（1464）的一天，刘钺来到建安县学视察，无意间发现被旁置的刘子翚像，他诧异为何五夫人刘子翚的像会被搁置于此，经县学教谕朱义解释后方才明白事情原委。刘钺认为此事不可忽视，他先是提出应供奉刘子翚像于建安县学宫，后来，他手下一名胡姓推官出了个主意，说水南有座废弃的洪山寺，可以拆解其木构来重建刘屏山祠。待刘钺亲自到洪山寺察看，只见此地环山带水，幽邃可佳，前堂后轩，完好无损。再细看前堂有四楹，其宽度长度刚好适宜建祠；后轩有两所，其高度亮度恰适

保留至今的刘屏山祠（吴震　摄）

合为书院。刘钺但觉冥冥之中似有天意，此地乃为重建屏山书院所预设的呀！何必拆解至他处重建呢？只要稍加修葺，祠与书院岂非就地可一举恢复？

答案是肯定的。这位极有作为的知府大喜过望，随即下令动工修葺。工匠们因地制宜，他们以旧翻新，没有大改大建，只是开辟了寺前一块空地作重门和两廊，在两廊建廊屋作师生的斋舍，并重新划定界至，砌成围墙二千多尺。祠的门楣仍题旧名"屏山先生祠"，主祀刘子翚，仍以门人朱子和从子刘玶配享；用作书院的两轩，一名"不远复"，一名"毋不敬"，皆为刘子翚理学学说之精义。外门题楣"屏山书院"，所有规制和匾名都循用旧制。消失了近九十年的屏山书院和屏山祠，在刘钺的努力下，终于在建瓯水南的山环水绕处，再现了往日风采。

重置的屏山书院，位于城南的紫芝上坊，处在覆船山与铁狮山之谷，门前出西南百步，有一条清澈的溪流注入大溪。细听清泉汩汩，放眼翠幕葱葱。小溪上建一亭桥，为往来书院必经之路，刘钺取亭名为"道源"。刘知府的寓意不难参悟，刘子翚习道濂洛，传理朱子，他既是周敦颐、二程的私淑高弟，又是大儒朱子的老师，其传道解惑、启贤肇哲自是"道源"之所在。书院开门纳徒后，四方缙绅士子凡过此地者皆慕名敬仰参拜，一度成为建城盛景。

时有四季更替，物有生灭轮回，刘钺所造的屏山书院不可避免的也有盛衰兴废。嘉靖时，已近百年的书院早已没有了弦诵之声，只留屏山祠祀在空谷独存。一日，福建督学潘璜送来胡宪与刘勉之的肖像置于祠内，彼时，世人只知有祠而忘了有书院，又因刘子翚、胡宪、刘勉之三人都是朱子的老师，于是改祠名为"三友堂"，也称"宋三先生祠"。至此，屏山书院及院中的屏山祠已故垒萧萧，物是人非。又过了几十年，有人查阅到天顺年间的刘钺碑记，方知"三友堂""宋三先生祠"实为误会的插曲，于是又复祠名"屏山先生祠"，而书院则再无所复。

明万历十五年（1587），在福建提学徐应登倡议下，屏山先生祠获得了官府公祭的礼遇。明末，这座历经近二百年沧桑的旧祠终于彻底倾圮。为了续延香火，又易址迁建于城内中和坊桐树坡（今铁井栏凤冈别墅区域）。清初，遇耿精忠之变，桐树坡新祠又毁。不久，在刘氏裔孙刘学成推动下，与始建于明代弘治年间的刘氏"五忠堂"合二为一，辟地新建"宋大贤刘氏五忠公暨屏山先生祠"于中和坊紫芝街。该祠经民国初期重修后保存至今，祠的门联"功勋光北宋，道学启南闽"，上联说的是刘氏五忠对宋朝的重要贡献，下联说的是师儒刘屏山开启了福建的理学文明，联语概括精准。2023年又经建瓯市委、市政府再修，现以翻新如旧的清代风貌，呈现在建瓯理学街区紫芝街中。

　　人为事之本，敬人神、崇志节是王道，或许这就是祠祀长存的原因；然而，事为人之谋，王道者亦以事功治世，那座已在建瓯消失多年的屏山书院，终于又回归人们的视野之中，成为建瓯理学街区重要的历史文化遗存，成为旅游者争相参访的胜迹。

原屏山书院旧址，现建瓯三中（谢才生　供图）

附

刘屏山先生祠记[1]

〔明〕刘 钺

予领建宁郡之三年,即作朱文公祠成。一日,到建安县学,见其前门夹室楼,其塑像,儒其冠服,牌题曰:屏山先生刘文靖公。予曰:"先生崇安五夫里人,文公幼学授业师也,其遗像乌得留此哉?"教谕朱义对曰:"稽之前志,建安学基,本先生从子忠肃公玞故宅。元至大中以建屏山书院,中有祠祀先生,以文公与忠肃公侑食。国初,改书院为儒学,祠因以废,而像仅存于此。"予曰:"若尔不宜如是之隘也,当以学官之旁以奉之。"时推官胡公缉在侧,闻而是之,因言水南旧有洪山寺为尼所据,后尼坐奸罪还俗,而寺遂废,然堂构尚存,若拆移创置祠宇,不过旬月之功耳。予喜其说,足以省费,即令同教谕往相度之。须臾二君来复曰:"何必拆移,其地环山带水,幽邃可佳。前堂后轩,上下俱完好无坏,其中只存观世音像,若移置于他寺,稍加修葺,奉先生遗像祀之,乃听此方士子讲肄其中,则一举而祠与书院俱可复矣。"予大喜,语之曰:"有是哉!退之'人其人庐其居'之说,信可行也。"越二日公暇,乃相约同往视之,果如所言。即日命僧移置观音像于别寺,而区画其间,前堂四楹,独宽广,宜为祠。后轩二所,俱高爽,宜为书

---

[1] 本文选自詹宣猷等:《(民国)建瓯县志》卷二十,《中国地方志集成·福建府县志辑》第6辑,上海:上海书店出版社,2000年,第626—627页。由吴章中标点。

院。皆若预成，不烦改作。惟辟其前空地，作重门并两廊，分其廊屋之半为斋舍，复经理其界至，筑墙垣几二千尺。逾时告完，遂卜日迎先生遗像安奉于中堂，仍以文公并忠肃公配于左右，仍题其楣曰"屏山先生祠"，复题其后轩曰"不远复"、曰"毋不敬"，外门曰"屏山书院"，俱循用旧扁也。奉迎之日，设香筵鼓吹导拥前后。上自都阃府衙、官僚、三学师，及曾孙居建安者，几千人同送入祠，以次行祭，礼毕，会馂而退，观者如堵，于此亦可验人心之同然。自是而刘氏孙曾感发思慕，岁时群集，致祭于斯，四方缙绅士夫过是邦者，咸慕名景仰，骈来游谒于斯，其名与地遂增重矣。祠前出西南百步，有曲涧萦流注于大溪，涧上旧有小桥以通往来，至是作亭覆之，而名曰"道源"，本所自也。亭甫成，适予有东广之命，刘氏群从诣予请记。嗟夫！后世释老之宫，尚往往借重于文字间以垂永远。今改寺为祠，正所谓辟异端，崇正学，其有关于人心世不道少也，诚不可无记载。先生讳子翚，字彦冲，"屏山"其别号云。祠改建于天顺甲申秋九月，记作于后三年十月，刻记于石者，刘氏之老成人：曰善为之倡也，曰英、曰清相其成也。

环溪精舍：韦斋亲炙启贤哲

◎吴章中

环溪精舍，南宋绍兴十年（1140）由朱松创建。原址在宋代建安城（今建瓯城）水南紫芝上坊东西两溪交汇处的南岸。

朱松（1097—1143），字乔年，号韦斋，宋徽州婺源人，宋代理学家、诗人，宋大儒朱子的父亲。北宋政和八年（1118），国子监同上舍出身的朱松，授官迪功郎、福建路建州政和县尉，同年，朱松告别故土举家从婺源入闽履职，先任建州政和县尉，后调任南剑州尤溪县尉。建炎四年（1130），朱松夫人祝氏在尤溪生下朱子。

一向心怀修齐治平之志的朱松，是当时南宋的主战派人物。绍兴七年（1137），经左相张浚、右相赵鼎等人推荐，朱松应诏赴临安任职。绍兴

环溪精舍古图（吴章中　供图）

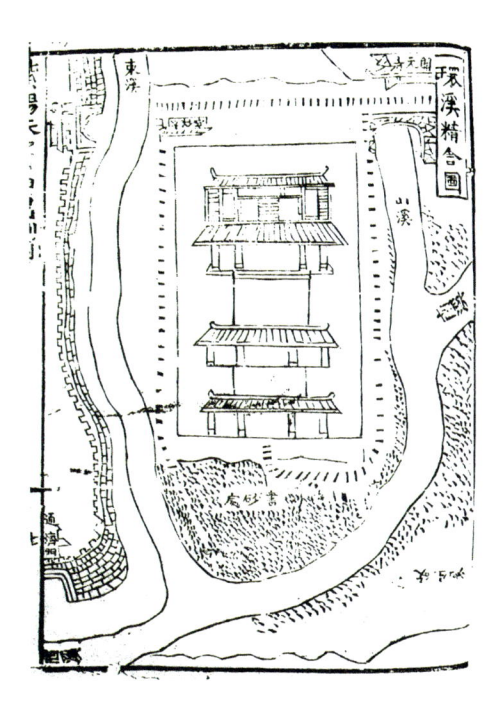

九年，因主战派领袖张浚、赵鼎等人与主和派首脑秦桧不睦，张、赵二人接连被罢相出京，朱松因受牵连遭到弹劾，随后被令离开京城待职饶州知州。经历了半生坎坷的朱松，此时对仕途已心灰意冷，加上多年奔波劳苦，不仅自己身体欠佳，三个儿子中有两个还早早夭亡，而年纪尚小的三儿朱子，聪明好学正是读书受教的好时期，既然已无意官场，何不安享天伦，朱松遂辞去职命，归家闽北。

绍兴十年（1140）春，朱松带着家小从临安回到建州建阳县，暂住在登高山的妹妹家中。此番回建州，朱松已有谋划，他要在这里辟地建屋，安家乐业。

归家选择建州而不是老家婺源，显然出于朱松对建州的非常之情。朱松二十二岁入闽，先后担任过建州的政和县尉、建州权职官等职，有不少当地同僚与他结下深厚友谊；家中父母和兄弟都安置在政和县定居，多年来已与当地人融为一体；闲暇时他喜欢游历建州各地，与浦城的萧顗，建阳的刘勉之，崇安的刘子羽、胡宪、刘子翚等人亦师亦友情同手足。他喜欢建州，所到处处山清水秀，草木丰美；所见户户民风淳朴，崇礼重义。二十余年，建州的土地和建州的人，早已成为他心中的故土和事实的亲人。还在建炎初年他在州城担任建州权职官时，就曾被南门外水南紫芝上坊三溪交汇的环境所吸引，常想着若能在那样的地方筑室安居，一定逍遥惬意。此心安处是吾乡！从临安回到建阳后，朱松首要之事就是谋划如何在州城建屋，以供余生之憩和教子传家。

朱松开始往返奔波于建阳与建安（建州治地，今建瓯）。一生清贫的他并没有多少积蓄，他选中了州城南门外三溪交汇处南岸的一块地，地价不高，但面积不小。他要在这里构筑一座茅草作瓦、竹木为栅、风雅而幽静的精舍。往来两地是辛苦的，房屋建成后，在建阳搬家往建瓯的路上，才情兼备的朱松写了一首《建安道中》：

> 荦确复荦确,秋山殊未晴。
> 流年半羁旅,此地几经行。
> 雪岭今慵照,茅檐欲谩营。
> 大钧浑莫问,流坎任余生。

这首诗大致可以读出朱松当年的心意:"流年半羁旅,此地几经行",说的是自任职建州权职官后,他就多次到过此地(建安),加上几个月来往返两地营建房舍,建安已是他"几经行"的地方。"大钧浑莫问,流坎任余生",则表明了他对未来的设想——不要再去过问什么治国平天下了,就让余生像小河的水任自流淌好了。

政治上失意的朱松彼时对于政治已经可以做到不问、随流了。但造屋定居建安,对他来说是有期待的,他希望能陪伴家人,教育子女,安享人生。

朱松所造新舍在松溪(东)、崇阳溪(西)交汇注入建溪的三溪相汇靠松溪之上的不远处,门前有一片偌大的沙洲,东面临松溪,西面是一条山溪和建溪,东北岸是坚固雄伟的建州城,屋后是连绵起伏的云际山,溪水从东西两面奔波而来又盘旋向西南而去,是一个背靠群山,三水环抱的山明水秀之地。从《紫阳朱氏建安宗谱》上的环溪精舍古图可以看出精舍当年的模样:精舍外围四周有栅栏环护,整体建筑坐东南朝西北分三进总体成矩形排列,一进为外门,入门过庭院至二进,是面阔三楹的排屋,也是讲学的课堂,又过一庭院,三进是一座二层高的小楼,一楼前厅是会客厅,后阁为灶膳房,二楼是休憩室。

朱松为新屋取名"环溪精舍"。其屋三面临溪,"环溪"取名自地况;"精舍"原意为儒家讲学的场所,朱松此番建屋就有在家置塾办学之意,故以精舍为名。再看《建安道中》"茅檐欲谩营"这句,茅檐,指他的新屋,一座以茅草覆顶的绝无奢华的新屋;茅苍,也指他的家塾,这座用来补贴家用养育儿女的讲学之所，需要他来"欲谩营"，好生慢慢地经营。

朱松辞官回建州时，只向朝廷申请了个祠官，祠官俸禄很少，他需要通过开办学校收取束脩来接济家用。绍兴"十年"（1140）秋，朱松一家搬进了环溪精舍。环溪精舍是朱松的家，也是朱松创办的一所私学。这一年的冬季，精舍开门纳徒，主讲塾师朱松升座讲学。

无论是理学还是诗词文章，朱松都是那个时代颇有名气的人物。由他主持的环溪精舍，很快在当地声名鹊起，南门外的大溪之畔，弦诵相闻，剑墨同辉。

一代大儒朱子系统接受教育始自环溪精舍。成年后的朱子曾回忆自己有过"十年寂寞抱遗经"的学习经历，他说的十年就是从环溪精舍开始的。朱子是朱松之子，也是朱松的学生，更是他所以辞官回家办学的原动力。在环溪精舍，朱松竭尽所能教育儿子及其他生徒，他不仅自己亲授，还请进访山，尽心尽力。江西名士董颖、建阳名儒范如圭、建州州学教授胡宪等人先后应邀来精舍讲学，除了在课堂学习以外，朱松还带着儿子跟随自己访学各地。在朱松的精心教导下，朱子的学习水平飞跃提升，董颖称朱子的诗文"笔力扛鼎"，朱松惊叹儿子笔下生风，十多岁便能与名儒范如圭就《大学》中的章句对答如流。在环溪精舍，朱松一家其乐融融，幸福快乐。精舍门前有一块沙洲，课余时间朱松常带着学生们到户外游戏，少年朱子虽然老成持重，但也不失活泼天性。一日，伙伴们在沙洲游戏，朱子以沙上画卦与同学竞技，只须臾工夫朱子便在沙面上完成了一幅完整的八卦图式，当场惊羡众人。在环溪精舍的学堂内外，阳光与碧水，亲人与伙伴，还有来来往往的贤达高师，礼乐射御，琴棋书画，于弦歌阵阵中伴随着少年朱子茁壮成长。

绍兴十三年（1143）初夏，朱松在环溪精舍病逝。临终前朱松做了一个决定，他将妻子和一双儿女托付给隐居崇安五夫的好友、抗金名将刘子羽，嘱咐儿子朱子要以父事之，并拜武夷三先生：刘子翚、胡宪、刘勉之为师。绍兴十三年秋，朱松夫人祝氏在料理完家事后，遵夫嘱带着一双儿女告别环溪精舍，迁往崇安五夫。

随着朱家孤儿寡母的离去，环溪精舍闭馆休学。这所主人原本想好生经营的私塾，因为老师的突然逝去，就此结束了其作为讲学之用的精舍岁月，此后撂荒于大溪之畔，但闻蛙鸣蝉叫，常见鸟窜虫飞，却不闻弦诵之声。

明洪武初年，有僧人在城南建造跨溪石桥，为方便督工，和尚们选中了就近处已然破旧的环溪精舍，在其间构建庵房以作督工之用。桥建好后，僧人借故不退而改称其庵为桥局寺。久之，僧人不断增拓，尽据其地，将原环溪精舍旧地整个翻新成一座寺庙，改名方广寺。成化二年（1466），朱松十世孙朱燉陈述旧故于官府，请求收回朱家祖宅，但求难如愿，仅要回了寺庙西侧的空地。正德七年（1512），裔孙朱燩又请福建提学胡铎出面干预，这次收得很彻底，官府勒令僧人全部搬离，尽移佛像于他处，腾退全屋以奉还。

自宋绍兴十三年（1143）后失管到明正德七年（1512）接回，历经370年，原环溪精舍故地新屋全数回到朱氏手中。在官府和朱家后裔公私相成之下，改造方广寺并更名为"朱韦斋先生祠"。祠内中堂主祀朱松，以其子文公朱子配享。环溪精舍及后来的方广寺遂成朱韦斋先生祠。

明万历三十七年（1609），朱韦斋先生祠毁于大水。天启七年（1627），易址重建该祠于城内南门街。清康熙间，时任建安五经博士朱潆、裔孙朱玉商议将南门街祠迁建于紫霞洲朱子家庙内，改名启贤祠。

启贤，既是对朱松个人的总结，也是对那个短暂的环溪精舍的定位。朱松筑室城南，除了眷念建州的溪山之胜，还有仁人孝子不忘父母之心，更有陪伴家人亲炙子女之意。正是因为在环溪精舍时期的厚实之功，朱子后来成就了理学大业，且族系延绵，代有闻人望于天下，此永永无极之业，实启自城南环溪精舍。江山不管兴亡事，一任斜阳伴客愁。八百余年，尽管不复存在的环溪精舍让人颇有遗憾，但城南的故事至今总能让人记起那个文儒发迹的肇基之地。

2024年，在建瓯市委、市政府以文兴城战略推动下，重建环溪精舍于水南南湖之畔被纳入古城复兴计划。慎终追远，以文润民，建瓯城南那座启贤肇哲的环溪精舍重现于世，已然指日可待。

拟重建环溪精舍的新址（原建瓯南湖公园）（吴震　摄）

附

朱韦斋先生祠记[1]

〔明〕汪 佃

前代贤哲之故居,遗躅所以历时长久,阅废兴而不遂泯者,未有不由良有司之标表,作兴于其上,亦未有不由其贤子姓敬承遹追于其下。公私相成,彼此协赞,然后功易集而事有可久。虽中更世故,不无衰歇,而羊存识礼,终克按迹而修复之。不然,坠者日就澌烬,间能兴之,旋即芜没,徒使人嗟愧叹恨于故墟耳。吾于韦斋先生城南之祠之兴,重有感焉。先生之先,徽之婺源人,世德弗耀。政和八年先生始同上舍出身,授建州政和尉。父卒,贫不能归,因葬其邑,而游宦往来闽中。始从龟山杨氏门人为《大学》《中庸》之书。调南剑州尤溪尉,生文公于其邑馆。历监泉州石井镇税,循左从政郎。绍兴四年召试,除秘书省正字。丁内艰,服除,召对,改宣教郎,除秘书省校书郎,转著作佐郎、尚书度支员外郎,兼史馆校勘,历司勋吏部两曹,皆领史职如故。以史劳转奉议郎,以年劳转承议郎,受知于丞相赵忠简、张忠献二公,未及用而去。秦桧以是忌之,而先生方率同列极论和戎不便。桧益怒。出先生知饶州,未赴。丐祠禄,乐建州城南溪山之胜,筑环溪精舍寓居,徜徉终焉。舍前溪沙,相传文公儿时画卦所也。陵谷变迁,兹地鞠为榛莽。国朝洪武初,有僧

---

[1] 本文选自詹宣猷等:《(民国)建瓯县志》卷二十一,《中国地方志集成·福建府县志辑》第6辑,上海:上海书店出版社,2000年,第626页。由吴章中标点。

造城南石桥，构其上督工，工讫，建桥局寺，后增拓更方广，而精舍之名故在。成化丙戌，先生十世孙燉白于官，仅复其西隅隙地。正德壬申，孙爌举请于提学余姚胡公铎，黜其僧而移佛像于他所，仍其口载加葺理，奉先生像于中堂，而文公配焉。启蒙画卦，有亭养正，有堂像设冠裳，凛凛生气，而旧观一旦光复矣，然岁时秩祀，尚为缺典。嘉靖丁酉，其十一世孙版曹副郎升复申请于提学贵溪江君以达，檄郡核实。郡丞婺源汪侯玩署事实赞厥成，遂以是年秋下建宁秩诸常祀，庙貌靓严，过者必式豆笾视号牺帛黍盛一供，有司视前有加，永永无极矣。夫精舍之墟，数百余年废置不知其几由，成化丙戌修复以来，迄今又七十余载，日营岁拓始克大备，此固当路诸贤留意儒先之盛典，而其后裔堂构之有人，良不可口哉！夫一舍存亡，若无系重轻者，况先生位未甚显，而道未大行于时，今其后人号吁图复，皇皇若恐弗及。而上官相继加饬，指为第一义，而不敢后者，岂非以道学源流之地，斯文之兴丧，来学之起堕，靡不由之。顾忍为弥文细故而漫不加意哉。抑先生眷眷此地，至居以终其身，虽其井州故乡之念，亦以先垄所在，有慕恋不忍远者，是乃仁人孝子不忘本始之至情，不独以其地胜而已。厥后文公奠居考亭，迄今十有余世，族系延绵，代有闻人，遂望于闽，实启自城南，则夫文儒发迹肇基之地，又不可以寻常例视也，朱氏后嗣其敬守之哉！副郎以予滥竽于斯，亦尝与相兹役，征言为记。予不佞厕史氏后纪事实也，乃不辞而承命。

养蒙书院：养正蒙童出百官

◎吴章中

养蒙书院，位于建瓯市小桥镇阳泽村龙池自然村，始建于宋哲宗绍圣年间（1094—1098），是建瓯市目前保存较为完整的一所古代乡村书院。

从建瓯城关出发，驱车沿237国道约20分钟便能到达小桥镇阳泽村。阳泽村拥有一片广袤的良田，田野间有一条溪流潺潺而过，水沛田丰，

养蒙书院（吴章中　摄）

自古就有建南第一良田美地之称。走过阳泽村口一座名叫"登云"的古廊桥，穿过大约一公里的机耕路就到了龙池自然村。养蒙书院在龙池自然村头不远处，坐西朝东，现存建筑为清代建构，面阔17米，进深24.8米，占地421.6平方米，由大门、天井、正堂、后阁等部分构成。

走近书院，抬头可见大门之上悬挂"养蒙书院"四个大字。进入大门，正堂靠近天井处赫然立着一座人物塑像，像台上写有"宋端明殿学士兼签书枢密院事特封建安县开国男忠穆太师郑珏"等文字，可见堂上主供人物地位显赫。走上正堂，有三块大幅人物肖像构成的"百官图"引人注目：正厅中心有5名官员的高大画像，左右两壁分别有76名文武官员画像。每个人物均有姓名和官位标注，画风俏丽，但也拙朴无奇，据考古分析，应为晚清或民国时期的乡村画师所作。步入后阁，是一个新建的小展厅，展厅内容为养蒙书院的历史由来及相关事项。环视书院，其主体建筑为单檐木构架，穿斗式梁架，外围两侧山墙则采用传统夯土技术，据文物普查报告，现存建筑构架除保留少量穿插枋为清代构件外，其余均为现代谬凿。据掌管书院的当地人介绍，现存书院重建于清康熙年间，民国初年有过一次大的修缮，此后在1994年、2016年、2022年又进行过多次修缮。综观这所乡村书院形貌，无论是在建筑上还是在展陈上，其呈现出的风格和水平，都十分契合"乡村"二字。

养蒙书院是龙池村郑氏族人创办的一所乡村私学，在科举时代曾经培养了一批批登科入仕的优秀学子。晚清取消科举制后，书院改为乡村小学，直到20世纪七八十年代还曾是当地的一所完小。近四十年来，养蒙书院是郑氏族人的家祠，不再是教学之所。这座外表平淡的乡村祠庙，如今书院特质已不明显，然而追溯其历史，无论是在办学理念还是在培养人才上，都堪称非凡。

宋哲宗绍圣年间（1094—1098），建安县（治所在今建瓯市）南乡龙池人郑君镇、郑君锡兄弟二人先后获取科举功名，分别以登仕郎和兰溪教官走上仕途。哥哥郑君镇素以词学诗礼著名，登仕后即请受特恩归家隐迹专事儒学，弟弟郑君锡在外为官多年后，也以朝奉大夫致仕回家归养。郑家祖上是唐末入闽的大族，在当地拥有殷实的家资，先后辞官回乡的郑家兄弟与一般归隐家乡的缙绅不同，他们治家不以产业为重，而以杜门教子为主。当时有人对郑君镇说："乡人射利，广田宅以遗子孙，后犹不足。今公六子释此而专事文学，非所以为裕也。"郑君镇回答："惟忧子孙不贤，不忧产业不治。"

郑君镇生有六子一女，郑君锡生有五子，郑家子辈共有12人，如何培育众子弟成才成贤，郑君镇十分用心。一日，郑君镇到邻村义方寺游玩，见该处清静幽远，特别适合读书，于是在义方寺旁建一座书屋，专供孩子们读书学习。这座书屋的故址在今小桥镇后塘村村部所在地，书屋是郑氏家塾，也是养蒙书院的前身。

书屋建成后，郑家的12位堂兄弟妹均入学就读，郑君镇与随后归家的郑君锡亲自授课，兄弟二人都是博学之士，郑家子弟在两位高师的培养下，果然成才成贤。郑君镇长子郑存，绍圣四年（1097）进士，以翰林院博士知南安军，人称郑博士。其父去世后，郑存继承父志，回乡教育诸弟，而后兄弟相继登科，门户日渐光显：二弟郑协，除司农丞；三弟郑宁，任司录职；四弟郑升，授宣议郎；五弟郑毂，为秘书郎兼御史台主簿；六弟郑毂，官至签书枢密院；小妹郑氏，嫁朱家，是一代儒宗朱子的婶娘。五弟郑毂和六弟郑毂同为政和八年（1118）进士，是郑氏家塾培养出来亦文亦官的优秀代表。郑毂自幼颖悟，好读《中庸》，父亲曾戏问他："这篇句读得容易吗？"年少的郑毂回答说："读书止于字句有何用？我私下以为圣人之道在此书中。"长大后的他更加笃志追求圣贤之道，曾远赴河南求学于二程（程颢、程颐），因二程已逝，遂拜程门四先生之一的谢良佐为师，从此弃官问道，潜心伊洛之学，成为上蔡先生谢良佐门下高弟。学成后的他也追随师伯游酢、杨时等先辈步履，传道东南，在闽浙一带授徒讲学，终成世人景仰的理学名家。《宋元学案》

进入养蒙书院的通德里门（谢才生　供图）

有载郑毂，他是录入该书的建安籍唯一代表，也是宋代儒林的顶级人物。郑毂生于元丰三年（1080），出生前夜父亲郑君镇曾梦见一大禽展翼庇护乡里，解梦为保境安民之意。孩童时代的他在家塾读书时已有颖悟秀异的非凡表现，靖康二年（1127），二帝被掳，康王赵构在济州起兵，郑毂以民族气节为重，毅然放弃楚帝张邦昌而投身康王。不久，康王赵构即位，改元建炎，建立南宋政权。彼时朝廷内忧外患，政权极不稳定，郑毂疾恶奸邪，拨乱反正，为稳定新立的南宋政权立下汗马功劳。郑毂历任监察御史、谏议大夫、端明殿学士兼签书枢密院事，封建安县开国男，食邑四百户。他在总理军政事务期间为振兴宋室殚精竭虑，辅政百日而亡。郑毂死时，宋高宗极为哀伤，他说："朕丧元子，犹能自排遣；于毂殆，不能释也。"失去了郑毂甚至比失去儿子更让皇帝难以释怀，可见郑毂在宋高宗心中的至要地位。郑毂去世后，朝廷给了他极高荣耀，赠"太师"，谥"忠穆"，并追赠其祖妣三代分别以大夫及郡夫人之位。中国古代士人通过读书来显名耀祖，郑君镇惟忧子孙不贤，不忧产业不治的愿望，在郑氏家塾的第一代子弟中实现了。

郑君锡长子郑昇、次子郑昂、三子郑晟，也成就科举功名，均授迪功郎。四子郑旻、五子郑昊不乐科举，在家亦耕亦读，安居守业。郑昊后来迁居秦溪里魏村（今迪口镇郑魏村），成为该村郑氏始祖。

郑氏家塾培养出来的第一代儿郎共11人，其中9人成就科举功名。9人中的郑毂，以理学名宿谢上蔡高弟之重，渊源伊洛，传道东南，彪炳于中国理学史册；其弟郑毂，以肇基南宋的定策之功留名千古，是中国历史上贤良重臣的典范。其余人等也都在各自人生道路中，为国为民，广著荣誉。此后，郑氏族人愈加重视儿孙教育，约在明万历年间，郑家迁建义方寺家塾于龙池村今址，正名"养蒙书院"。从书院壁画上的百官图中，可以窥见书院造就人才的非凡伟力。

回顾龙池村历史，其治村始终秉持书院养蒙以正一乡的首务意识，教养为重，产业为次是该村崇德重教、以文兴村的不二村规。入村处曾有一门坊，门上赫然刻有四字"通德里门"，取《中庸》"知、仁、勇三者，天下之达德也"之意，郑氏祖先以入村必养知、仁、勇三者，方可到达德的境界来提醒子孙：惟德是养，方有知仁勇至；知仁勇至，才可家业永存。据族谱统计，惟德是养的龙池村共走出七品以上官员194人，郑氏所期家业不仅于龙池，还开枝散叶永存于四方。

历史上的养蒙书院，把"养正蒙童，以育人才"作为书院一以贯之的校训，从北宋绍圣年间书屋建立起，历经宋元明清诸朝数百年，在养蒙书院的养正下，郑氏族人及第者甚众，留芳者辈出，他们冠盖相望，前后不绝，一座小小村庄久久浸润于养蒙树德的祖训中，纵横历史时空，绘就了高贵贤达、济济一门的郑氏百官图。

龙池村的养蒙书院从初创起到如今，或许在形貌上就一直是乡村特色，它不饰奢华，不治物业，拙朴是它的形色；而细察其根本，显然别有洞天，它惟修贤才，务求通德，高贵是它的本色。

龙池村是历史留给世人的一处内涵丰富的文化古村，它不尚装饰，连"通德里门"这样高标准追求的入村四字铭言都写得低调无奇。修德以育朴，是龙池村值得品玩的气质；而养蒙书院则是一处形在乡村、神在庙堂的育人之所，它的精髓不全在于墙壁上的"百官"之图，宋代理学宗师二程说的那句"存养熟后，泰然行将去，便有进"可谓道尽了书院的林林总总，养蒙书院值得后人细读精思。

右文书院：道继紫阳"君子乡"

◎吴章中

　　建瓯市东游镇党城村，在闽江支流秀丽的松溪河畔，省道瓯政线穿村而过，良田千顷，水沛物丰，自古水陆交通便利，商贸往来活跃，是一座有着深厚文化底蕴的中国历史文化名村。右文书院紧挨在党城村委会大楼之后，坐西朝东，面阔约20米，进深约60米，为土木结构建筑，分三进逐级依次由正厅、登瀛桥和左右书斋、文昌阁等部分构成。据县志记载，书院创于清朝初年，是建瓯市现存面积最大、保存最完整的古代书院。

　　党城村古为建安县（治所在今建瓯市）东苌里辖地。明正德年间，松源叶氏始祖文修公（叶味道，字贺孙）十二世孙叶世明从松溪县迁居党城，叶氏筚路蓝缕，延至清初已成党城大族。走进如今的党城村，随处可见保存完好的明清时期豪宅大厝；入到户中，可知十有六七全是叶氏一族。党城村有一雅名叫"君子乡"，自清乾隆丁卯年（1747）该村君子乡古里坊门楼建成后，就一直被世人称颂至今。叶氏以先祖文修公叶味道所创族规"诚以读书，以学为重"作为治家首训，他们读书明理，忠诚信义，栉风沐雨百余年赢得了十里八乡的广泛赞誉。从明代叶世明入居党城村始，松溪河畔这座古老村庄的男女老少，在先祖遗训的涵养中含饴弄孙，各得其宜。

叶味道（1167—1237），字贺孙，谥"文修"，后人称"溪山先生"，宋温州人。先从永嘉学派陈傅良（止斋先生）习经世之学，后从朱子研读性理之学，被朱子视为与衣钵传人黄榦同等位次的朱门高弟。叶氏自松源迁居党城后，他们继承先祖之志，缵绪朱子理学，坚守忠孝仁义，日久岁长，党城村君子之风蔚然形成。刻有"君子乡"三字砖雕的楼门如今还伫立在古渡码头的岸边，近三百年来，"君子乡"以居敬之心在默默提示乡人，这里曾经是春诵夏弦、崇儒明理的君子之地。

党城村位处大溪之岸，水运便利，有益商贾；叶氏族人崇礼尚义，言而有信，明清之际的党城已发展成东苌里著名的商贸之乡。有君子之风的党城叶族也在行商坐贾中实现了财富自由，他们家家安富尊荣，户户吃穿不愁。泛爱众，而亲仁；有余力，则学文。为了提升教化能力，

右文书院（吴章中 摄）

弥补私塾短板，保障所有乡人子弟能入学读书，约在清初顺治至康熙年间，以学为重的叶氏族人决定营建书院。彼时，民间被顺治帝上谕"不许别创书院"的明令所限，清廷为防范百姓利用讲学群聚结党，危及政权，禁止民间私办书院。经与官府多方斡旋，叶氏以秉持先祖所承朱子理学有补治道之精神，阐述叶家在党城"诚以读书，以学为重"的族规，表明党城人人君子，无有结党之患。官府对建东重镇党城村的请求十分重视，派人实地调查。他们走进私塾，但闻"道继紫阳"的诵读之声回荡于学堂；行到街巷，随处可见乡民门上有"浩气长存西涧地，精光遥映石林居""濯缨奕禩叨丹陛，理学渊源衍紫阳"等内容的联语；细看各大厝墙画梁雕，全是水墨花鸟、琴棋书画、耕读传家等淡逸致远的题材；再询乡民，人人明理谦逊，个个诚意正心。查验结果，果然如其所述，党城叶族坚守朱子理学要义，人人君子，无忧无患。遂批准党城村营建右文书院。

书院取名"右文"意指"崇尚文治"，本自叶氏先祖贺孙先生之谥文修。以文修行，崇尚文治，原是发育党城村君子之风的本源所在，官府准以"右文"为名批建书院，是希望叶氏族人以先祖文修为楷模，读书明理，忠君爱国。右文书院的设立可谓立意深远，本正源清。清初福建新设书院寥寥无几，右文书院能在战火未尽的清初获准营建，实属不易。

据党城《叶氏宗谱》记载，初创时的右文书院总占地面积约2000平方米，前有山门，沿中轴逐级而上依次有正厅、泮桥和左右两庑、文昌阁、魁星楼和左右厢房等建筑。《（民国）建瓯县志》载："右文书院，清初建置，粗具规模，士子诵读其中。道光同治年间，人文辈出。光绪甲申十年（1884），（乡绅）叶仰斋、叶康侯、叶子若、叶辉山等，各捐田苗店屋以为宾与膏火资。历聘名人掌教。设月课，给奖赏。院中堂室，高筑广建。嗣因停科举，改为小学校。"这所创于清初动荡年代、停于清末废除科举的乡村书院，在建筑规模、师资力量、膏火给养、教学安排上都具备了极高水平。清代的党城村富甲一方，他们完全有能力让右文书院的厅堂室舍高筑广建，让学田院产、膏火师资得到充分保障。书院道继紫阳、崇理明义，聘请名师掌教力求"修齐治平"，其结出人文辈出的教育成果亦自然天成。据统计，由书院输送至建宁府学的优廪生有30余人，选拔进国子监的监生2人，贡生4人，荫补2人。进士及第1人，七品以上官员8人。其他熟读诗书而未及功名者亦有数百余人。建宁府学是建宁府八县著名的官学，其优廪生待遇优渥，每年向所辖八县各校选拔生员，门槛极高，而清代从地方入选国子监的监生、贡生更为不易，一个县一般2至3年才有一个名额。右文书院以一村之隅，不仅对全村子弟实施了文明教化，还为国家和地方选送造就了不少人才，右文书院而使党城有人文辈出之说，可谓实至名归。

清末废除科举后，右文书院改为村级小学，一直到20世纪70年代党城小学新校建成，书院方结束其服务教学的历史使命。世事沧桑，书院的整体结构也在发生变化：魁星楼和左右厢房毁于光绪初年的一场大火，光绪十年（1884）修复魁星楼及书院整体建构；民国后期，山门因年久圮毁而废弃。中华人民共和国成立后，建设省道瓯政线，原魁星楼和左右厢房被拆除征用；2013年，在原山门旧址并门前空地新建党城村委会办公楼；2021年，东游镇响应建瓯市委、市政府打造"千年建州·理学名城"号召，在充分挖掘书院历史和党城人文的基础上，对书院进行全面修缮，形成了如今基本保留清代建构的古朴典雅、庄重严谨的右文书院。

穿过党城村部的一楼门厅，在拾级而上的一座青砖泥瓦的平房中间，挂有"右文书院"额匾的书院大门就在眼前，门联写的是朱文公联语："忠孝传家久，诗书继世长。"彰显了书院以朱子家国思想为核心的教化理念。进入大门即是正厅，前后梁分别悬挂宋理宗赞扬叶味道的御辞"斯文缵绪""道学传心"的牌匾，表明了书院赓续孔孟斯文，决心继承道统的文化志向。正柱联则引用朱文公题赠白鹿洞书院的门联："日月两轮天地眼，诗书万卷圣贤心。"意为天地因日月而光，人心靠读书而明。厅左陈列的是与"君子"相关的文化内容，厅右展示的是叶氏族系文化和一些历史典故。再拾级而上，过一八角门是一座名叫登瀛的石桥，桥下是泮池，左右是书斋。跨过登瀛桥，又拾级而上是主殿文昌阁。阁堂正中供奉一座人物塑像，为党城叶氏先祖叶味道，塑像呈低头凝思状，面容端正，神情恭谨，仿佛在思考道学传心羽翼斯文的人间教化。塑像之上的横梁上悬挂着"道继紫阳"的四字牌匾，紫阳乃朱子别号，将"道继紫阳"悬挂于正殿中心，其意显而易见：继承朱子道统，无论斗转星移。主殿文昌阁的左右空间布满了书桌和蒲座，呈现的是学子静听理学文化的教育场景。

岁月不居时光如流，初心如磐笃行依旧。经历近三百年风雨的右文书院，总能在"诚以读书，以学为重"的涵养中不改初心，即便不再有教学之职，依然坚守着育人之业。斯文缵绪的右文书院不止于宋元明清，还将在新时代的中国乡村文明建设中发挥引领示范作用。

顺昌篇

顺昌县书院概述：学正风清　顺达昌盛

◎ 陈玉玲

> 陈玉玲，任职于顺昌县委党史和地方志研究室。长期从事党史和地情文化资料的整理及研究工作，在《南平史志》《闽北纵横》《武夷文化研究》发表文章多篇。

顺昌位于福建西北部，武夷山脉南麓，闽江上游富屯溪、金溪汇合处，为"闽江起源处、顺达昌盛地"。顺昌建县于后唐长兴四年（933），虽面积不大，却人才辈出，历史上曾涌现出北宋工部尚书廖刚、南宋理学名家廖德明、明朝吏部尚书李默等文化名人，因此也被誉为"八闽善地，文献之邦"。

一

后晋年间，吴氏在演山创办演山书院，是顺昌书院之始。此时书院的作用，一为让吴家子孙读书，与四方士友一起研习经典、探讨学问之所；二为应对科举考试。因此，渐渐成为当地远近闻名的重要书院。

宋至清，理学兴起，顺昌县教育沿袭科举制度，士子读书，先受启蒙识字教育，后再攻读儒家经典，是时县有儒学、乡有书院、村有私塾，读书之风，盛极一时。

朱子理学的发展为书院提供了强劲动力，书院得以迅速发展。杨时、朱子都曾来顺昌讲学，并留有诗作和手迹。朱子对顺昌书院发展起到了重大影响，谟武村率先创办苍山书院，并培养出得意门生廖德明。顺昌历代应试登第者不辍，尤以两宋为最。两宋300年间，顺昌这个人口小县，就出了进士38人，举人137人。

明朝，官办书院兴起，并且将书院建设于县城之内市井之中，如双峰书院、二贤书院。同时乡镇书院也纷纷创办起来，有乡绅在高阳振科村创办凤山书院、在槎溪邓氏宗祠创办双秀书院、在福峰饶氏宗祠创办饶氏书院，绝大部分书院成为应对科举考试的教育机构。

清代，书院增多，主要实行官学管理模式，为科举服务。顺昌县内规模最大的华阳书院于此时创建，并经三次扩建翻新。各乡镇书院也增多，比较偏远的乡也办起了书院。清乾隆二十五年（1760）乡绅在九村村创办九贤书院。乾隆二十七年（1762）有乡绅在梅岐里（今岚下）创建岐山书院、在岚下郭城紫云禅寺附近创建紫阳书院、在岚下乡岚下村创建谢叠山书院（谢叠山即宋末爱国将领、诗人谢枋得，因抗元兵败，流寓建阳等地，岚下乡的谢氏后裔创办此书院）。咸丰六年（1856）乡绅在洋口创建龙山书院、在谢屯创建屯山书院。

在漫长的历史岁月中，顺昌境内有书院15所。按分布看，城区有3所：双峰书院（六贤书院）、二贤书院、华阳书院；乡镇有12所：演山书院、苍山书院、凤山书院、双秀书院、饶氏书院、文献书院、紫阳书院、谢叠山书院、岐山书院、龙山书院、屯山书院、九贤书院。

清末民初，书院完成其历史使命，融入新式教育的历史潮流中。清光绪三十年（1904），华阳书院改并为县立高等小学校。光绪三十一年（1905）龙山书院改为龙山小学，其他书院于1921年后均改为小学。

二

唐末上柱国吴佩弃官避乱入闽。其妻朱氏携家族大部分迁至顺昌演山脚下开荒造田，并建宗祠和书院。演山书院是类似于家塾性质的书院，以训诫族内子弟为办学目的，因为重视文教，但又不拘泥于文字，吴氏子孙又在演山自力更生，其各方面素质都很高。后从演山书院走出的吴仲辅一举考中进士，演山书院名声大振。随着吴氏后裔不断迁出演山，演山书院渐渐没落。如今演山之上唯留吴氏家庙遗址。

南宋绍兴二十七年（1157），朱子到谟武讲学并指点创建苍山书院。此时书院不拘泥于一家之言，允许不同学派之间进行广泛的论辩，是往来学者思想学术交流的地方。谟武人廖德明少年向佛，听朱子讲学之后毅然选择了理学而一路追随朱子，之后考得进士，为官清廉，刚正不阿。后历任浔州知州、潮州通判、广东提刑等职，成为朱子理学在两广的主要传播者之一，促进了理学的传播发展。其随朱子讲学所记的笔记被集结成《文公语录》一书。

南宋咸淳九年（1273），时任福建闽海道金宪的顺昌人廖邦杰建双峰书院，这是顺昌县城内的第一家书院。元代被毁，后又重建。双峰书院内原有祭祀杨时、廖刚、朱子、廖德明四先生的祠堂。元延祐三年（1316），双峰书院的山长陈棠（建阳人）请黄文仲作《顺昌双峰书院新建四贤堂记》："登斯堂，睹其像，知此为四贤。则知所敬，知所敬则知所学，知所学则知所祖宗。"后双峰书院又增祀罗从彦、李侗两位先儒，因此又称为六贤书院。双峰书院祭祀先贤，一是儒学正统文化的体现，二是能让生童受到先贤优秀品德的熏陶。从祭祀的六位学者来看，双峰书院也是道南理学传统文化的发展延续。

明代，朱子理学得到官方推崇，官办书院迅速发展起来。正德十六年（1521），县令马性鲁将六贤书院移建于县治西被毁的资胜寺地基上，院内祭祀廖刚、廖德明，因此易名为二贤书院。二贤书院是顺昌第一所官方创建的书院，置学田30余亩、地7亩。中堂祀二先生，有额曰"万世维新"，堂东西两侧为翼厢，后为寝厅。祠门前立石坊，坊额书"真儒"二字。二贤书院后也称为二贤祠，现其遗址已不可寻。

清乾隆十四年（1749）署令张元芝在县治右创建华阳书院，即原六贤书院旧址之上。乾隆二十八年，知县陈瑛扩建，左有涵清阁，后有步云亭。道光十年（1830），邑人合力捐资，在原有规模的基础上扩大新建，并改涵清阁为奎星楼。华阳书院前为讲习之地，后有祭祀先贤之堂，又有步云亭驻足游憩。可见书院虽在县城之中，却保持了其清静幽雅的环境，更适宜学子修身养性，朝夕奉读。邑令陆嗣渊在《重建华阳书院记》中说："而书院壮丽矣！地灵则必人杰，有守即可有为。"光绪三十年（1904）华阳书院改为县立高等小学校。

清乾隆二十三年（1758），张文献公后人张奇尧在富屯都（今富文）创建文献书院。张文献公即张九龄，是唐玄宗时著名宰相，谥"文献"，后裔散布于广东、福建等地。在富屯都扎根的张氏后人建文献公祠以纪念先祖，又建文献书院以供子弟习文。乾隆三十年张奇尧又扩建了文献书院，直至民国时期书院废。

三

千百年来，随朝代兴亡更替，顺昌书院亦历经沧桑。顺昌书院的数量在整个闽北来看并不算多，但文脉昌盛且一以贯之，培养了一批又一批的杰出人才，为学术繁荣和文化普及作出了重要贡献。顺昌县历代官员对加强书院的建设也抱有极大的热情，多次对书院进行重修和扩建，并置田用于维持日常运营。官办书院，规模大、影响深远；地方儒绅倡建的民办书院，虽规模小，却也面面俱到。这些书院具奉祀先儒、教授生徒、学术交流与著述等功能，勉励生员忠君爱国，正直勤勉。顺昌书院的长期存在，对顺昌教育发展、社会生活、文化积淀，都产生了深远而又重要的影响。

在科举制完成历史使命之时，书院也结束了古老的使命，其遗留建筑纷纷改为新式学堂。如今，这些书院的原址多建成了小学、中学，以另一种方式与面貌继续为顺昌的文教事业发挥作用。加强对书院的挖掘整理利用，推动包括朱子文化在内的中华优秀传统文化传播与传承，是我们今后更应关注的课题。

附表：顺昌县书院情况一览表

序号	书院名称	创建人	创建时间	地址	存废情况	现存建筑情况		
						修建时间	面积	文保情况
1	演山书院	吴珮夫人	后晋（940）	元坑镇演山（宝庄村对面）	存吴氏宗祠	清	100平方米	
2	苍山书院	谟武乡绅	南宋（1157）	元坑镇谟武村	遗址上建谟武小学	1985年	2004平方米	
3	双峰书院（六贤书院）	廖邦杰	南宋（1273）	顺昌县治东	已废			
4	二贤书院	马性鲁	明（1520）	顺昌县西	已废			
5	凤山书院	乡绅	明	高阳乡振科村	已废			
6	双秀书院	邓美二	明	元坑镇槎溪村	存邓氏宗祠	清	400平方米	县级文保

续表

序号	书院名称	创建人	创建时间	地址	存废情况	现存建筑情况		
						修建时间	面积	文保情况
7	饶氏书院	乡绅	明	元坑镇福峰村饶氏宗祠	已废			
8	华阳书院	张元芝	清（1749年）	顺昌县治右	已废			
9	文献书院	张奇尧	清（1758）	大干镇富文村	已废			
10	紫阳书院（黄岩书院）	乡绅	清	岚下乡郭城村	已废			
11	谢叠山书院	乡绅	清	岚下乡岚下村	遗址上建谢叠山纪堂	2005年	200平方米	
12	九贤书院	乡绅	清（1760）	元坑镇九村村	已废			
13	岐山书院	乡绅	清（1762）	岚下乡岚下村	遗址上建岚下小学		1000平方米	
14	龙山书院	乡绅	清（1856）	洋口镇区	现为洋口镇文化中心	2017年	200平方米	
15	屯山书院	乡绅	清（1856）	建西镇谢屯村	已废			

二贤书院：景仰先贤立祠堂

◎ 黄家鹏

黄家鹏，福建省作家协会会员，南平市朱子文化研究会理事，建阳区朱子文化研究会副会长。众多文章在《朱子文化》《福建理论学习》《福建日报》《生活创造》等发表，出版《朱熹传奇》《朱子后学》《黄榦传》《南宋建阳纪事》等著作。荣获全国新闻工作者协会颁发"从事新闻工作三十年"荣誉奖章。

顺昌宋时人才辈出，其中，廖刚（字用中，号高峰）、廖德明（字子晦，号槎溪），以理学显。廖刚从杨时学，廖德明从朱子学，故杨时、朱子、廖刚、廖德明深受顺昌士人景仰。

南宋咸淳九年（1273），时任福建闽海道佥宪的顺昌人廖邦杰于县治东创双峰书院，书院祀杨时、廖刚、朱子、廖德明四贤，以传播理学文化为主。但不到十年，书院毁于战火，地基为地方官据为私宅。元至元二十九年（1292），判官毋逢辰在原址复建双峰书院。延祐二年（1315）腊月，邑尹张元亨在院内新建四贤祠堂。延祐三年，双峰书院的山长陈棠（建阳人）请黄文仲作《顺昌双峰书院新建四贤堂记》，载明四贤堂由来，"高峰学于龟山，槎溪学于晦庵，故顺昌人亦多称为四贤"。

明天顺初年（约1460），当地官绅因"晦庵之学得之李延平（即李侗），延平之学得之罗豫章（即罗从彦）"，所以又增祀罗从彦、李侗，书院由此称为"六贤书院"。至成化初年，书院破败倾毁。成化六年（1470）十二月，福建副使何乔新命县丞赵玺、训导张宸督工在故址上建正祠三间，前厅三间，规模宏丽。新建的正祠里，祀朱子等本邦古代先贤，用以激励后人兴学崇道。提学金事游明撰写的《顺昌县重建六贤祠记》载："晦庵之学得之李延平，延平之学得之罗豫章，豫章龟山之高徒，皆兹郡之先贤也，斯堂既以师友渊源名，而罗李二贤乃见遗焉，得非缺典乎？"这里向人们述说了"六贤"之由来。明宪宗成化乙未（1475），进士廖中有《六贤名祠》诗："吾道云南岂偶然，中原一脉得真传。真寻源委严乡祀，千古高风障百川。"

明正德十五年（1520），知县马性鲁迁六贤书院于县治西资胜寺旧基，并易名为二贤书院。原六贤书院，则辟为乡贤祠。在资胜寺旧基上改建的二贤书院，有正堂五植，后寝厅一间，东西廊房各四植，堂西空地为园；仪门三植，祀廖刚、廖德明二先生。令廖氏裔孙廖光祖主持奉祀。清乾隆二十八年（1763），知县陈铗扩建书院，监生张正源捐资在书院后增建步云亭，在书院右边增建敬业轩。今虽已废，但其历史文化价值令后人至今景仰、追寻。

华阳书院：书声犹存余韵长

◎ 吴建桥

> 吴建桥，顺昌县委党史和地方志研究室主任、顺昌县政协委员，南平市党史方志专家库专家、南平市区划地名专家库专家。长期从事党史和地方志研究工作，在《福建党史》《南平史志》《武夷文化研究》等发表文章40余篇，曾任《顺昌县志》(1989—2005)编辑、《顺昌年鉴》主编。

清代，一个童生通过院试成为秀才后，理论上要进入府、州、县学进行深造，以备来年的乡试。秀才要想在乡试中脱颖而出，靠自学基本上是不可能的，必须在具有丰富科举经历的名师教导下，通过系统的训练学习才有机会成为举人。清乾隆年间，顺昌学子求学热情高涨，但彼时顺昌城内仅有一个二贤书院，学位有限。面对这一矛盾，新建书院和增加现有书院学位数就是现实的解决途径。清乾隆十四年（1749），时任署令张元芝建华阳书院于县治右（即今县政府北面）；乾隆二十八年（1763），知县陈镁又予以扩建。

新建的华阳书院实行官学管理模式，是清代顺昌县内规模最大的书院。"华阳"主要取义华阳山。华阳山地处今双溪街道下沙村黄坑畲族自然村，距顺昌县城仅6公里。历史上华阳山被顺昌人尊为"祖山"。宋代山脚下设有驿站名高沙铺，故华阳山也早为人们所熟知，成为当地官员文人登临玩赏之地，留下数十首咏颂华阳山的诗词。华阳书院以祖山为名，可见当时官府对华阳书院建设的重视。在书院山长人选上，重金聘请乾隆六年（1741）举人考试第4名的萧文光为山长。从县志中"扩修华阳书院，甚著力"的描述可以看出萧文光是一位对华阳书院有为、有贡献的好山长。

在书院的选址上，筹建者也进行了集思广益，经综合比选，选址于原六贤书院旧址上（即今文博苑小区）。从历史传承上来说，明正德十五年（1520），知县马性鲁迁六贤书院于县治西资胜寺旧基，并易名为二贤书院，原六贤书院则辟为乡贤祠，该地自古就是书院用地，因而能得到广大学子的认同。从地理位置上来看，书院南面为县衙所在地（即今县政府），书院紧靠县衙，官学地位一目了然；东面为儒学所在地（即今县实验小学），顺昌儒学自北宋元丰元年（1078）一直在此，系古时当地官府的教育主管部门，左为孔子庙，右为儒学，教谕、训导等教育官员皆在此办公，书院的教育、教学活动一直在教育主管部门的眼皮底下，因而教风正、学风浓。书院北面为顺昌最古老、规模最大的两个寺庙东岳宫、正识寺，方便学子择清幽处刻苦攻读或研讨交流。

基于上述因素，华阳书院一经建成，就成了当之无愧的顺昌"最高学府"。从《（乾隆）顺昌县志》附的华阳书院手绘图来看，书院四周筑以围墙，从书院大门进入，正对着的就是书院主体建筑，主体建筑呈"回"字形结构，教室主要分布于主体建筑北面，有三进连廊式。书院环境优美，主体建筑四周建有若干凉亭供师生交流思想、研讨学术。空地上遍植花草、名木，还建有观赏鱼池，供师生课余时间休闲、游玩。

书院一流的硬件环境、严谨的教学管理、优秀的师资团队、浓厚的学习氛围、较高的中举率吸引各地学子纷至沓来，书院学位很快一位难

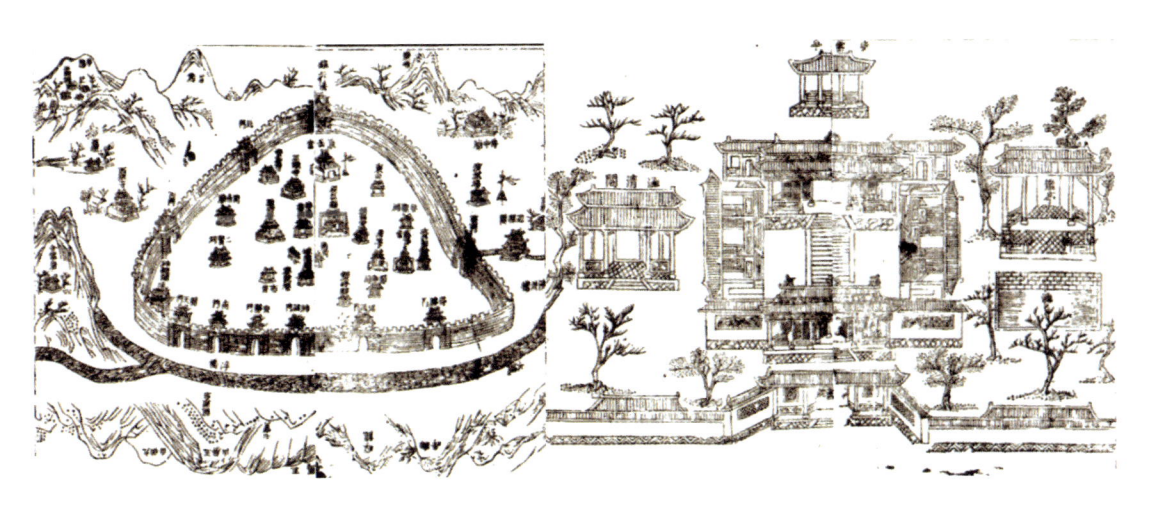

清代顺昌县学图

求。面对这一尖锐的供需矛盾,时任知县陈镆"予与多士谋",决定扩建书院。于是书院建成14年后的乾隆二十八年(1763),知县陈镆对书院进行扩建。"适太学张君正源肩诸兴作,因请并任其事",由监生张正源担任负责人。张正源又在书院左侧独资捐建了涵清阁。在知县陈镆作的《重修华阳书院记》和《涵清阁碑》中,说起扩建原因"邑故有华阳书院,湫隘不足以萃学子,且年久渐即倾圮,丹雘剥落"。在书院主体建筑完善上,前部萃英堂主要为教师授课之地,沿东西侧石阶而上在华阳书院中堂设六贤祠,左右翼两侧厢房则全部改为学员宿舍。在基础设施改善上,新建了步云亭、鉴亭、涵清阁,加固了与县衙紧邻的围墙。陈镆《涵清阁碑》还说明了"涵清"名字由来:望前山飞瀑,澄净若练,与阁之虚明,其气遥相吐纳,因颜曰"涵清"。道光十年(1830),因书院年久失修,知县陆嗣渊带头捐款倡议对华阳书院进行扩建翻新,顺昌城内的名士乡绅纷纷出钱出力,历时3个月完成华阳书院扩建翻新工程,改涵清阁为魁星楼,"学舍倍增,藏修有地,见之者莫不怡然兴然望矣",书院学位数翻倍,满足了学子求学之需。陆嗣渊作《重建华阳书院记》,说起翻修原因"顺邑华阳书院向本湫隘,久复倾圮。乾隆初,太学生张君正源独任修之，焕然一新，视前轩敞。迄今六十余载，风雨飘摇，十不存一，岌岌乎其危，如一发引千钧矣"。说起扩建设想，"余览其制，前为讲习之地，后为祀贤之堂，左有亭池，足以游憩。式虽由旧，而建悉从新"。

作为官办的顺昌最高学府，华阳书院以官府资助为主，亦有民间乡绅捐助，因此书院的办学经费总体是充足的。这在志书里也是多有记述的。知县陈镁《书院膏火学田记》载："良马之在厩也，适其闲圉，丰其刍粟，乃可一日千里，否则不窃辔而奔直庸驽等耳。"说明官府对书院经费工作的重视。在民间捐资助学方面，乾隆二十九年（1764），邑监李尔荣捐学田四十六亩入华阳书院为膏火。乾隆三十年，知县陈镁查明泮池由张正源在负责修葺，因此乾隆十五年购置的专用于泮池维护的学田（年收谷一十六石）田租归入华阳书院，以为诸生膏火。乾隆三十年，顺阳乡张廷根捐田米四十石，年收谷四十担。乾隆五十七年，何德应捐膏火田谷九石七斗三升。乾隆五十八年，杨声明捐膏火田谷十九石二斗。嘉庆五年（1800），监生李思贻捐膏火田谷一石三斗。清《（道光）顺昌县志》载"书院现有公项银一百三十六两，输息为膏火"，证明了华阳书院的办学经费是有保障的，也反映了当时当地崇文助学的社会风气之浓厚。据统计，自乾隆十四年（1749）至光绪三十年（1904），顺昌共考中举人23人、恩贡33人、拨贡25人、副贡8人、岁贡150人、优贡3人、例贡284人。

光绪三十年（1904）八月，高登鲤、卢榕材、游德仁、高世恩、吴绍贤等人知道科举制度即将废除，开展新式教育才能顺应潮流，于是与县知事刘念慈商议，将华阳书院改为县立兴文完全小学校，推选高登鲤任校长。至此，华阳书院转向融入新式教育制度体系中。

附

重建华阳书院记[1]

〔清〕陆嗣渊

世运之隆也，通都大邑以及遐荒僻壤，莫不各有怀奇抱德之士脱颖而出，以待朝廷之用。然兴贤育才，作人有化，所以养之造之者，岂偶然哉？此书院之设所为重有赖也。书院之名始于唐，而盛于宋。萃一方之俊秀，而朝与居，夕与稽，使之争相濯磨焉，法甚善矣。然其时不过二三大儒就其所至之地而教育之，而非天下之通例。故宋之人才犹多出于学官，不徒恃乎书院。降及后世，郡县学仅以庙祀圣人，而并无庠舍、释菜之名。自造士之实失，势不得不别置作人之所。我朝上下古今之变，特命各省并置书院，其具既设，而所以磨厉鼓舞之者，复详而有法，洵乎文教覃敷，人才蔚起，师师济济，共应昌期之会也。宰治者又乌容以怠忽哉？顺邑华阳书院向本湫隘，久复倾圮。乾隆初，太学生张君正源独任修之，焕然一新，视前轩敞。迄今六十余载，风雨飘摇，十不存一，岌岌乎其危，如一发引千钧矣。

岁戊子，余补任斯土，下车之始，即进绅士而谋之，苦难修葺，必须重建，其工用有非卒办者，爰思题捐之举，庶集腋可以成裘。适议行事，余捐俸以为之倡。乃以秋闱调同考试，踵赴崇安之署，未获亲与经营，

---

[1] 本文选自〔清〕贾懋功等：《（光绪）顺昌县志》卷二，清光绪七年（1881）刊本。由吴建桥标点。

予怀甚觉耿耿矣。因以其责寄托于籧堂徐公，徐以丁艰卸篆，转寄于古春张公，张复委于卓然黄公，其间展转图维已历三任，惟恐其鲜克有终也。不意三公志在养贤，如同一心，更得邑绅士向风慕义，踊跃争先，庀材鸠工，大兴土木。庚寅春，余回斯土，闻之欣慰。不逾时而告厥成功，是诚始愿之不及此也。余览其制，前为讲习之地，后为祀贤之堂，左有亭池，足以游憩。式虽由旧，而建悉从新。惟改涵清阁为魁星楼，稍异之。而学舍倍增，藏修有地，见之者莫不怡然兴然望矣。邑绅士请记于余，余以为天地否之无不泰也，山地剥之无不复也。顺为理学名区，贤人辈出，科第蝉联，载于邑乘，彰彰可考矣。数十年来文风稍逊，远不如前，安知非书院之崩颓，教育之无资，有以致之者，固不得尽让于山川之钟毓也。今而书院壮丽矣！地灵则必人杰，有守即可有为。向之称盛者，不啻七日之来复也。后之继起者，尤如上下之交泰也。养之造之，即能有成，以待朝廷之用，不愈见世运之隆也哉！肄业于斯者，倘其克自奋勉，头角峥嵘，不负余与绅士亟谋重建之意，并不负三公同力合作之心，是所厚望焉矣。是为记。

浦城篇

浦城县书院概述：南浦荣耀　梦笔仰高

◎ 甘跃华

甘跃华，中国散文学会会员，福建省作家协会会员，南平市民俗学会副会长，浦城县朱子文化研究会副会长。出版《浦城文化大观》《解读浦城文化》等，主编《红色浦城》《浦城诗词读本》《闽派古琴之源——浦城派》《皇华岁月》《越国夫人——练寯》《浦城好家风》《浦城先贤故事》等。

浦城为八闽古邑，上相名邦，历史悠久，文化底蕴深厚。古书院文化，是浦城历史文化的一个有机组成部分，是一笔珍贵的文化财富。

浦城书院历史源远流长，大致可划分为两个历史阶段，一为义学、馆学阶段，可视为书院之前身；一为正式以"书院"命名阶段，即以书院命名的书堂。

浦城书院历史可追溯至唐末至五代十国时期的章仔钧。章仔钧（868—941），字仲举，号彰良，浦城人。他屯戍浦城三十余年，保境安民。去世后，赠金紫光禄大夫、上柱国、武宁郡开国伯，宋庆历五年（1045）追封琅琊王。

朱子的学生詹骙所撰写的《章仔钧办义学》一文记载：章仔钧"于

居东择屋数十间，延才德之师居于其中，以教姻党之弟及乡邻之未学者，凡千百人，名曰义学"。

另据史料记载，刘牙曾在浦城设馆办学。刘牙（943—1029），宋周宁人。宋开宝元年（968）进士，太平兴国三年（978），任浦城知县，设馆办学，招徒授课。

浦城县最早以"书院"命名的教育机构，当属"莲湖书院"。清光绪《浦城祖氏宗谱》记载："莲湖书院在上湖祖宅之西（今属浦城县仙阳镇）。祖启在宋咸平六年（1003）迁居上湖后所建，是今可知浦城最早的书院。书院正厅二进，二重后楼，一座旁屋，东西都有十二间。"

关于浦城书院，《浦城县志》中有这样的记载：浦城书院始于宋治平、熙宁间，至清末，可考的书院有12所，具体如下。

叶安节书院：宋治平四年（1067），叶安节举进士后，在皇华山麓创办书院，其规模与创建时间已不可考。

西山精舍（西山书院）：宋嘉定十四年（1221），真德秀在仙阳建西山精舍，授徒讲学。宝庆三年（1227），又在城关龙头山下建居室，称西山精舍，又称学易斋。元延祐（1314—1320）初，真德秀裔孙真渊，把城区的故居改为书院，江浙行中书省呈报朝廷，延祐四年（1317）四月，朝廷题额"西山书院"。

紫阳书院：明天顺二年（1458），在仙楼山左侧建朱文公祠，祠后为书院。弘治五年（1492）名为紫阳书院。

正音书院：清雍正六年（1728），朝廷命闽、广正乡音，各县设书院教习。次年，将西隅里登瀛坊天主堂改为正音书院。

南浦书院：在越王山之麓，清乾隆二十八年（1763）将越山道院划出一半创建。嘉庆八年（1803）增修，当时担任书院主讲的大文豪梁章钜（1775—1849年）载："尝综吾闽数十州邑，书院之盛者，必以南浦，次鳌峰"。

富沙书院：在泰宁里富岭街，清同治四年（1865）乡绅倡捐鼎建。

青藜书院：在人和里石陂街，清同治四年（1865）乡绅倡捐鼎建。

正学书院：在清湖里临江，清同治七年（1868）乡绅倡捐鼎建。光绪十年（1884），于翠岩寺基址新建正书学院。

西山书院：在新兴里西乡街，清光绪二十年（1894）乡绅倡捐鼎建。

此外，清代，还有忠信的徐渊书院、南溪书院，毕岭里的图南书院，其年代、规模均不可考。

综上所述，历史上的浦城书院呈现如下特点。

均有专属的名称，如南浦书院、西山书院等。

大多具有一定的规模，如南浦书院、青藜书院均有"书舍 十八间"；莲湖书院"东西都有十二间。"

大多有较稳定的经费，如富沙书院"经费有田四百六十九石"；正学书院"经费有实额苗田租三百七十三 担"。

聘请名师如章仔钧义学"延才德之师居于其中"；南浦书院，大文豪梁章钜、朱子后裔朱秉鉴都曾担任主讲。

均有一定的规程。据《浦城县志》载："书院的人员配备，除讲席外，公举董事若干人，设山长（院长）、司帐、院胥各一人。书院招生是每年二月向生员、童生招考一次。三月开课，十一月停课。每月讲课两次，教学内容为'四书''五经'之类。生、童课期必须交诗文，并参加测验，书院藉以遴选人才。"

清末民初，随着新式教育制度的逐步建立，大多书院改建或废弃，如南浦书院，现为县教师进修学校；西山书院"改为西山祠"；正音书院"不久亦废"。

西山书院：正学之力扛千钧

◎ 甘跃华

　　西山书院，浦城人真德秀所创建，后由朝廷赐额。其书屋"学易斋"，有真德秀自撰对联一副"坐观吴粤两山秀，默契羲文千古心"。横批，史书没有记载。

　　真德秀（1178—1235），字希元，号西山，宋浦城人，官至参知政事（副宰相）。《宋史·真德秀传》记载："德秀长身广额，容貌如玉。望之者无不以公辅期之。立朝不满十年，奏疏无虑数十万言，皆切当世要务，直声震朝廷。……德秀晚出，独慨然以斯文自任，讲习而服行之。党禁既开，而正学遂明于天下后世，多其力也。"

　　《浦城县志》载：元延祐（1314—

西山书院遗址（王建成　摄）

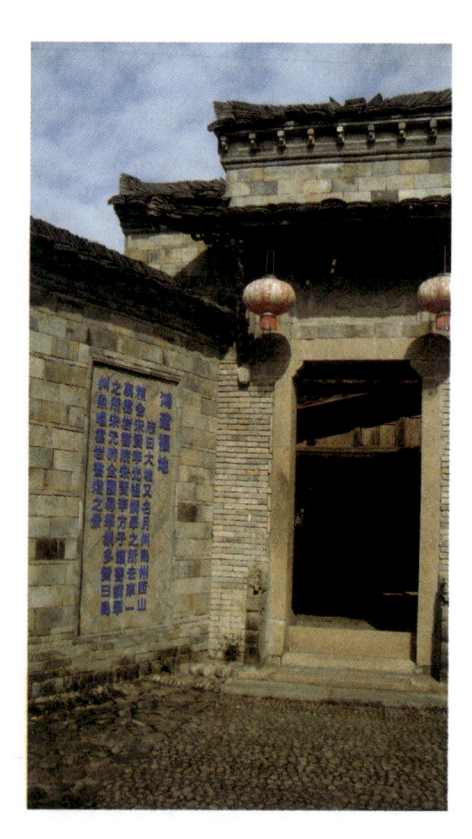

1320）初，真德秀裔孙真渊，把城区的故居改为书院，江浙行中书省呈报朝廷，延祐四年（1317年）四月，朝廷赐额为"西山书院"。

一

西山书院，是浦城教育史上一个闪光的标点，是浦城文化史上一幅精彩的剪影。

要了解西山书院，先要了解它的前身——西山精舍。

宋嘉定十三年（1220）六月，真德秀的母亲吴氏因病去世，真德秀扶柩回乡。真德秀是一个大孝子，母亲离世，他悲恸欲绝，一路上，茶不思，饭难咽，回到浦城后已是"毁瘠柴立"，骨瘦如柴了。

宋嘉定十四年（1221），真德秀为母守孝，在故乡浦城县仙阳建西山精舍，授徒讲学，研究学问。关于这一点，《血脉——贤臣大儒真德秀传》（余奎元著）中有明确的记载："西山精舍建成后，每天与詹体仁、黄叔通、徐凤等亲长朋友切磋学问"。

文中的詹体仁（1143—1206），字元善，南宋理学家，官至司农少卿，浦城人。在理学传承上，他就像一道桥梁，承担着承上启下的重要作用，因为他是朱子的学生，又是真德秀的老师。淳熙二年（1175），朱子、吕祖谦由寒泉精舍赴江西鹅湖之会，詹体仁也是随从之一。《宋史·詹体仁传》记载："郡人真德秀早从其游，尝问居官莅民之法，体仁曰：'尽心、平心而已，尽心则无愧，平心则无偏。'世服其确论云。"

浦城还有一处"西山精舍"，也是真德秀所建。

宝庆二年（1226），由于遭权臣史弥远打击排挤，真德秀被贬官回乡赋闲。

真德秀上次母亲去世回乡守孝，在仙阳建"西山精舍"。仙阳距离城关有三十余里的路程，交通、交友、做学问都存在诸多不便。所以，这次回到浦城后，真德秀在城关建了一所新居，亦称"西山精舍"。也就是说，真德秀从乡下搬到城里来居住了。

据《浦城文物》（杨军、毛建安主编）记载：宋贤真夫子祠，又名"西山精舍"，即西山书院，真德秀由浦城仙阳迁居至此而建，内有学易斋和共极堂。初建时为书斋之用，即讲学之所。元延祐四年（1317）四月，朝廷赐额为"西山书院"。明洪武九年（1376），县丞朱德昌在旧址上重建，内祀真德秀，为建祠之始。清康熙四十五年（1706），学使沈涵疏请奉康熙御书"力明正学"匾额悬挂中堂，咸丰八年（1858），祠毁于火。同治八年（1869），真氏后裔和全县绅士捐款在原址复建，于仪门署曰"宋贤真夫子祠"。

这段文字简约明了，为西山书院的历史演变勾勒出一条清晰的脉络走向，为我们了解西山书院提供了一份珍贵的资料。

浦城出过一个名气很大的诗人叶绍翁，也就是写出"春色满园关不住，一枝红杏出墙来"的那位。他既是真德秀的同乡，又是真德秀的好友。叶绍翁《四朝闻见录》中记载："尝于西山书院会赵氏子弟。"由此可见，实际上，此新居在当时亦称为西山书院。

这里还要提到一个历史名人——虞集。虞集是元代大诗人，与揭傒斯、范梈、杨载（浦城人）齐名，并称"元诗四大家"。虞集在《西山书院记》一文中记载：元延祐间，真德秀裔孙真渊在真德秀住所筑宫，旁利用空隙地建院，以奉先祖，江浙行中书省上其事。元延祐四年（1317）四月，朝廷赐额为"西山书院"，列为学宫，岁久倾圮。

为什么真德秀在仙阳的故居称西山精舍，而在城关的新居也称西山精舍呢？因为，西山是真德秀的号，用"西山"命名，理所当然。此外，还有一个更重要的原因，那就是，此新居是将仙阳的故居拆移在此所建，所以，沿用西山精舍之名。

建新居，真德秀为什么拆旧居而不用新材料呢？这就必须谈到真德秀的为官了。真德秀是著名的廉臣，《真德秀研究》（孔妮妮著）一书中赞誉真德秀"堪称南宋后期不可多得的廉吏"。真德秀自己对这个疑问也曾做出过解释。他在迁入新居的当日，作了一篇《粤山入宅青词》，文中写道："平时漫仕，未尝为丰培囊橐之私。一旦投闲，安得有营创室庐之力。姑彻移于旧宇，用补葺于新巢。"大概意思就是说，我虽然为官多年，但却从来不敢做中饱私囊之事，所以，实在是没有什么钱来建造新房子，只能是将旧房拆来重建。

仙阳、城关，二所"西山精舍"一脉相承，都是真德秀研究学问的重要场所。

二

斋者，屋也。书斋，即书屋、书房，是一个学者读书、做学问之场所，也是一个学者的精神归宿地。历史上，名声最显的书斋莫若唐代刘禹锡之"陋室"。刘禹锡《陋室铭》中有千古名句："山不在高，有仙则名；水不在深，有龙则灵。斯是陋室，惟吾德馨。"

身为一代大儒的真德秀，自然得有书斋，他给自己的书斋取名为"学易斋"。

绍定四年（1231），真德秀在其屋南向建共极堂，书斋名学易斋，并自撰对联一副："坐观吴粤两山秀，默契羲文千古心"。这副对联自撰，应也是自书，因为真德秀还是一位造诣颇深的书法家，他的书法作品《致周卿学士尺牍》，真迹现藏台北故宫博物院。

《血脉——贤臣大儒真德秀传》一书中称这副对联"是我国最早的书斋联"。联中的吴、粤二山，指的是浦城的吴山和粤山。吴山，宋《太平寰宇记》载："山四面秀异，其侧居人多吴姓，故名，坐落在县治东，又称东山"。粤山，又称越山，现今称仙楼山，取清顺治间道人欲求仙人归而构筑迎仙楼而称之。

真德秀有一本非常著名的著作《大学衍义》，历代有多位皇帝对此书推崇备至。宋理宗说它"备人君之轨范"，元武宗认为"治天下此一书足矣"，明太祖"尝问以帝王之学何书为要，宋濂举《大学衍义》，乃命大书揭之殿两壁"。清乾隆皇帝认为《大学衍义》是真德秀"平生所著书悉心力而为之者"，并称之为"集群书之大成而标人道之程序"。

《大学衍义》的写作时间，大多在真德秀两段回乡的岁月里，也就是说，这本书大部分篇章，是在仙阳的西山精舍和城关的西山精舍完成的。

三

作为书院而言，西山书院早已走进历史，成为了一段遥远的记忆；但是，作为浦城教育的一段历史，它却以文物的情状留存于世。

先说仙阳的西山故居（西山精舍）。

西山故居，现位于浦城县仙阳镇镇政府旁，为省级文物保护单位。

据《浦城文物》一书：西山故居，宋嘉定十四年（1221）建，清光绪十四年（1888）重建。宋宝庆三年（1227），真德秀迁居县城，其故居一度失修。元延祐四年（1317），立"西山故居"坊。现存建筑为清同治八年（1869）重建。

故居坐北朝南，砖木混合结构，两进合院式建筑，南北长66米，东西宽21米，总面积1221平方米，其中建筑面积633平方米，庭院面积588平方米。中轴线上依次为花墙、庭院、门厅、天井、正厅、后院。庭院左、右侧分别开两院门，门楣上嵌"鸢飞""鱼跃"阴刻楷书砖雕。前厅明间额枋悬挂清代翰林院编修吕佩芬题"西山真先生旧宅"木匾。

正厅面阔三间宽 9 米，进深五柱，深 19.5 米、高 7.5 米。两厅均为硬山顶，穿斗抬梁混合式梁架结构。建筑内梁枋、瓜柱、雀替以及瓦当均有精美雕饰。东、西、南三面封火墙外水沟绕护。

2019 年，浦城县着手对西山故居进行修复，并在其内建设"真德秀纪念馆"。如今，人们走进西山故居，不仅可以欣赏古建筑的风貌，还可以通过简明的文字、精美的图片以及解说员的娓娓道来，领略真德秀的风采和朱子文化的博大精深。

再说城关的"宋贤真夫子祠"。

宋贤真夫子祠，现位于浦城县河滨街道爱民社区龙潭门路，为县级文物保护单位。

据《浦城文物》一书：今夫子祠前殿、正殿犹在，面积约 180 平方米。但残损较严重，前殿仅存部分梁架及立柱。正殿重檐歇山顶，内顶覆双藻井，檩下墨书"大清同治三年……初七日乙时……鼎造"等，藻井、天花、梁架、斗栱表面大量施彩绘，绘飞龙、祥云、蝙蝠、花卉等精美图案。

当年的真德秀，在黎明的微光中，万物逐渐苏醒时，坐在学易斋内，推开窗户，伸张双臂，让在窗外等候了整整一个夜晚的清风，与身心轻轻拥抱。

当年的真德秀，放眼远眺，吴山、粤山的秀丽景色，尽收眼底。倏然间，灵感突至，诗兴大发，高声吟咏。

附

西山书院记[1]

〔元〕虞 集

建宁路浦城县,真文忠公之故居在焉。其孙渊子言,其族人用建安祠朱文公之比,筑室祠公,相率举私田给凡学于其宫者,而请官为之立师。江浙行中书省上其事,朝廷伟之,名曰"西山书院",列为学官,实延祐四年四月也。是年,天子命大司农晏、翰林学士承旨忽都鲁都儿迷失,译公所著《大学衍义》,用国字书之,每章题其端曰"真西山云"。书成奏之,上常览观焉。昔宋臣尝缮写唐宰相陆宣公奏议,以进其言曰:"若使圣贤之相契,即如臣主之同时。"识者以为知言。由今观之,宣公之论治道,可谓正矣。然皆因事以立言,至于道德性命之要,未暇推其极致也。

公之书,本诸圣贤之学,以明帝王之治。据已往之迹,以待方来之事。虑周乎天下,忧及乎后世。君人之轨范,盖莫备于斯焉。董仲舒曰:"人主而不知《春秋》,前有谗而不知,后有贼而不见。"此虽未敢上比于《春秋》,然有天下国家者,诚反覆于其言,则治乱之别,得失之故,情伪之变,其殆庶几无隐者矣。公当理宗入继大统之初,权臣假公之出以定人心。既而斥去之,十年复召,首上此书。当时方注意用之,未几而公

---

[1] 本文选自〔元〕虞集:《道园学古录》卷七,明景泰七年(1456)昆山知县郑达刊本。由甘跃华标点。

亡矣。《诗》云："人之云亡，邦国殄瘁。"公再出，而世终不获被其用，岂非天乎？庸讵知百年之后，而见知遇于圣明之时也。然公之祀，岂止食于其乡而已乎？盖尝闻之，工师之为宫室也，犹必有尺度绳墨之用，朴斫缔构之制，未有无所受其法者也。为天下国家，其可以徒用其材智之所及者哉！今天子以聪明睿智之资，然犹能自得师，尊信此书以为道揆，况众人乎。学者之游于斯也，思公之心而立其志，诵公之书而致其学，圣朝将得人于西山之下焉，不徒诵其言而已也。

南浦书院：文昌毓秀出贤才

◎ 甘跃华

当我们点燃求索的火炬，走进幽深的历史隧道，仿佛听到南浦书院书声琅琅；

当我们把时光的碎片，链接成岁月的画卷，我们仿佛看到师长学子长衫飘飘。

南浦书院，用悠久的历史，书写了浦城书院教育的灿烂辉煌；

南浦书院，用深厚的底蕴，铸就了浦城历史文化的闪光惊叹！

一

南浦书院，承载着浦城教育的一段重要历史，是浦城文化的一张历史文化名片。曾任南浦书院主讲的梁章钜在《城西祝翁捐充书院经费碑记》中亦称："尝综吾闽数十州邑，书院之盛者，必以南浦，次鳌峰。"鳌峰书院，位于福州九仙山鳌峰北麓，曾培养出林则徐、梁章钜、陈化成、陈际亮等一大批国之栋梁、学界精英。鳌峰书院是梁章钜的母校，对之他自然是了解的，他首推南浦、次列鳌峰，其言当可信。

南浦书院，始建者为吴镛。

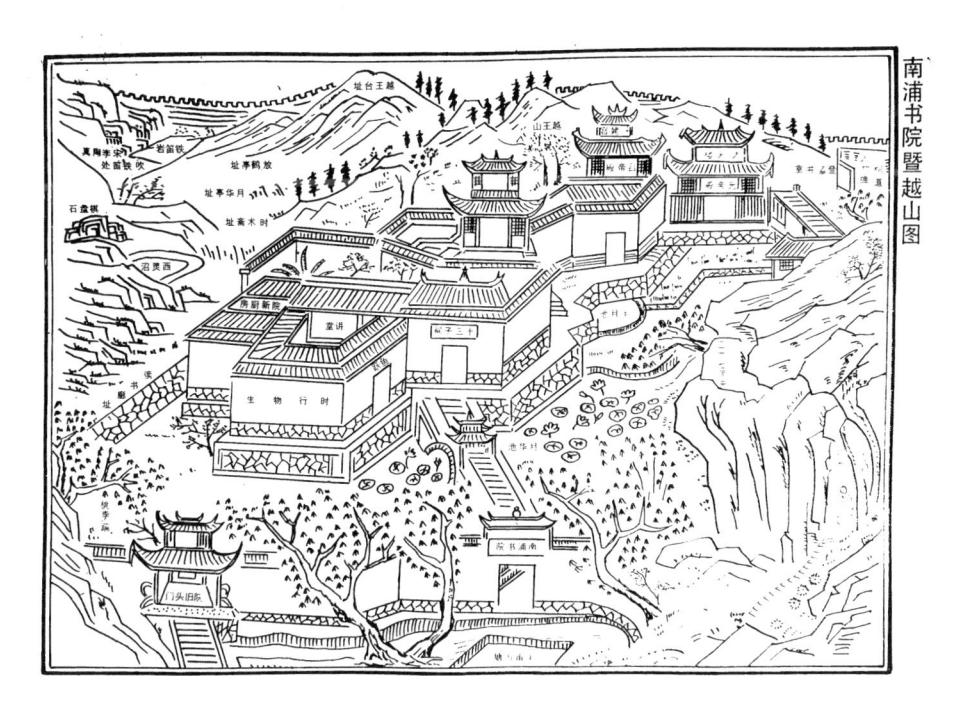

南浦书院暨越山图

清乾隆二十七年（1762）十月，浦城迎来了新一任知县吴镛。这位知县有两个特点：其一，特别重视教书育人，他"尤孜孜以教养为务"。其二，能听得进群众的意见，他"应浦城乡绅办学要求，次年从城东越王山（今名仙楼山）西麓越山道院划出一半，倡建书院，初称南浦讲堂，后称南浦书院"。

200多年光阴，南浦书院始终扎根南浦沃土，坚守教育阵地。

乾隆五十五年（1790）、嘉庆八年（1803），南浦书院曾两度增修。光绪三十三年（1907），南浦书院改为全县第一所小学堂。民国期间，在此开办简易师范学校。20世纪50年代后为县教师进修学校，并沿用至今。

浩如烟海的史料中，找不到更多关于这位吴镛知县的记载。可是，南浦书院却宛若一位忠实的时间老人，记下了吴镛的名字。

二

用脚步去度量南浦书院深沉的文化经纬；用心去阅读南浦书院曾经的绚丽华章。

华章一：颇具规模 经费充裕

《浦城县志》记载：南浦书院"规模宏敞，经费充盈，历数吾闽数十州县，鲜有若斯之盛者也"。

南浦书院的规模，有具体数字为证："建有讲堂一座，读书廊一座，书舍十八间。还有文昌楼、武帝堂、回厅、斋舍等诸多建筑，占地约六十亩，房屋三十余座。"拿到现在来比较，"占地约六十亩"的规模，对于一所学校而言，肯定排不上佼佼者之列，但是，鉴于当时的经济发展和人口总数，用"规模宏敞"形容之，的确名副其实。

南浦书院的经费，还是用数据说话："乡绅纷纷捐赠田租、房租、银两，年收入田租粮食一千四百七十九石，房租银两五百五十三两。又将郊外新兴寺废租四百余石拨给，供学子津贴费用。"于是，"学舍黎然，一切裕如"。一句"一切裕如"，便将南浦书院当年办学资金充裕的状态呈现得淋漓尽致；也正因为"一切裕如"，所以，名师纷至，人才辈出。

华章二：名师执教 桃李芬芳

从乾隆时代到光绪年间，南浦书院有20多位山长、主讲，均为进士、举人，都是高学历的精英俊才。

仅列几位，便令人刮目相看。

朱秉鉴（1758—1822），清浦城人，乾隆五十二年（1787）进士。他在南浦书院执教30余年，造就一大批人才。乾隆、嘉庆年间，浦城科举鼎盛，十有七八是他的门生。

梁章钜（1775—1849），清长乐（治所在今福州市长乐区）人，嘉庆七年（1802）进士，官至两江总督。嘉庆十二年（1807）梁章钜到浦城任南浦书院主讲，其间，除了悉心教学、培养人才外，他还为浦城文化留下了一笔珍贵的财富。

教学之余，梁章钜从本县秀才全征兰处见到全氏收辑浦城自唐代以来文事方面的史料。梁章钜本着"网罗旧闻，表扬前哲"的宗旨，再从浦城历代县志和其他史籍中采集有关浦城的资料，经过对照考证，撰成一集，定名为《南浦诗话》。

梁章钜还邀请祖之望（时任刑部侍郎告假在乡）、林则徐（时任翰林院庶吉士）等参加"鉴阅校补"。

林春溥（1775—1861），清闽县（治所在今福州市区）人。清嘉庆七年（1802）进士。道光十年（1830），主浦城南浦书院讲席，还兼江西鹅湖书院讲席。后来回到福州，主讲鳌峰书院19年。

名师出高徒，千古一理。正是这些名师，用高洁的品德和精深的学问，制成巨大的人文虎钳，将学生头脑中一个又一个问号拉直。

关于南浦书院学生数，因为没有史料佐证，所以其招生数无考。但据书舍数量和面积以及取生卷、童卷数量推算，乾隆、嘉庆间生员、童生约有360人。

其中，祖之望、朱秉鉴是从南浦书院走出的人杰，是南浦书院的骄傲。

祖之望（1754—1813年），清浦城人。乾隆四十三年（1778）进士。历任山西按察使、湖南巡抚、刑部尚书等。祖之望是一个十分敬业的人。史载，祖之望"废寝食，累日夜"，操劳成疾而逝。

朱秉鉴从南浦书院走出，又回到南浦书院任教，形成了他亦生亦师的双重身份。朱秉鉴不仅是一个学者，还是一个大孝子。他考中进士后，却不愿意外出当官，何故？因为，母亲年事已高，他要在家侍奉老母，尽行孝道。直到母亲去世后，朱秉鉴才走出浦城，任福宁府教授。

华章三：崇尚理学 久盛不衰

浦城是朱子过化之地，西山真夫子之乡，崇尚理学的风气久盛不衰。

南浦书院创办之初，就在讲堂上奉宋理学十三子像位。至光绪十年（1884）修建南浦书院时，又于讲堂左边建理学十三子祠。理学十三子是指有功于理学的13个浦城人：章望之、练绘、黄镁、潘殖、萧顗、詹体仁、杨与立、杨道夫、杨骥、杨若海、张彦清、叶文炳、真德秀。其中，有朱子师长辈的章望之、练绘、黄镁、潘殖、萧顗5人，直接门人有詹体仁、杨与立、杨道夫、杨骥、杨若海、叶文炳、张彦清7人，还有私淑弟子真德秀1人。

此外，南浦书院在教学内容上，将《大学》《中庸》《论语》《孟子》及朱子《四书章句集注》等，作为必修课程。传统课书有《朱子大全集》《朱子语类》《西山文集》《宋元学案》《明儒学案》《格致汇编》等。

华章四：管理完善 赏罚分明

南浦书院办学始终实行规范化管理。史载，书院人事配备讲席外，公举董事长若干人，设山长、司账和院胥各1人。书院招生日期在每年农历二月，向童生、生员招考1次。开学时间为农历三月，农历十一月停课。学员以自学为主，讲师辅导。每月讲席开堂2次，官、师各1课，计8个月共16课。

南浦书院对学生的管理非常严格，如果学生两课不到即行除名，也就是说，学生有两堂课无故缺席，便要受到开除的严厉处分。

南浦书院还设有完善的学生奖励制度。据《（光绪）续修浦城县志·书院》载，光绪二十四年（1898）知县翁天祐修订的《南浦书院经费章程》

共有 10 条。规定奖学制度，16 课中每课取生卷超等、特等各 20 名，取童卷上取、中取各 20 名，分别给予膏火（即津贴）。其中：对生卷超等和童卷上取者又分 5 等级分别给予膏火，每课每人给番银 6 角至 1 元 8 角不等；对生卷特等和童卷中取者，每课每人分别给番银 4 角和 3 角。

华章五：诗文存世 美誉流芳

由于南浦书院名气大、成就高，所以，许多文人雅士都为之赋诗撰文，在古朴的文字中，为南浦书院留下了永不磨灭的印记。

清代的陈焯留有《讲堂》诗一首：

> 西山衍道脉，弦诵无希声。
> 焉得似杨政，说经尤铿铿。

有一副佚名对联，为《南浦书院联》：

> 修业勤为贵，行文意必高。

朱秉鉴写有《南浦书院记》，文中载："乾隆二十八年，钱塘吴公镛，乃谋于邑绅，割粤山道院之半，创为南浦书院，建讲堂于铁笛岩左，增读书廊于文昌楼右。斋舍庖溷，一一具举。"

梁章钜写有《城西祝翁捐充书院经费碑记》，文中载："南浦书院枕粤山之麓，旧为道流所栖，邑相传为仙楼者是也。"

翁昭泰写有《重建南浦书院记》，文中载："书院为育才之地，书院兴废足验人才盛衰，此老生常谈也。乃观于南浦书院，则信而有征，尤大彰明较著焉。"

祖之弼写有《南浦书院赋》，文中载："斗室鳞次，讲堂翚飞。面长廊之修洁，背曲磴之逶迤；接羹墙于几席，焕奎壁于棼楣。……尔乃窗前绿满，亭角红欹。书声在牖，鸟语在枝。"

一诗一联，都是对南浦书院真情的倾诉；一字一句，都是对南浦书院真实的呈现。

三

《浦城县志》记载："清末废科举后，书院停办，先后改为学堂。"南浦书院的兴建史、辉煌史、变革史，便是对这句话最有力的证明。

南浦书院现为县级文物保护单位。书院讲堂，近年进行了整修、布置，课桌椅井然，左右两边墙壁上，有序陈列着朱子及浦城理学十三子的图片、文字简介，烘托出浓厚的朱子文化氛围。

南浦书院附属文物"炼丹井"保存完好。炼丹井，位于南浦书院讲堂后侧，相传，明代道人杜足元隐居仙楼山炼丹时，掘井救民疾，清乾隆二十二年（1757）重砌，保存至今。井依山势而筑，井身呈直筒状，井壁及底部毛石垒砌。据《浦城文物》一书介绍：圆形井口直径1.2米，深2米，水深约1米。井口有摩崖石刻三处：从右到左依次阴刻楷书"乾隆丁丑（1757）秋"、隶书"炼丹井，陈如登砌"、楷书"白欺人"。井水清澈，至今为百姓所饮用。

南浦书院另一处附属文物"泮池"。《浦城文物》介绍：20世纪70年代在原址上重修。平面呈椭圆形，东西最大长34米、南北最大宽20米、深2米，水深0.5米。卓观亭桥横跨泮池之上，桥长5.6米，桥面宽5.1米，矢高1.7米，跨径3米，单孔石拱。

卓观亭上好休闲。有关专家建议，以"讲堂"为基础承载，统一规划、设计，全面改造整装，配以相应现代化的设备设施，打造一个综合性的"浦城理学展示馆"，通过此馆，宣传朱子文化，展示浦城理学历史。如此，当必能再现南浦书院史上之荣光。

附

重建南浦书院记 [1]

〔清〕翁昭泰

书院为育才之地，书院兴废足验人才盛衰，此老生常谈也。乃观于南浦书院，则信而有征，尤大彰明较著焉。

南浦书院创始于乾隆癸未，其时邑之科名若火始然、泉始达。驯至乾嘉之际，规模益扩，经费益充，读梁芷邻中丞祝翁捐产一记，谓综全闽数十州县，书院之盛必以南浦，次鳌峰，诚极盛时也。维时邑人捷南宫入词垣者，鱼贯蝉联，踵接趾错，科名之盛为阖郡冠。自时厥后以迄道咸，讲席依然，文风未替。迨咸丰戊午，骤丁浩劫，书院在劫灰余烬之中，其仅存者亦皆爨火之余，拆毁零落，当事未能及时补葺，不久悉就倾圮，曩所称时术斋读书廊者，非辟为蔬畦，即废为草宅。丧乱既平，生徒稍稍复集，暂假神祠为课艺之场，虽有书院之名，实无寸椽片瓦。同治五、六年间，略加结构，而匠拙材陋，且事未竣而工辄停，微特不足妥弦歌，且并不能蔽风雨，不数稔仍尽倾塌。至院产岁息亦蚀耗过半，脯修膏火远不逮前。盖自有书院以来，废圮未有甚于斯时者也。而自壬子以后，贤科寥落，鹿鸣之赋音沉响灭近四十年，岂会逢其适欤？何前

---

[1] 本文选自〔清〕翁昭泰等：《（光绪）续修浦城县志》卷三十六，《中国地方志集成·福建府县志辑》第 7 辑，上海：上海书店出版社，2000 年，第 733—734 页。由甘跃华标点。

后盛衰之悬绝也？论者不察致此之繇，辄授其权于青鸟之说，诚世俗悠谬之见矣！

洎乎光绪癸未，邑侯何公竟山始建议倡捐，就天香楼故址重建讲堂三楹，背山面池，栋宇崔巍，轩窗朗豁；复于堂左建宋十三子祠，别筑书舍数楹于迎仙楼之右。然堂室狭隘，尚不足以容学者也。继其役者为邑侯熊公燮臣，岁己丑自捐鹤俸，于越山正中开建大门，嵌石砻砖，巩固壮丽。更就接天楼故址，增建斋舍，鳞次栉比，共一十八间，恰与畴昔读书长廊之数相埒。计自兵燹之后至是三十余年，讲堂书室虽未能尽复旧观，而易地重兴，其气象则固已焕然一新矣。加以邑侯梁公会亭筹集钜款，增广课额，以徕四乡学者。厥后邑侯陈公丽生详拨入鳌峰余款以充经费，由是脯修膏火一切裕如。岁乙未，家应侯司马来宰是邑，嘉惠儒林，振作士气，每校课艺奖给特优，于是文风益蒸蒸日上。甲午、丁酉，邑人遂有相继登贤书者，谓非书院复兴之明效大验乎？

综前后观之，兴废盛衰之故其感应，诚有捷于影响者，岂偶然哉，岂偶然哉！或曰：近数十年如某某者皆绩学而未遇，非无人才但无科名耳。且所谓人才者，在乎希踪先哲以步杨、真诸子之后尘，岂区区科目云乎哉。余肃然曰：子之言高论也，亦笃论也。求为可知，不知不愠取法乎上。有志竟成，愿诸君子共勉之。仆之前言，犹未免得失论人而囿于习尚也。岁戊戌猥以菲才承乏讲席，因详询巅末而记其崖略如此。

光泽篇

光泽县书院概述：光及城乡　泽被后人

◎ 王建成

王建成，光泽县文联副主席，福建省党史方志专家库专家、武夷文化研究院特约研究员。出版《朱子理学与光泽》《讲古声声话鸾凤》《美丽的光泽我的家》等著作，曾任《光泽县志》主编、《光泽年鉴》主编。

光泽，与朱子长年居住讲学的建阳、武夷山一山之隔。朱子一生多次踏上光泽的土地，与乌洲李氏学友和弟子交流讲学，指导书院发展。受理学和朱子的影响，光泽书院相继产生，成为传道育人的地方。

清《（光绪）光泽县志》记载："书院毓秀，社学启蒙，义学迪贫，皆所以辅学校也。""书院之设，原为兴贤、育才、复诵。"书院是比启蒙学校高一级的学府，目的是培养人才、传播理学；学习内容为儒学经典，讲学教师多为著名学者。宋元明清，光泽共有书院10余所，赋予讲学、祭祀、藏书等功能，并有社学、义学若干所。

光泽的书院一般选在风景秀丽、远离闹区的地方，便于学子吟咏诵读，构思写作，讲学论道，不受外界干扰。"无市井之喧，有泉石之胜。"富家子弟带书童、备酒饭、沏茶水，侍候伴读。贫家子弟则砍樵读书，以济学费和温饱。后来，书院多被升为官府培育人才的场所，任命山长管理书院，有专门的主讲教师和聘请游历学者教授，对外招收学生。经费有官府拨银、民捐和生员缴纳多种组成，还有书院的膏火田产养学。清《（光绪）光泽县志》载："光邑旧有膏火租三百余硕，县吏经收缴官，以为山长俸金及月课饭食，并完粮各项开费，行之已久，此膏火租之经理在官者也。""其余银钱悉存典生息，举董经理，以为书院生童考课，按月给领之赀。"特别是到清代，民间还有大片田产，由民经营，作为供奉书院日费之用。书院有讲学、祭祀、藏书等功能，供有孔门先哲和朱门师弟。职事有山长，管理有学规，上课有计划，内有讲学堂、祭祀祠、藏书屋、食宿居所，是读书人神圣的殿堂。

受朱子思想影响，光泽书院一直繁荣发展。元、明、清三代，著名的有西山书院、云岩书院、崇仁书院、月山书院、紫阳书院、杭川书院、正音书院、鹰山书院、双溪书院、东涧书院等，几乎覆盖了整个城乡。

最早的是西山精舍。位于城西大陂处，为宋代李郁所创。李郁为朱子尊称的先师，西山精舍为前朱子时代光泽唯一的书院，《八闽通志》载："西山精舍在县之西山下，宋儒李郁读书之所也。"李郁，字光祖，为李深次子，后人称"西山先生"。他幼从家学，又从学福建理学鼻祖杨时门下十八年，为杨时学术重要的继承人。与罗从彦为同门学友，李郁在城西大阪处筑室而读，取名"西山精舍"。"龟山既殁，后进多从之游""欲求真经，必从郁游"，从学弟子如云，长年不断。

最有影响的是云岩书院。云岩书院前身为云岩书屋、云岩精舍，是朱子时代光泽唯一的书院。位于光泽城南的云岩山，是朱子重要弟子李方子的读书讲学处。清《（光绪）光泽县志》记载："云岩山，城南三里，其山苍翠秀拔，宋果斋李方子读书其中。"李方子，早年求学于朱子，跟随朱子到各处书院游学，对书院文化了解最多，并深得朱子真传，他辞官后在云岩山办精舍，读书讲学，培育了大批人才。

其他如，崇仁书院，位于崇仁街，元至正二十三年（1363）建。邑士龚永、刘廉同订《尚书解》一书进呈，奉旨而建，后毁圮。明洪武三年（1370）砖石木材被运到城中建县学孔庙等。

月山书院，在新甸街月山下环山阁处，是明代进士、监察御史黄伯硅的读书讲学处，培养了许多人才。后移至新甸街观音堂内，民国时改为小学。

紫阳书院，"在治西宣德门外。乾隆二年（1737），令李光祚建。祀朱子，配以果斋先生。岁延师主讲其所。"在县城西南龙兴观之右侧，是光泽清代知名的书院之一。后由知县汪正谊续建。书院坐南朝北，内房二十余间，门外匾以"紫阳书院"，门内回廊两庑佐之。由庑而升为讲堂，题曰"正谊"。再进为祠，祀朱子文公神位，奉李方子果斋以配。有当地人捐的膏火田，每年租金用于养学，长此不辍。咸丰七年（1857），太平军进攻县城，从书院处掘沟埋火药轰城门时损毁，紫阳书院至此停办。

杭川书院，位于城东施家巷，原为义学。县令王瑶倡邑士，以乾隆二十七年（1762）就其地建书院，堂宇巍焕。又于两廊左右扩买民居，创为考棚，岁科县试其内。嘉庆十九年（1814）书院毁于火。道光九年（1829），县令张文彬重建，此后，设法储钱一千八百余缗，以其息给诸生，于是诸生始有膏火钱。

正音书院，位于城东，雍正八年（1730）奉文建，延师教习。后裁。

豸山书院，为宋理学游酢先生祠，位于增坊村的游家自然村，即今源头。游氏子孙建，为当地书院。

双溪书院，咸丰三年（1853）建，县令区天民倡民捐资建造，在东城外回龙阁下交溪口，依山而建，并有砖塔七级。咸丰七年，毁于寇。

东涧书院，邑人建。祀乡贤理学大儒高澍然像。光绪十年（1884）高氏子孙修葺。

飞鸢书院，位于江西飞鸢与杉关交界处，先朝县界不清，传为两地学子读书处。匾为朱子所题，今有书屋设在杉关口。

光泽书院在朱子的影响下，"上接先圣之心源，下衍一线之道脉"，历经近千年，对光泽乃至闽北学风教化功莫大焉，培养出一代代理学人才。《闽中理学源流考》记载，光泽宋元明时期乌洲李氏学派、郁公李光祖学派的代表人物，如宋代探花李方子、省元黄焕，理学成就斐然。元代著名山水田园诗人黄镇成，以其《尚书通考》《秋声集》等入选《四库全书》；"卓行之士"危德华，为当时理学杰出人物。明代"三为御史"的副都御史陈泰，以理学著称。清代何秋涛，以中俄边界历史地理专著《朔方备乘》而闻名天下，咸丰皇帝赐书名，清廷重臣李鸿章作序。出任《（道光）重纂福建通志》总纂的高澍然，理学著作等身，成就斐然。

光泽书院的创建和发展，是朱子书院思想指导下的实践成果。朱子一生于国于民有着伟大的思想文化贡献，特别是对书院的复兴和推广，运用书院传播理学思想、培育人才等起到重要的作用。历代官府从朱子书院中汲取经验，赓续传承，文脉不断。但随着新型学校的兴起，昔日的书院光芒不再。

近年，光泽为打造朱子文化县城，拟恢复部分著名的书院遗址，作为名胜景点，让后人穿越时空，景仰千百年前书院教书育人的风采。同时传承中华优秀传统文化，发挥教化民众，提升文化道德素养的功能。

云岩书院：云卷岩立此山间

◎ 王建成

云岩书院，位于光泽县城南三里左右的云岩山。云岩山东连九里峰，西连千竹峰。山势不高，但风景秀丽，意境清幽。宋代理学家李方子在此建云岩书屋、云岩精舍，读书讲学，传播理学，赋予此山深刻的理学人文内涵，闻名遐迩。清《（光绪）光泽县志》记载："云岩山，城南

云岩书院遗址（王建成　摄）

三里,其山苍翠秀拔,宋果斋李方子读书其中。""云岩山,在城南三里,有果斋先生祠,有半空烟雨亭,今圮。有泉二在祠左右,合流而东入溪。"

云岩书屋的创建者李方子,字公晦,号果斋,是大儒朱子高足,随朱子在长沙、建阳考亭等地学习多年,于朱子之学"独探其奥,尤精其粹",是朱子学说重要的传人之一,著有《禹贡解》《传道精语》《紫阳年谱》《清源文集》等。未第时在此半山处建书屋读书,科举廷试名列第三,高中探花。出任泉州观察推官、国子监学录等职。世界法医学鼻祖、建阳宋慈曾求教于他,门下弟子叶采、牟子才为其时学者。叶采后官任邵武尉等,牟子才后官任资政殿学士、礼部尚书。李方子后因受奸臣陷害罢官还乡,回到云岩山继续读书讲学。四方前来求学的学子络绎不绝,灯火彻夜不熄,学子苦学不辍。元代著名诗人黄镇成写有"云岩书灯"诗,"云岩书灯"由此成为光泽当时有名的八景之一。

李方子生于南宋乾道五年(1169),其父绍祖早逝,跟祖父李吕学习家传理学。因李吕与朱子是学友关系,他与叔叔李闳祖、李相祖、李壮祖和弟弟李文子等都相继投拜在朱子门下。李方子聪颖好学,善于思考,深得朱子的赏识,很快成为出类拔萃的弟子之一,学问名播远近。当时不少人来向他求教,愿与他相交为友,有些显贵都降低身份来拜访他。就是在国子监,学官也屈尊前来见他。后世学者称:"朱子传之蔡西山九峰、黄勉斋、陈北溪、李果斋诸先生,而浦城真西山又朱门私淑也,有宋闽儒甲于天下。"嘉定七年(1214)他参加会试,廷对主试官真德秀阅其卷喜曰:"此必老师宿儒之文欤!"原擢首选,后因同考官以为文不合时宜乃置第三,授任泉州观察推官一职。

李方子于学问专注,无视其他,恪守朱子居敬穷理之说,对朱子之学的发展有莫大之功和重要贡献。"作朱子年谱者世有其人。朱子殁后,即有门人李果斋方子之《紫阳年谱》。"李方子在朱子去世之后编有《紫阳年谱》三卷,"魏了翁为之序"。魏了翁(1178—1237)为南宋礼部尚书，是朱子的私淑弟子，魏序曰："吾友李公晦方子尝辑先生之年行……"这部年谱是最早记录朱子言行的著作，亦是最早的《朱子年谱》版本，记录了朱子生平大事，留下最珍贵的朱子史料，让人可窥朱子一生的学说轨迹。后世学者评价李方子的《紫阳年谱》，是对朱子以及朱子理学学说的最大贡献。

李方子在朱子逝后十年，从朱子季子朱在处得朱子遗著《资治通鉴纲目》书稿。此书是朱子将北宋司马光的《资治通鉴》巨著去繁就简，改编成一本简明扼要的通俗读本。李方子读后称老师此书"至于此书之成，义正而法严，辞核而旨深。陶镕历代之偏驳，会归一理之纯粹，振麟经之坠绪，垂懿范于将来，益斯文之能事备矣"。当时任泉州观察的李方子在泉州知州真德秀的支持下，予以筹资刻印，并奉朝命为之撰写《后序》。朱子《资治通鉴纲目》开创了史书纲目体风格，条理井然、简明扼要，对历史知识的普及，对朱子正统思想的推广产生深远影响，可以说此书是宋代理学家重写历史的代表作。

云岩书院是朱子时代光泽唯一的书院，从南宋至元明清都是县内外学子读书学习和传播理学的重要场所，培养了一批人才。千百年来，云岩书院历尽沧桑，几番毁损几番修复。元天历二年（1329），县令况逵捐资重修，恢复旧貌，设山长管理。明弘治十七年（1504）再修复。李方子裔孙李茂在此奉以香火，读书管理。正德七年（1512），学宪和县令捐俸购得良田8亩，收入为书院膏火之用。正德十二年，县令钟华将书院移至交椅窠重建。万历三十二年（1604），县令罗希尹重修。清康熙十一年（1672），县令王吉又重修立祠，重祀李方子像。乾隆三年（1738），"岁久渐坏，其后裔谋新之"。书院因为日久年深，很多地方损毁严重。李方子的后裔谋划商量，要进行书院重修。县令何璠有记："适先生二十九代孙曰勋者在侧，因与之稽乃颠末，始知先生书院昉自元，改自明而盛于国朝，为不戒于火，积岁有荒烟蔓草之叹。得勋集族姓捐千金而成此巨观。"说是李方子的后裔李勋在这里，让县令了解书院历代以来的情况。李勋集家族银钱千两来维修，而成今天这样宏伟壮观。清《（光绪）光泽县志》对云岩书院的记载十分具体明确，高墙环绕，厅堂宏大。三个厅堂，左厅堂供前面有助书院发展的当政者塑像，右厅堂供宋元时期光泽李氏理学七贤李深、李郁、李吕、李闳祖、李相祖、李方子、李应龙塑像，中厅堂供书院创始人李方子果斋先生像。书院中有书阁、小桥，外有双溪，清泉澄碧，天光云影于水中。溪上有小石桥，山径曲折迂回，真是贤人和风景双辉映，不愧为理学的圣地。书院藏书丰富，如《钦定卧碑文》《御制训饬士子文》《学政全书》《十三经》《宏简录》《二十一史》《明史》《祭丁仪注》《孝经解注》《大学衍义辑要》《小学纂注》《近思录》《大学衍义补辑要》《四礼初稿》《四礼翼》《吕子节录》等。民国年间书院一直沿用，直至20世纪40年代书院毁圮。

今天，人们来到这里寻访云岩书院遗址，山上云雾缭绕、树木繁茂、岩石突起，山脚下是平整的田地，山坡处是有名的"半空烟雨亭"遗址，小溪在山前汇合。半山处是一块数百平方米的平地，这里就是当年云岩书屋的所在地。从这里转过正面山脚延伸进去是一大块平地，青山两旁相依，前面流水淙淙，俗名叫交椅窠，是明代以后重建云岩书院的遗址。

试想，当年李方子远离喧嚣，选在这里建云岩书屋（精舍），读书讲学，自有他高出世俗的风格品行，也符合他与官场不合的秉性。不然，在他四十七岁中探花，才只数年官宦生涯就郁郁而归。他不愿融入红尘浊流，摒弃官场的明争暗斗，远离世间名利的诱惑，选择这大自然的偏隅之地，独守这青山绿水间的宁静，专心治学，传播理学，探究心性理气为主体的理学思想，也符合"存天理，灭人欲"的道德境界。这里山回路转，林木清幽，清风吹过，飒飒作响。每天眼见云卷云舒，花开花落，耳听大自然风声雨声，与林木为伴，与鸟兽为友，心中是何等恬适洒脱，胸襟是何等博大开阔，意境是何等清雅高尚。李方子一生苦苦探求理学的要义，熟读精思，反复涵泳，切己体察，恪守朱子"居敬穷理"之说，通过云岩书院进行讲学，培养学生，成为朱子之学的重要继承人和传播者。元代著名学者虞集在《光泽县云岩书院记》中称李方子"其于朱氏之学，确守而不变。所谓毫分缕析，致知力行，盖终身焉"。遥想前辈理学大师正是得益于此山大自然的雨露精华，给了人生和学术许多启发。也正是耐得住这番寂寞，而成就了惊世的学问，成为一代理学大家，令人感佩。

"云岩教音嗣布，与考亭师友济美当世，而过化之泽，浃乎人心，流风余韵犹有存者而致然也。""上接先圣之心源，下衍一线之道脉。"走在云岩山中，坐在云岩书院的遗址前，耳边仿佛响起明代县令上官祐对云岩书院的评价。云岩书院自李方子传理学，过化当地，润泽人心，余韵长存，为理学的传承与发展，对闽北和光泽学风的教化"功莫大焉"。李方子的后代子孙承袭祖教，让理学在此代代相传，发扬光大。理学之

光泽云岩山（王建成　摄）

山雨露精华和先贤的感化教诲，沐浴着一批批学子，陶冶出一代代英才。后辈学子中又有黄镇成、危德华、高澍然等理学佼佼者和学问大家，为云岩书院增光添彩。

"考古辞宗留芳远，云岩书院播惠长。"千年过去，云岩山依旧，先贤精神永存。令人欣喜的是，近年来，光泽县全力打造理学名山遗址，建起朱子碑、七贤亭、理学长廊，以及山门牌坊和山中石砌步道，触发人们思古之幽情，让人们在游山之余感受到浓郁的理学氛围。

云岩山，山不出名，却让后人永远记住。云岩书院，虽已不存，却因先贤铸起的理学精神高峰让后人一直怀想。

附

云岩书院记[1]

〔元〕况　逵

天历二年，云岩书院成。邑士邓观我过予，曰："果斋李氏父子祖孙俱登考亭之门，公晦游从最久，故所传独探其奥，俯仰百余年。扩荒起废，以加惠吾杭之民，昉自今日，可无言乎？"予惟书者所以载道也，坟典以前何书之读？圣贤之授受何所本乎？唐虞三代之制作，何其盛哉？亦曰心与道一而已，先圣人身任道统之寄，不得行之当时，于是传诸简册，非他唐虞三代之本，是所谓道也。由之则治，违之则乱，修之为君子，悖之为小人，后之立纲陈纪必考证于此而取则焉。世降俗薄，家异学、人异论，奔迸跌荡而莫之宗。朱夫子生乎千载之下，惧斯道之愈晦而异学之莠吾民也，悉取简册所传，与曾子、子思、孟轲氏之书，神交理融，研究精极，以开悟后学。其示之以成始成终之要，辟舟车之有指南焉，循而进者无不至，况得其传如李氏者乎？光泽云岩去县三里许，公晦方子未第时读书所也。崇冈在望，人迹罕至，既魁天下士，调察推入为太学录，论事不苟阿，奉祠而归，起判辰州军州事而卒。子祐乏嗣，以他子（从弟观过子棣）继之，弗类（言不似先人也），由是书

---

[1] 本文选自〔清〕高澍然等：《（道光）重纂光泽县志》卷九，《中国地方志集成·福建府县志辑》第11辑，上海：上海书店出版社，2000年，第374—375页。由王建成标点。

院毁焉。其徒太常卿叶寀守昭武日，贾田筑祠，祀文公于郡泮，复录恒壤四百三十有奇奉尝于邑里，皆以公晦侑食，示不忘也。岁用滋久，朵颐祭田者并祠而迁，迁而废，及今兔葵燕麦矣。予制邑之明年，校宫告成，理祠由始复，因阅裔孙骏所藏家乘，深悲其学之郁而不施，且斩于其后者，天乎！旷世相感，吾亦不知其何心也。

崇仁书院：古街悠悠一宇开

◎ 王建成

崇仁，地处城郊，离光泽县城区7公里。是县城与北路的连接口，水路陆路都要经过这里。建县前邵武县在北地的这里设置洋宁镇，作为境内的管辖机构。北宋太平兴国四年（979）建县时，因"称土定县城"而失去成为县治所在地的机遇。宋元时当地理学名区，文风日盛，明清形成的商贸古街，成为光泽北路最大交易集市的"崇仁市"。1995年，国家文物局对崇仁马岭商周遗址的古墓葬进行发掘，出土文物200多件，国家文物专家评价："这里是闽北文化的古摇篮，福建古文化的发源地之一，祖国东南一条重要的文化走廊。"

崇仁书院，创办于后朱子时代的元朝，历史悠远，名闻遐迩。清《（光绪）光泽县志》记载："崇仁书院，在治北崇仁市。元至正二十三年（1363），邑士龚永、刘廉以同订《尚书解》进，得旨特建。今圮。"元代这所崇仁书院，是继当地西山、云岩书院之后的又一所书院。当地理学儒士龚永、刘廉学养渊博，尤其是理学深厚，编订《周易尚书解》一书进呈朝廷，得到皇帝的认可，因而下旨批准兴建的。民间传说当时的崇仁书院，原址在崇仁古街西北3里的灵山上。此山地处僻静，竹木森森，风光秀丽，是个读书研学的好地方。书院供有孔子、朱子等先圣先哲，以及讲学堂、藏书屋等，历经多年，后来倒塌。明洪武三年（1370）知县刘克明为应朝廷急办县学诏令，下令拆崇仁书院木材和砖石运到城中建孔庙大成殿、明伦堂和乡贤祠。崇仁书院被拆除后，当地士子学人为了延续文脉，于崇仁街一处民房中继续兴办，形式为私塾书屋，对外仍称崇仁书院，继续招收当地学子。

崇仁古街长达1500米，明清时号称"五里长街"，是水陆商贸来往要道，居住有龚、裘、王、邱四大姓和一些杂姓人家。这里文化底蕴深厚，学风炽盛，当地人读书经商，孕育了这条文化古街。书院设在街中间靠东，依街而立，面临北溪和东山，所在的环境很好，后门一打开就是青山绿水。书院为民间建筑轮廓，外墙古砖，正墙宽大，上方门楼式建筑，两边飞檐斗角。正中门楣横匾，下方两边月门进出。里面为三进式结构，前厅宽大，为学子行礼处。背墙上挂有光泽清代科举传胪龚文辉的"非因报应方行善，岂为功名始读书"的联匾。右墙上原配有《学子求学图》，现在已模糊不清了。过天井拾石阶而上到正厅，右侧上方挂"慎读斋"牌匾，进厢房为学子读书研学之用。左边厢房，为教师休息和批改作业的地方。正面中厅屏壁上挂"桂元私塾"牌匾，下方是一幅"先师朱子行教像"，两边为历

崇仁古街（王建成 摄）

代先哲图。中间老式案桌放着教师的戒尺，压板、笔砚、书卷，前面摆放数排老式课桌椅，一人一桌一椅，为学生坐。站在这里，有一种读书氛围的神圣庄重，让你仿佛一下置身于那悠久年代的学子求学的殿堂。从这里转过屏壁进入后厅，宽大与中厅相似，也是学子读书上课的地方，过天井，到再后厅，都是一样的建筑形状，都是读书上课的地方。旁边侧房，原是膳堂。后院空阔，是花园水塘，内中花草树木，水

崇仁书院书堂（王建成 摄）

榭楼台，青石墩椅，河卵石小径通幽。这里开门抬头是巍巍青山，脚下就是潺潺北溪，原是学子和教师课后休闲之所。教学读书疲惫之余，到后院这里走走，全身放松，心情顿时轻松下来。

"灵山根脉，书院传承。"据当地人说，崇仁书院过去远近有名，人们崇文重教，捐有膏火田，葆养书院文脉，以资书院永久。书院每年会请名师塾师来任教，提高教学水平和知名度。每年开春书院开课，四方学子按时到书院读书。书院有学规，举办释奠礼和释菜礼，学生有分级读书，设启蒙、研学等班，教师讲授传统启蒙课本和四书五经等儒家经典著作。历代以来，这里钟灵毓秀，人才辈出。到民国改成新式学校的模式，开设现代教学课程。中华人民共和国成立后，崇仁书院还做过小学，延续了教书育人的历史。

崇仁书院正门（王建成 摄）

崇仁书院当年置身于街市之中，商贾来往，人声不断，热闹非凡。但大门一闭，学子于其中读书，葆养学风，"两耳不闻窗外事，一心只读圣贤书"，也不失一方闹中取静的读书之所。学子在这里启蒙、研学，走出了一代代有学之士，培养出一个个理学鸿儒，为当地增光添彩。

北溪水流悠悠，诉说着千百年崇仁书院的沧桑；东山沉默不语，藏着这里多少理学前辈先贤的故事。元代创立的崇仁书院，文脉相承，名声久远，让人感慨。

近年来，当地党委、政府保护古街的同时，注重古书院的保护，打造古街文化。在打造"古韵崇仁"的同时，作为一个景点，投入资金修缮古书院，挂出"崇仁书院"和"朱子学堂"的牌匾，恢复其原有的模样。举办朱子理学讲座，展现当年书院教学读书场景，吸引游人前来观摩，发展当地经济文化旅游，助力新时代乡村文明建设。当一睹崇仁书院古老的苍颜，心中自不免涌起一种虔诚和肃敬。

有诗道：

  古街悠悠一宇开，崇仁书院六百载。

  办学兴教万民惠，闻得书声窗前排。

松溪篇

松溪县书院概述：湛卢书院　朱子创建

◎ 林文志　冯顺志

> 冯顺志，籍贯鲁，生于闽。中国作家协会会员、福建省作家协会全委会委员。出版长篇纪实文学《又一村》，散文集《生命无极》《千年人文渊薮》，诗歌集《湛卢诗魂》等著作。代表作《湮没的辉煌》入选中国近现代名家散文集《历史这堵墙》。作品曾获福建文学优秀奖、人民文学优秀奖、百花文艺奖等。

松溪，县域虽小，然土地肥沃，物产丰盈；地处虽僻，然社会清明，百姓淳朴；人口虽少，然精英辈出，贤人荟萃。更有一山一剑一蔗一书院，松溪人民一直引以自豪，津津乐道，称颂有加。

一山，湛卢山。位于松溪东南方向，群崖屏列，山峰鼎峙，立地摩天，雄伟无双，历来被誉为松溪"不屈的脊梁""不垮的精神"。

一剑，湛卢剑。相传，春秋时期越国人欧冶子，受越王之命，遍访适宜铸剑之地，寻至松溪，对湛卢山一见倾心，遂在湛卢山上筑炉铸剑。历经三年，饱经风霜，共铸成了湛卢、纯钧、胜邪、鱼肠、巨阙等剑。其中以湛卢剑最为锋利，被誉为"天下第一剑"。湛卢山上，至今仍留有剑池遗址。湛卢剑之铸剑技艺已被列入福建省级非物质文化遗产代表性名录，而"湛卢宝剑"则一直是松溪地方名优特产品之一。

一蔗,百年蔗。松溪县郑墩镇万前村,有一片甘蔗园,其植于清雍正四年(1726),宿根寿龄至今已近300年,是世界上宿根寿命最长的竹蔗品种,被誉为"世界第一蔗"。2021年,松溪"百年蔗"栽培系统入选第六批中国重要农业文化遗产名录。百年蔗产品被评为国家地理标志证明商标,获有机食品认证、绿色食品认证。近年来,百年蔗由恒通四众实业集团开发面市,特别受新婚新人喜爱。松溪百年蔗,世界甜蜜蜜。

一书院,湛卢书院。该书院,宋代暂无史料可考。元代,有士人揭汯作《湛卢书院记》曰:"至正十六年福建行省参知政事阮公同知建宁路时,因其址而拓之。……而以湛卢山故,名曰'湛卢书院'。……俾请于朝。二十二年得请而赐额……今之书院,昔为祠堂,不过朝夕企仰以致其慕而已。"说明早在元代,湛卢书院就已得到朝廷赐额,并且可能在元代之前,此地早已是祭祀朱子的祠堂。至明代嘉靖间,郎中叶逢阳又作《复湛卢书院记》曰:"尊师取友,明经体道,一取法于朱子。"清《(康熙)松溪县志》记载:"(学校志:)湛卢书院在湛卢山,旧志云,因春秋祭祀,往返甚艰,移于县之西南,去治百步,祀先儒朱子,以从游蔡、黄、真、刘配享。""(山川志:)(朱子)因筑室剑峰之下,读书于此,颜曰'吟室'。"故据以上史料所载,我们可以得出以下结论:朱子因往来祭扫祖父朱森墓的需要,在湛卢山上建有"吟室"(朱子《登卢峰》有"新斋小休憩,余力更勉旃"之句可为佐证),朱子每年定会在"吟室"停留不短的时间,以朱子的行为习惯推测,其在停留期间定会读书、著述不辍,亦会有不少的弟子跟随问学,"吟室"早已具备作为书院的诸多必要因素。而后,在朱子去世后,"吟室"成为了祭祀朱子的祠堂,直至元至正十六年(1356)又将祠堂改为书院,并得到朝廷赐额"湛卢书院"。故我们有充足的理由认定:湛卢书院即为朱子所创建。

当然,我们也期待当地政府、有关部门,更多专家学者,对湛卢书院进行更为深入的研究,并尽可能将其恢复重建,让松溪县书院历史进入崭新一页。

湛卢书院：湛卢山上书声琅

◎ 冯顺志

湛卢书院，曾经是闽北历史上驰名遐迩的书院。这个年代久远半官半私的文化教育机构、英才荟萃之地，它与当今湛卢山下的莘莘学子，有着千丝万缕的传承关系。

一

湛卢书院深藏在松溪县历史文化名山——湛卢山之上。相传，春秋时期，欧冶子在此铸成天下第一剑——湛卢剑，故以剑名山。书院建于湛卢山剑峰下。清《（康熙）松溪县志·地理·山川》载："吟室，紫阳朱子因父韦斋公宦政和，葬父朱公森于护国寺，自后往来祭扫，侨寓松源，因筑室剑峰之下，读书于此，颜曰'吟室'。岁久湮没，今改名中祠。"

约1158至1160年间，朱子到政和祭扫祖父墓，必经松溪。这位南宋理学大家歆羡湛卢山的胜景古迹，多次前来游览造访。在一个暮色压顶的傍晚，朱子站在剑峰下的铸剑遗址前，凭吊铸剑大师欧冶子。朱子透过山野浓重的暮霭，感慨欧冶子披星戴月、餐风露宿的艰辛，终于铸炼成天下第一剑的伟大壮举。欧冶子励精图治百折不挠的精神深深地感染了朱子，加深了他忧国忧民的情怀，于是朱子决定在铸剑遗址的不远处，建造一所读书著作、讲学授徒的"吟室"。

史学界一贯认为，朱子一生创办四所书院，即寒泉精舍、晦庵草堂、武夷精舍、考亭书院。从清《（康熙）松溪县志》所记载，朱子在湛卢山上建"吟室"，后改名湛卢书院的史料来看，今天，不应当忘却朱子还创办了"吟室"。

曾有许多史志学者、文人雅士到树丛拦断、荒草凄迷的湛卢山上，寻觅湛卢书院的历史痕迹。据当地一位耄耋老秀才讲述，在他年轻时，还能看到书院遗址前的一座花岗岩石碑，文曰"朱子读书处"。另一块石匾上镂刻着"静神养气"四个大字，系朱子笔迹，嵌在书院的门楣上。除此只剩下十分有限的史料了。

松溪朱子吟室遗址（冯顺志　摄）

二

元代揭汯《湛卢书院记》："而以湛卢山故，名曰'湛卢书院'。明年，闽海佥事船若帖木儿行部，覆其事而嘉之，俾请于朝。二十二年得请而赐额。"明嘉靖间郎中叶逢阳撰《复湛卢书院记》："尊师取友、明经体道，一取法于朱子"。清《（康熙）松溪县志》载："湛卢书院在湛卢山，旧志云，因春秋祭祀，往返甚艰，移于县之西南，去治百步，祀先儒朱子，以从游蔡、黄、真、刘配享。"史料记述了湛卢书院大致的原貌与实质内容：书院建筑规模虽不如岳麓书院有亭、台、楼、阁等建筑物，但也颇具规模。书院屹立在剑峰之下，庭院深深，廊庑曲折，庄严肃穆，厅堂正中祀朱子神像，两边配以蔡元定、黄榦、刘爚、真德秀南宋四大儒像。书院的大厅为讲堂，边房为学生宿舍。书院开设课程教以濂、洛、关、闽之学为主。湛卢书院置有农田收租，书院农田是政府拨给的，称为学田，作为办学经费和学生住食费用，有着一套较完善的办学管理制度。由于书院的闻名，吸纳了大批才子精英前来求学讲学，一时间湛卢书院呈现出一派沸沸扬扬、欣欣向荣的热闹景象。元代理学家杨缨曾绘声绘色地描述了当时学子们在书院学习和传播文化教育的盛况。谓湛卢书院："乃藏修之得所，常抱膝而长吟，时而玩峰头之月，时而鼓洞口之琴，时而倚檐前之竹，时而听窗下之禽。射北斗之光，一灯频燃黎火，山擅南天之秀，万象尽罗胸襟。"稍稍读这段文字，就能让我们领略到莘莘学子热闹壮观的学习场景；依稀听到琅琅书声从那宽亮的书院窗台飘逸而出，久远地回荡在闽地上空。

三

若干年后，朱子又一次回到吟室（湛卢书院），他满意地看到这里浓郁的学习风气。一切都显得井然有序,深感欣慰,离别前一天夕阳如血的黄昏,朱子再次登上剑峰,他被这雄奇大山的胜境陶醉了,挥毫写下《登卢峰》一诗。清《(康熙)松溪县志·艺文志》载朱子《登卢峰》:

卢山一何高,上下不可尽。我行独忘疲,泉石有招引。
须臾出蒙密,矫首眺无畛。已谓极峥嵘,仰视犹隐嶙。
新斋小休憩,余力加勉黾。东峰彻霄汉,首夏正凄紧。
杖策同攀跻,极目散幽窘。万里俯连环,千重瞰孤隼。
因知平生怀,未与尘虑泯。归途采薇蕨,晚饷杂蔬笋。
笑谓同来此,此愿天所允。独往会淹留,寒栖甘菌蠢。
山阿子慕予,无忧勒回轸。

该诗描写了湛卢山的雄奇壮丽和泉石秀美,叙说了走出繁茂的森林,昂首再看,仍然林海茫茫,一望无际。朱子感慨他走出书斋,调整心态,努力攀登前行的意志,从而忘却身心消除劳顿。

四

湛卢书院在历史上曾几度兴而复废,废而复兴。

旧志云:"元至正十六年,行省参政阮德柔拓而新之。明正统戊辰毁于兵。景泰间,御史张谏、知县张绅重建。正德中复毁。县丞张拱枢建而旋火。嘉靖丙戌,知县陈辅将原址兑为民居,而迁其院于旧学之西,谯楼之东,今文公祠是也。嘉靖丙申,建宁别驾东涯汪公,因览湛卢之胜,嘱知县黄金复建书院于湛卢山麓,置田以供祭祀,后复倾圮。至国朝康熙癸亥,教谕高于岗重建。"

朱子去世后一百多年,1334年,给湛卢书院注入新的生命强剂的,是一位来自将乐的学者杨缨。他慕名登上山来,强劲的双脚踏进湛卢书院的大门，亲自担任湛卢书院山长。

杨缨，是北宋理学家杨时七世孙，自幼聪慧好学，青年时期就有了濂、洛、关、闽之学的深厚功底，与学者辩论经史，探微抉奥，评人品之邪正，了如指掌。他的草篆，有虬龙苍松之致；他善辞赋，有阳春白雪之高雅。他任湛卢书院山长期间，四方学子听道求学者甚众，杨缨的才德被誉为"如坐春风之喻"。杨缨寓居城内寿安坊，常到书院讲学，并捐俸创立了"续贤庵"，于湛卢山中置田作为庵堂收入，俗称中庵，并勒石为记。杨缨把书院管理得十分兴旺，成为当时播扬"程朱理学"的集学之地。杨缨管理湛卢书院约有五十余年，把毕生精力投放在湛卢书院的教育事业上。他最后病逝于书院的讲堂里，享寿八十二岁，死后葬于杉溪里。

五

自元代起，松溪地方官府制订每月初一、十五都要到湛卢山举行朝拜祭祀朱子的礼仪，由于湛卢山山高路远往返不便，地方政府就把书院迁到城内，并奏朝廷赐匾额曰"湛卢书院"，称之为"下祠"。

书院没能逃脱战乱、改朝换代、沧桑变迁的命运。但值得庆幸的是，历史上总是有为数不少具有文化品格的高官，他们把或是懈弛困顿或是全面毁坏的书院精心设计重新修复起来。湛卢书院也不例外，它自南宋到现在，更历了六个朝代上下八百余年，明清两代几经兴废，有时在山上办书院，有时在城内设书院。清乾隆十三年（1748），松溪知县潘汝诚把振兴教育事业作为为官的责任。潘汝诚几经辛劳把荒废了几十年的湛卢书院修葺一新，才使得好静的士子能效法先贤在此深造学问。潘汝诚觉得书院还不够扩展，书声还不够劲琅，他又几番奔忙，几经周折，终于在城内建起书院，同曰"湛卢书院"，使居家童生能就近入学。潘知县既将山中"下祠"恢复为湛卢书院，又将城南石壁禅寺改为城内湛卢书院，同时也方便了地方官吏拜谒先贤。于是乎山中的琅琅书声与城内的书声琅琅浑融在一起，迭宕起伏飘荡在湛卢山上、松溪城域。

在湛卢书院培养和影响下，松溪出了不少精英人才、清官廉吏。南宋至清代有进士28名，举人87名，进京师国子监的贡生达365名。从官位上看，有朝廷重臣10余人，知县29人，县丞12人，遍及全国各地学官达500余人。

湛卢书院的琅琅书声在历史的天空中消隐了，然而，在不忘先贤，大力弘扬与传承中华优秀传统文化的今天，我们不能忘却了这座山、这座书院。值得期待的是，如今松溪县委、县政府已计划在湛卢书院遗址附近的吴山头村南面开阔处，有步骤地修建湛卢书院。在不远的将来，一座赓续朱子理学文脉的湛卢书院将重新耸立在闽北大地上。

附

湛卢书院记[1]

〔清〕 王　梁

　　松溪之有书院也，肇自宋，大儒朱子尝读书于湛卢山麓，余韵流风，足使闻者兴起。后人因即吟室遗址，创为弦诵之区。中祀朱子，配以黄、蔡、刘、真诸儒，旁居生徒，教以濂、洛、关、闽之学，置田收租以资作育。而前贤过化，硕彦代兴，湛卢书院之名遂著于四方焉。自宋至今，更历数十百年，其间兴而废，废而兴屡矣，顾在元则改建入城。至正年间，参政阮公德柔拓而新之，以面山得请赐额，而山麓遗址遂至没为僧舍。在明仍议建在山。嘉靖年间，同知汪公沅檄而复之，置田五十六亩，并邑绅陈镕益田八亩，以供祀事而养诸生，而县城遗构遂至没为民居。至我朝康熙癸亥，邑学博公于岗，留心造士，捐俸整新，俾山麓书院焕然改观，而县城遗构尚未复也。夫山麓书院为朱子杖履存神之地，明乡先达杨公茂登第告归，曾入山考业六年，以养高大之趣，而学益进。若没为僧舍，则好静者不得藏修，既有所不可；而县城书院为有司朔望拜谒之所，元山长杨公缨，曾在城聚徒讲学，暇时登山访古，若没为民居，则居家者不得附近肄业，又有所不便，二者偏废，均非两全之举。惟乾隆庚午，邑尹潘公，仕学兼优，振兴文教，既现存在山书院，听好静者之藏修，复欲营在城书院，便居家者之肄业，而有司朔望行礼，亦时得

---

[1] 本文选自〔清〕潘拱辰等：《（康熙）松溪县志》卷十，《中国地方志集成·福建府县志辑》第8辑，上海：上海书店出版社，2000年，第377—378页。由冯顺志标点。

拜谒于其间也。乃集邑绅叶震子等协议佥谋以城南石壁禅寺改为书院，仍祀朱子，而以"湛卢"名焉。其山麓养士公田六十四亩，亦带理于在城书院印册，斯为两全其美。及邑尹胡公接任，特请江南进士杨公栋为山长，教人有道，士心踊跃，多集县城。继为山长者，则连江乡进士孙公让尤认真掌教。士咸知讲求朱子主敬存诚、明体达用之学。维时诸生中如范维宪、叶长清辈，皆经术湛深，学有心得，非徒骛词章为弋获科名之具已也。《诗》曰："高山仰止，景行行止。"湛卢作人之化，其有既乎！邑绅李绥聪等轮理院事，任劳年久，爰于乾隆戊戌具词告退。壬寅季春，庠生黄立纲等呈请择举董事，值邑侯孟公培风迪教，殆与归安潘公无异，因批委邑绅陈上元等于孟夏接理，并谕遵照前任徐公申详，充入涌泉寺田租，议立膏火二十名，生员十四名，童生六名。在诸生正谊明道，固不在此区区，而贤侯雅意作人，实深鼓舞。行见松之士习文风，蒸蒸丕变，不难绍真儒而羽仪圣世。湛卢育才之盛，直将与鹅湖、鹿洞齐名，是不可无文以纪其事也。余适司铎松庠四载，日与多士周旋，素闻大略。其创建则前邑侯潘公讳汝诚，乾隆丙辰进士，归安人；继事则胡公讳燮臣，乾隆乙丑进士，娄县人；谈公讳嘉修，乾隆间举人，宁河人；彭公讳尚祈，乾隆间举人，长洲人；丁公讳壬士，乾隆间举人，无锡人；徐公讳立崧，乾间附贡，蕲水人；孟公讳衍岱，乾隆间举人，河南商邱人。其前董事邑绅叶震子、李绥聪、陈益、陈大机、叶登俊、陈长枢、叶铭、叶应时、叶大全、施道权、陈绩虞、严而胜、严而温、梅朝贤、黄桂榠、陈济、范希文、叶大受、陈仪绍、叶云子、钱王臣、何鸣高、王建侯、陈随、叶蒿、金锟、林文河、叶左舟、李蔚龙、陈德元、陈隆元、叶长清，后董事邑绅范维宪、陈上元、范长荫、陈朝理、陈基镐、游复美、叶述古等，协理黄立纲、范大升、黄佳櫺、范长蔚、陈文交、严学泰、徐鸿燮等，监莫几皆有力于书院者。因诸公请文勒石，事属旷典，既不敢以不文辞，乃详考巅末而为之记。

政和篇

政和县书院概述：朱氏书院　首建政和

◎ 周元火

周元火，曾任中共政和县委党史和地方志研究室主任，四级调研员。现为武夷文化研究员、政和县政协文史研究员、政和县朱子文化研究会副会长。参与地方志工作和地情研究三十余载，参与二十余部志书的编纂。曾任《政和县志》（2005年版）、《政和县政区大典》主编、《政和茶志》常务副主编。

政和是闽北边陲山区小县，古时交通闭塞，地广人稀，正如志乘中所说的"山谷阻险，民罕十连之聚"。然而，就是这个"僻居山陬"的"下邑"，却夙称文献之地，自古就有"先贤过化之乡"美誉，其原因就在于宋代大儒朱子之父朱松，在任政和县尉时，先后创建了云根书院和星溪书院，开启了政和教育之先河，从而促进了政和人才的成长。在宋绍兴五年（1135）至咸淳七年（1271）的136年间，全县出过9名进士、23名举人和281名贡生，科名连属成为佳话。至清光绪末，政和境内共有书院16所。

政和书院肇始于唐咸通二年（861），由辞官隐居的许延二在澄源上洋村创建的首座书院——梧桐书院，原为家塾式书院，藉以教育许氏及众多随从人员子弟。后来又大规模扩建，吸收周边村镇子弟入学，是为闽北最早的书院。

宋代，书院的教育功能得到显著提升，成为教书育人的重要场所，满足了民众日益增长的教育需求。政和的书院也得以发展。宋政和八年（1118），朱子之父朱松中进士，举家入闽，到政和任县尉，朱子祖父朱森是位满腹经纶的老儒士，他屡屡告诫朱松兄弟，"政邑山明水秀，风光如画，只惜地域偏隘，教学荒疏，尔等要涵儒教泽，以开化邑人子弟，使之成为名贤诞毓之乡"。为开化邑风，秉承父嘱，朱松于1118年秋和1120年秋先后创建了云根书院和星溪书院，延师以训邑人子弟。至此，政和文风始盛，儒士善人彬彬蔚起，邑人称他"既民之父母，又民之师保也"。朱子幼年便是在云根书院和星溪书院就学、识孝，成年后，经常在两所书院讲学授道，为政和赢得了"先贤过化之乡"的美誉。朱子传承了其父朱松的办学理念和理学思想，为其后创建书院奠定了良好的基础。这时期，是为政和教育的鼎盛时期。

明代，书院建设和发展比较缓慢。明初，创建了东皋书院，院址在东平村，正统年间毁于战乱。明嘉靖中（约1542），户部侍郎陈桓告老还乡，定居武溪（今星溪乡富美村），联合乡绅创建武溪书院。

清代，随着科举制度的完善和社会文化环境的变迁，书院得到了充分发展，形成了独特的办学方式，不仅是人才培养的摇篮，也是学术研究、交流传播的重要平台。书院对中国封建社会的教育和文化发展产生了深远的影响，促进了文化的下移，满足了社会成员对文化知识的渴望，也为私学教育提供了范例。政和如同各地一样，书院得到大力发展。清雍正七年（1729）创建正音书院，院址在城南；乾隆十一年（1746）创建东皋书院，院址在东平里；乾隆三十一年创建兴贤书院，院址在城东兴贤坊；乾隆四十三年创建丹桂书院，院址在下里凤林；清乾隆末创建崇仁书院，院址在下里铁山；道光五年（1825）创建集义书院，院址在长城里石屯；道光二十三年创建熊山书院，院址在城东；同治七年（1868）创建翔凤书院，院址在南里岭腰；同治年间创建临江书院，院址在下里江上；光绪十四年（1888）创建元峰书院，院址在城南；光绪十八年创建西垣书院，院址在东平里护田；光绪二十五年创建连萼书院，院址在西里杨源。尽管在清朝末年，传统意义上的书院被改制为学堂，但这并不意味着书院的消失。许多传统书院继续办学，而且还出现了很多新式书院，这些新式书院继承了传统书院的教育理念和文化精神，在办学模式和教学方法上，体现了创新，适应了时代要求。

书院作为中国古代重要的文化教育组织，其发展历程反映了中国古代教育的演进和社会文化的变迁，从唐代的兴起到宋代的繁荣，再到近代的转型，书院不仅在教育领域发挥了重要作用，也在文化传承和创新中展现了独特价值。新时期对书院的研究和发展，不仅有助于挖掘和传承中华优秀传统文化的价值，也为现代教育提供了宝贵的经验和启示。

新世纪以来，政和县委、县政府重视并扶持书院的建设和发展，以期在传承中华优秀传统文化的同时，也能为现代教育提供新的发展补充。政和县采取政府、企业、民间互助的形式，先后重建云根书院、星溪书院、梧桐书院等，修缮和保护旧集义书院、西垣书院、东皋书院等。充分利用书院平台和载体，举办朱子孝道文化展览和朱子文化研讨会，通过演讲、讲座等形式向公众展示书院文化的魅力，传承中华优秀传统文化，提升民族文化自信，响应时代发展需求。通过多方面的努力，使书院文化在新时代焕发新的光彩。

云根书院：朱子孝道起源点

◎ 罗小成

> 罗小成，福建省作家协会会员，南平市作家协会副主席，现任政和县文学艺术界联合会主席、政和县朱子文化研究会会长。出版散文集《静若聆听》等著作。主编和参与编写《云根》《韦斋与政和》《朱子三代与政和》《政和四平戏》等文学和文史作品。

倘若要为千年政和文化教育画一个圆，这圆心应该在云根书院，而旋转的圆点是朱松。已经九百年了，这里的教育遗风犹存，这里的文化气息还是那么浓厚。

——

政和云根书院是一代大儒朱子的父亲、时任政和县尉的朱松于宋政和八年（1118）创办的第一所书院，旧址位于县尉厅西五十余步的黄熊山麓。朱森、朱松父子亲自讲学授课，开创政和文化教育之新局。书院历经沧桑，宋、元、明、清历代进行六次重建、扩建，多次修葺。明嘉靖二十年（1541），知县俞时敩将其改建于黄熊山福庆堂（今半天堂）右。

隆庆年间遭火灾。万历十九年（1591），赵桁、游谦、张文滨等集资重建，规模宏敞，不仅有大厅、廊庑、书房共九间，而且有水池、小桥、门楼，还建有六角形的"振衣亭"。清雍正三年（1725），知县刘延翰又捐俸倡修。乾隆二十四年（1759）又增建学舍二间，书房九间，厅一间。至嘉庆间，楼屋漏湿欹倾，于是肄业诸生及邑人又慨然集资修整，这是该书院可考的古代最后一次重修。

2004年8月，云根书院进行第七次易址重建，坐落于县城城南重峦叠翠的青龙山峰。书院占地面积120亩，建筑面积2570平方米，主体建筑包括天光云影楼、先贤祠、朱子阁、朱氏入闽展馆、涵修楼、文昌阁、朱子孝道馆、历史名人馆、半亩方塘、碑廊、餐厅等。书院建筑环境清幽、视野开阔，规模恢宏，蔚为壮观；采用仿宋建筑风格，体现理学文化，

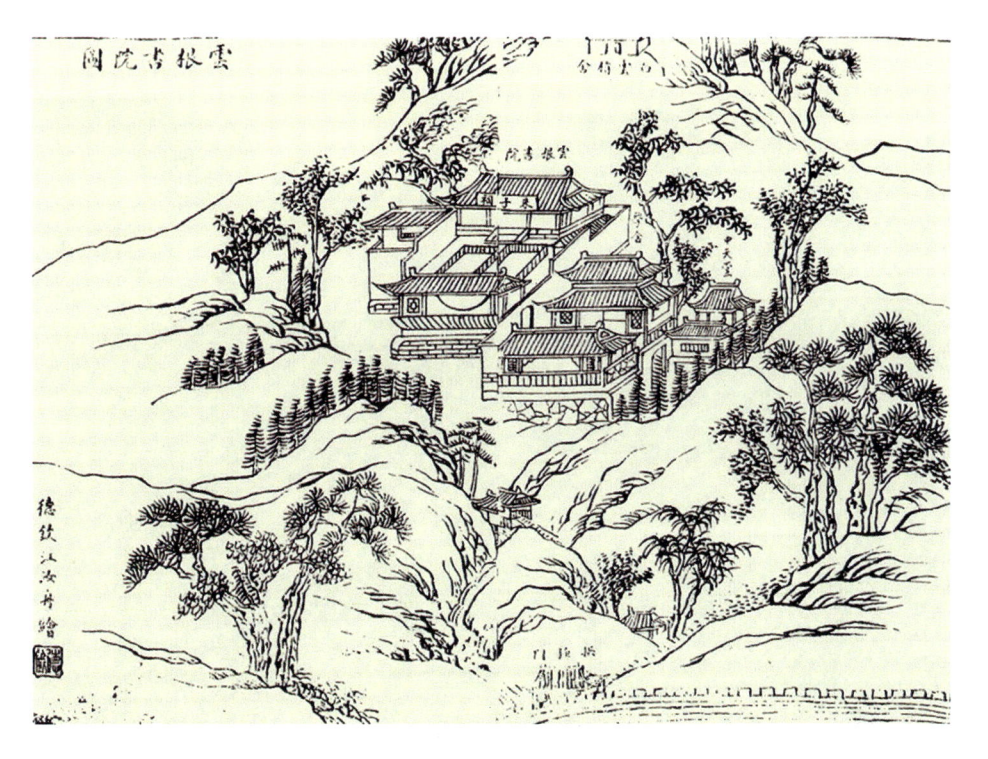

清代云根书院图

格调高雅，风貌独特，古色古香；布局以先贤祠为中心，院内亭阁游廊、小桥流水和院外蓝天白云、青山绿水相互交融，气宇轩昂，景象万千。

书院门楼正面为"云根书院"四个朱体大字。沿着石阶往上走，书院的正门两侧的立柱题写书法楹联："任中两院开教育先河，山城留典范；身后三祠念韦斋政绩，百姓树丰碑。"楹联书法苍劲有力，神采飞扬。牌坊底座有两只石雕狮子，昂首挺胸，威武大气。

先贤祠是云根书院的核心建筑之一，主殿中央"大儒世泽"的牌匾之下供奉朱森、朱松、朱子三人铜像，为书院祭祀的殿堂。内有韦斋与政和的壁画和文字，以及朱松撰写的《先君行状》、朱子撰写的《皇考左承议郎守尚书吏部员外郎兼史馆校勘累赠通议大夫朱公行状》、朱子门人黄榦撰写的《晦庵先生行状》（摘录）和宋代二十位理学家的画像与简介。

云根书院牌楼（余明传　摄）

·政和篇·

政和是朱子家族入闽的首站,朱子一家三代人与政和有很深的渊源。朱氏入闽展馆以朱松到政和任职为主线,生动形象地展示了朱氏入闽的轨迹,以及朱松入闽的点点滴滴。朱子阁在先贤祠的后方,沿着台阶而上,是一幢二层的建筑。进入朱子阁一楼,可以看到正中悬挂着"万世师表"的牌匾,牌匾下刻画着"大成至圣先师"孔子的壁画像。大殿内,还有颜子、曾子、子思、孟子四配的壁画像,为书院讲学之所。朱子阁的二楼主要悬挂着朱子三代画像,以及收藏着中华优秀传统文化经典的各类书籍。此处是云根书院的最高处,可以眺望政和城区全景,每当傍晚夕阳西下,红晕的光芒汇镀在红墙碧瓦之上,显得格外耀眼庄重。

二

朱松(1097—1143),字乔年,号韦斋,宋徽州婺源人。宋政和八年(1118)三月,朱松同上舍登第,授迪功郎,被任命为建州政和县尉。政和八年(1118)八月,朱松赴闽首仕,朱松一家八口人千里迢迢顺利到达福建路建州政和县城。

政和当时文化并不发达,名儒贤士如凤毛麟角。唯有豪富子弟方能延师受教,普通民众无书可读。虽有县学,但规模不大,只有明伦堂和两斋,收教县里优秀子弟,每年招收名额有限。为了给更多有志读书者创造条件,特别是为想参加科举考试的人提供补习机会,朱松与县令陈正敏、主簿卢点商议后,由朱松负责筹办书院。宋政和八年(1118)秋,便在县尉署西五十步建云根书院(今政和县宾馆),广纳当地庶民子弟就学,入书院接受教育者,既有当地士子谢誉等,也有朱松胞弟朱柽、朱槔,和追随而来的亲戚俞靖等人。朱松不仅延聘乡儒名师以教生员,还亲自登坛讲学督课,讲"经史百家之言",亦见"宋儒之学不专在经,文史百家之业与经学并盛",体现当时百学昌明的文化气象。

弦诵悠长——南平书院古今

宋代文化学术多元性，面貌也具有多样性，不同时期各有特色。"宋学兴起，既重在教育与师道，于是连带重要的则为书院和学校。书院在晚唐五代时已有，而大盛亦在宋代。"宋代士大夫的师道复兴，推动了新时期的思想解放和学术重建，导致一种具有士大夫精神气质的学术形态——宋学的兴起。朱松的祖地，自南唐以来就属于文教兴盛区，私人办学讲学比较盛行。而政和属于新开设之县，文教有待兴起，在教育上则大有可为。其父朱森在政和居家，也是朱松延聘师资的对象之一，故参与书院讲学活动。政和士子谢誊从学潜修十二年，遂在宋绍兴二年（1132）中进士第。谢誊是云根书院创建后走出的第一位进士，也是政和立县以来考中的第三位进士。

朱松好友谢安时写下《云根书院作》，至今为人们所吟诵，为云根

云根书院先贤祠（林青　摄）

书院所珍藏：

> 结屋傍云根，溪山似陆浑。
> 钓舟藏荻渚，吟径入花村。
> 竹月画满壁，松风瑟款门。
> 静中原有物，浩气塞乾坤。

自朱松建云根书院后，政和文风始盛，儒士善人彬彬蔚起，邑人称朱松"既民之父母，又民之师保也"。从宋宣和元年（1119）至咸淳七年（1271）的百余年中，政和出了9名进士、23名举人和65名贡生。

三

"子之所贵者，孝也。"政和是朱子识孝、行孝、讲孝的原点。南宋建炎三年（1129）十一月初，朱松一家到政和垄寺（今凤林护国寺）以避战乱。建炎四年（1130）五月，浙中龚仪叛兵破婺入建州松溪，朱松携家人到闽中尤溪避乱。仅过三个多月，九月十五日中午，朱子降生于尤溪郑氏馆舍。绍兴四年（1134），朱子的祖母程氏夫人病故。次年朱松扶柩到政和，择地葬母于星溪乡富美村铁炉岭。六岁朱子随父朱松返回政和县，在这里为祖母守孝三年，就学于云根书院。一日，朱松授以《孝经》，朱子一阅封之，题其上曰："不若是，非人也。"

朱松在拜祭扫墓时，常携朱子在身边，以身体力行的方式带他体悟孝道。闽北文化专家吴邦才先生说，朱子的孝道是从政和出发的。朱松是行孝治礼的大家，带着朱子为母亲守孝三年。上千个日日夜夜，耳濡目染，深深地影响了朱子。及至后来父亲去世，省墓展哀的担子就由朱子挑起。一次次地进出政和，极尽孝子贤孙的职责，更增加了朱子对孝道的感性认识。有一年，朱子因故不能在清明如期祭扫祖墓，重孝守礼

的他仍在初冬赶来,留下了《十月朔旦怀先陇作》一诗:

十月气候变,独怀霜露凄。僧庐寄楸槚,馈奠失兹时。
竹柏翳阴冈,华林敞神扉。汛扫托群隶,瞻护烦名缁。
封茔谅久安,千里一歔欷。持身慕前烈,衔训倘在斯。

宋乾道八年(1172),朱子的叔叔朱柽妻丁氏病故,朱子赴政和主持叔母之丧。宋绍熙元年(1190)三月,六十一岁的朱子启程赴漳州任知州前,还带其弟子蔡元定等到政和展墓。他在富美延福寺见寺壁上有其先父朱松题留三首诗,徘徊其下,流涕仰视,动情留言。朱子"佩芋遵考训",以先人为榜样,一辈子与孝同行。他生平第一部著作就是《诸家祭礼考编》。在儒家那里,孝道是通过礼来表现的。孝是事亲观念,礼则是具体仪式和行为准则。它将孝转化为世俗的孝行,把孝道伦

云根书院朱子阁(余明传　摄)

常落到实处。祭礼当是最重要的形式之一。朱子称："某自十四岁而孤，十六而免丧。是时祭祀只依家中旧礼。礼文虽未备，却甚齐整。先妣执祭事甚虔。及某年十七八，方考订得诸家礼，礼文稍备。"束景南先生说，正因朱子如此，"为其后来作祭礼、家礼、古今祭礼之滥觞矣"。

每次到政和，朱子都要到云根书院和星溪书院讲授理学，弘扬孝道，一时四方学子云集政和。从此，政和文风振兴，英才辈出。政和人民为了纪念朱子在政和的功绩，把云根书院作为祭祀朱文公的场所，每年春秋两祀。明嘉靖二十年（1541），知县俞时歆移建云根书院于黄熊山中天堂右，建朱子祠，安设朱子牌位，每逢朱子诞辰之日，邑人举行隆重朱子祭祀活动。

2016年10月18日，政和县人民政府、政协政和县委员会在云根书院天光云影楼隆重举办朱子祭礼典礼，恢复祭礼朱文公。2018年，在云根书院半亩方塘左侧建设涵修楼，一楼为朱子孝道馆。展馆共分前言、溯源尧舜、道绪孔孟、铭记父训、奉敬母亲、尊师敬祖、志高存远、弘扬孝道、构建家礼、孝行天下、孝道传承、历代褒封等十二个部分，较为系统地阐明了朱子识孝、行孝、讲孝的主要内容。2020年10月，政和县举办云根书院创建900周年暨朱子诞辰890周年纪念活动，云根书院被中国朱子学会授予"朱子孝道文化教育基地"。

2023年3月，以"百善孝为先，万事德为本"为主题，由中国朱子学会等机构主办的首届朱子孝道文化弘扬大会在政和隆重召开，来自全国和海内外朱子文化专家、学者200多人参加了会议。大会收到专家、学者朱子孝道论文67篇，召开主题研讨会和四个专题活动，表彰了"2022年度政和弘扬朱子文化模范个人和模范集体"，并提出了"朱子教道、政和出发；孝行天下，福满人间"的《政和宣言》。2023年12月，《朱子三代与政和》出版，是继《韦斋与政和》《朱子孝道论文专辑》出版后又一部朱子文化专著，是政和县持续推动朱子文化创造性转化、创新性发展的又一成果。

孝道是中华民族的传家宝。朱子指出"孝是古今共有之理"。在进入新时代的今天,孝道这个传家宝不仅不能丢,而且应当发扬光大。"友善"是社会主义核心价值观的重要内容。"百善孝为先",孝是友善之首,无孝何谈友善?当今中国已进入老龄化社会,养老敬老尊老问题日显突出。世世代代的中国劳动人民,始终把"尊老"奉为立身处世的大德,相沿成习。"问渠哪得清如许,为有源头活水来。"政和正以实际行动践行让朱子孝道文化发扬光大,让尊老、敬老的道德理念更加深入人心,让中华优秀传统文化更加恩泽惠民。

政和云根书院已成为人们休闲、健身、旅游的重要景点,亦已成为传承与弘扬朱子孝道文化的重要教育基地。

云根书院全景(余明传　摄)

附

重修云根书院碑记[1]

〔清〕丁曰恭

盖闻求名而名亡,不求名而名彰,碑何为者也?况夫公共之所,不费之力而假此以为名哉!然而先贤遗迹,所关甚巨,不志诸石,日久月长,必致芜殁,则云根书院之勒碑以志,固事之宜然者矣!溯厥初构,实自韦斋先生尉政和县时,率邑人讲学于斯,盖朱子亦尝诵读于其间。是以星溪书院为韦斋祠堂,而朱子之牌于是乎在。自宋而元而明以逮我朝,时废时修,邑乘略有可考。迨嘉庆十有一年而芜废极矣。朱子牌位之所,欹倾漏湿,急宜补葺。而学舍之处,颓坏无馀,于是乎肄业诸生及邑人慨然修整。议以朱子牌位之所,让刘庭元之族葺之;学舍之处,则诸生及邑人捐膏伙助资财而共为之。至十有二年九月而落成,而云根书院焕然一新,维时列筵而会诸生及邑之人。而定议者赵铭室一人,其始任其事者,魏崇德、魏锦松、赵芹芳三人,其终成事者,魏锦松、赵芹芳二人而已。其馀诸生,邑人捐膏伙助赀财者,碑不能容,悉登于版。夫学校之设,所以造就人才,成德业、继前哲也,诸生而不发奋笃志于此,而浮慕先贤之迹作为闲院,以冀垂之于后,曰某年某月我辈之构成也,后之人将有指其名而议之者,则此碑之立,亦可惧也夫!

---

[1] 本文选自李熙等:《(民国)政和县志》卷十三,《中国地方志集成·福建府县志辑》第8辑,上海:上海书店出版社,2000年,第582—583页。由罗小成标点。

星溪书院：星溪十友赋诗文

◎罗小成

"正拜山前结草庐，春来问子意何如。邻家借得宽闲地，整顿蓑衣剩种蔬。"这首《题星溪书院》是朱松在政和为母守孝期间所作。宋绍兴四年（1134）九月，朱松之母程氏夫人去世，安葬在政和星溪乡富美村铁炉岭，朱松全家在政和寓居守丧。绍兴六年，因朱松再次丁忧无俸禄，朱松的两个儿子在"尽室饥寒，朝不谋夕"中先后馁馑。这段时间，是他一生中生活最艰难的日子。但是，身处逆境的朱松仍以积极的人生态度面对生活。《题星溪书院》这首诗虽写得悠然自得，表达朱松对美好生活的向往，实质上更深的寓意是希望南宋朝廷早日收复中原，结束烽火连绵的战乱，让人们早日过上稳定的生活。

—

星溪书院是朱松于宋宣和二年（1120）秋在政和创办的第二所书院，既是讲学藏书之所，也是文友之间结社唱和之地。旧址位于政和县治之南七星溪河畔正拜山（今飞凤山）脚下。朱松兄弟亲自讲学授课，幼时朱子在星溪书院就读。宋、元、明、清，先后进行五次重建、扩建和多次修葺。明成化十四年（1478），教谕吴宪建言福建省按察司佥事

·政和篇·

清代星溪书院图

周孟中在星溪书院旧址复建，知县沈伦于院北建天光云影阁，阁后拓地建光风霁月亭。清康熙四十六年（1707），内翰知县张寿峒重建。乾隆四十四年（1779），知县曹承祖、教谕傅廷琪、训导王孙恭重修。同治四年（1865），知县魏应芳等募捐重建，并建祠内正厅，在祠外建楼曰"仰山"。光绪二十一年（1895）火灾，光绪二十二年，邑绅赵瑞征、魏乃煊、赵晋、杨之钰、孙萃文、倪泽周等重建。光绪三十二年，书院改为星溪学校；1952年毁于洪灾。

2017年2月，政和县委、县政府对星溪书院进行第六次易址重建，2022年10月全面竣工，坐落于政和母亲河七星溪河畔石圳湾4A景区内。书院占地面积18亩，建筑面积1660平方米，有广场、照壁、泮池、牌楼、门楼、韦斋祠、明伦堂、仰山楼等主体建筑，建筑群设计为中国传统儒家文化影响之下的对称形制，表现不偏不倚。不偏之谓中，不倚之谓庸，是为中庸之道。主体建筑依山势而建,逐递升高,寓意为中正平和,步步登高。

走进宽阔的韦斋广场,前面的照壁高3米,宽24米,正面为"星溪书院"四个朱体大字,背面是朱子为父亲撰写的行状,全文6000余字。跨上登云桥,走过泮池,看到的是书院牌楼。牌楼规模宏伟、壮观,高13.36米,宽18.53米,展开宽度22.22米,采用庑殿顶,黏土筒瓦屋面,三层半拱结构,石柱为础,大开三门,系六柱七楼八字牌楼;牌楼通体使用3.3万块宋、元、明、清历代珍稀古砖砌筑。砖雕的雕刻面积达99平方米,雕刻57种118件图案、纹饰,镌刻224字,展现朱子理学与中华传统文化内涵,被誉为"最美古砖雕牌楼"。

门楼上方悬挂"星溪书院"牌匾。进入门楼照壁正方悬挂的是"天地宾鸿",是取自朱松《将还政和》诗词中的"归去来兮岁欲穷,此身天地一宾鸿"。门楼两旁分别为:明清时期政和县疆域全图、四境图、城域图和县治图,从中可见当时政和县的基本面貌。

韦斋祠是书院标志性建筑,为清代木结构,多用穿半式构架,夯土山墙,坐东南向西北,四个悬山屋顶围合成方形的抱盒式建筑,也叫"一颗印"建筑。整个建筑用料硕大、结构科学、富丽堂皇,是200年前不可多得的官式建筑。外观单层,实为两层,山面做夯土墙。韦斋祠正门厅堂上方排列五层云状形栱。韦斋祠为书院的"祭祀"场所,祭祀书院创办人朱松。

穿过韦斋祠,拾级而上就到了恢宏壮观的明伦堂。这是书院读书、讲学、研究之所,是传承千年文化教育讲学论道的地方,它承担着传播文化与学术研究的功能。讲堂面积300多平方米,正中上方挂"万世师表"匾额,下方挂孔子画像,后方两旁悬挂的是孔子四配:颜回、曾子、子思和孟子。整个讲堂可容纳学员112人。明伦堂右侧是仰山楼,乃书院藏书之所。楼上为藏书阁,收藏有《朱文公全集》《闽台方志》《福建省志》《八闽通志》等历史文献书籍二千余册，并设有小型研学场所。仰山楼前方的广场立着汉白玉材质的朱子像，通体皎白，如云之洁，象征朱子文化与天光同脉，光洁如新。

二

宋宣和二年（1120年）初，朱松夫妻喜得子。到了五月二十日，不幸的事却突然降临，朱森病逝于"建州政和官舍"。早在雍熙二年（985）十二月，宋太宗皇帝就下诏："三年之制，谓之通丧。乃圣人之垂教，贯百代而不易。"宋太宗提倡以孝治国，凡官员遇到父母和祖父母去世，须向上级报请解官，守孝三年。有司备案在册，服满后方可申请起复，或请差遣职事。朱松依礼行事，当即请求解官守孝。

星溪书院全景（余明传　摄）

对朱松来说，突如其来的家庭变故，实在是沉重打击，解官便没有俸禄，全家陷入经济困境。朱松岳父家的丰厚产业在方腊起义后焚荡殆尽，自顾不暇。朱松三兄弟无法筹足资金运送亡父灵柩回婺源，只好停殡于政和县感化里（今铁山镇凤林村）的护国寺。朱松辞官，退出官舍，在政和城南星溪边的正拜山（今飞凤山）麓赁屋而居。

为了解决经济问题，养活全家大小，朱松于宣和二年（1120）秋在政和桥南正拜山下建书院收徒讲学，以收取束脩维持生计。朱松新的讲学之所，在县衙对岸的飞凤山麓，前临七星溪，便命名"星溪书院"。由于云根书院为朱松在职所建，带有官修色彩，且离官衙太近，戴孝之人不便出入，故而朱松多在私立的星溪书院为诸生讲学。朱松这样做，显然是要分清公与私的不同，公私分明，人无闲话。星溪书院"乃藏书之所"，因书院建设规模较大，场所齐全，既可以教学，又可以藏书，解决了县学和云根书院藏书没有场所的问题。

朱松兄弟将其父朱森安葬在政和，意味着以政和为第二故乡。而朱松也思虑，两个胞弟年纪也不小了，大弟朱柽已二十五岁，小弟朱槔已二十三岁，将来要谋求发展，要有一个落脚的地方，最重要是两胞弟"皆以读书与科举为务"，就是要参加科举考试获取功名。按北宋嘉祐再祥定科举制度规定，朱柽、朱槔二人必经具备"房舍"和"父坟"均在政和县，才符合科举考试的条件要求。于是，朱松为胞弟朱柽、朱槔上报户口，入籍定居政和。朱柽占籍政和，在星溪书院授学兼读书，后中武举，为承信郎，平生坚决主战抗金。朱槔占籍政和，在云根书院授学兼读书，后报名参加考试，考取建州贡元；有游侠豪气之勇，精于诗，著有《玉澜集》。

朱松"中更忧患，端居无事"，以读书讲学为主。朱松在星溪书院讲学，收授对象以普通百姓子弟居多，因此受教育者众多，其中程鼎（1107—1165，字复亨）于宣和元年（1119年）远来追随姑表兄学习，前后两年时间，因听报父亲去世噩耗，要马上回老家看望母亲和祖母。临别前，朱松写一篇序文送之："广平程某复亨，谓予外兄。从予游于闽者而语以安逸忧患，知之详矣。"朱松要求表弟回去做好几件事："葬吾舅而后加吉服""茸尔居以宁尔亲""勿忘四方之志"，"子归矣，他日执经而来问予，能入于常流而不变其味乎？尚能为君辩之"。序文的落款时间是宣和辛丑八月某日，即宣和三年（1121）八月某一天。朱松从尽孝、事亲、交友、享乐、学问、志向六个方面要求十五岁的表弟，寓意深远。"茸尔居以宁尔亲"，讲的是程家房屋在战乱中受到破坏，需要修复以便亲人居住。朱松所言"勿怀安"，令人想起"齐姜劝重耳勿怀安"的历史故事。从这里看出，儒家无不借重要历史事件、重要历史人物来讨论为人处世的深刻哲理，实质就是教化。

宋代读书人，在官则尽心效力办事，去任则可讲学授徒。这是西周

星溪书院韦斋祠（许荣华　摄）

文化之遗风，因为西周国学、乡学教师皆由士以上现职官员和退休官员担任，体现了政教合一的特点，且形成一种良好的社会风气。朱松在政和亲手创建云根、星溪两所书院，着力培养人才，对政和教育来说，可以弥补官学的不足。实际上，官办学校、私立学校，各自都在培养人才上发挥重要作用，尤其是承担着社会价值的重任，起到教化作用。

朱松在政和兴办教育，传播文明，首开政和文化教育之先风。宋绍熙五年（1194）十月，宋光宗追赠朱松通议大夫；元至正十一年（1351）十二月，元顺帝追谥朱松献靖公。元至正年间，政和人民在星溪书院为朱松立碑，建韦斋祠，主祀朱松，春秋两祀，岁以为常。

三

朱松知识渊博，是个大诗人，又是治学严谨的学者，其思想集儒、释、道兼容。少年时的朱松就才华出众，常语出惊人，诗文以不事雕饰为美，讲求超然秀发，有出尘之趣，到处传诵，直达京师。人们虽未谋面，却已闻其诗。朱松一生不觉疲倦，孜孜以学，他在政和担任县尉期间，在尉署后五十步处建立一室，取名"韦斋书室"，这是他忙于政务后的坐寝，也是他治学的书房。朱松对"韦斋书室"是极为看重的，他先后请老师罗从彦写《韦斋记》，友人曹伟写《韦斋铭》，其子朱子后来写了《韦斋记后跋》。

朱松公事之余，喜欢结社交游唱和，但他交游有尺度，要"友其士之仁者"，所结交贤能，既要鼓励别人，也要鞭策自己，以仁者为友。在求学向善上，朱松在官暇之余，经常与长沙陆宣公、浦城萧子庄、沙县罗从彦、剑浦李侗从游，时常听讲杨时所传河洛之学，独得古先贤不传遗意。于是，他"日诵《大学》《中庸》之书，以用力于致知诚意之地"。从道学渊源上看，朱松秉承程颢—杨时—罗从彦的"洛学"思想体系，也以《中庸》冠于四书五经之道，独《中庸》出于孔代家学，《大学》一篇乃入道之门。在五经中，朱松一生最看重的是《春秋》一经，他的忠孝气节和抗金思想是通过《春秋》学的，并传授灌输给朱子。受其影响，朱子也特别喜好《左氏春秋》。

在政和的十余年里，朱松结交众多的文人雅士，既有同僚同事同学，也有亲戚门人和本地儒生乡贤。他们在南轩结社，在文友之间吟诗唱和。朱松、朱柽、朱槔、卢点、金确然、卓特立、俞靖、程鼎、谢誉和吴球十人，因交情深厚，文苑美名，时人称之为"星溪十友"。

政和是北苑贡茶产区之一，朱松十分关注茶农、茶事，且对茶有深入的研究。他经常利用下乡巡视和休暇的机会，到富美延福寺、东平龙山寺、外屯石门寺及城关白云寺等著名古刹，品茗论道，吟咏会友，留下不少与茶有关的诗作。如《董邦则求茶轩诗次韵》："一轩新筑敞柴荆，北苑尘飞客思清，更买樵青娱晚景，便应卢老是前生。千门北阙梦不到，一卷玉杯心自明。冷看田侯堂上客，醉中谈笑起相烹。"卢老是唐代诗人卢仝，作《七碗茶歌》，朱松一喝茶，便想到卢老，可见朱松是多么好茶。《谢人寄茶》："寄我新诗锦绣端，解包更得凤山团。分无心赏陪颠陆，只有家风似懒残。"这里写友人寄龙团凤饼茶给他，朱松高兴之余就想起茶仙陆羽和唐代懒残禅师。《元声许茶绝句督之》："凤山一震卷春回，想见香芽几焙开。未办倩君持券买，故应须我著诗催。"朋友许诺给朱松的北苑茶还未收到，他写诗催朋友快寄茶。

观澜亭，是朱松门下弟子谢誉（字绰中）为感谢老师朱松，沿星溪河畔而建，在休暇时供"星溪十友"等文人雅士结社酬唱、煮壶论道、吟诗品茗的场所。为此，朱松作《和谢绰中观澜亭》一首赠谢誉。诗中曰："云间谢公子，五字冰雪寒。展读胜图画，经行记林峦。九垓未暇游，据壳谅匪安。一定何时日，眷焉抱长叹。"谢誉与朱松从游二十余年，与朱松诗词酬答甚多。

吴球，字元璞，政和南庄人，朱松的门下弟子。从小聪慧，喜读书，朱松创办星溪书院后在其书院就读。经过十年的寒窗苦读，于宋绍兴二年（1132）与政和同乡谢誉中同榜进士，他是星溪书院创办十年走出的第一位进士。吴球有感而发，写了《星溪书院作》："茅斋雨过竹鸡啼，溪水涵空树影低。爱煞夜阑风色静，澄潭冷浸碧玻璃。"

　　朱松任官政和，先后创办了云根、星溪两所书院，教化邑民子弟。朱松一生著有《韦斋集》十二卷外集十卷，但是外集十卷已佚，现只存《韦斋集》十二卷。直秘阁傅自得为《韦斋集》作序，称"公诗高洁而幽远，其文温婉而典裁。至于表疏书奏，又皆中于理而切事情"。朱松是个大诗人，一生写下几百首诗，其著名的《韦斋集》中写政和的诗就有六十多首。朱松在政和期间，以他为首的"星溪十友"唱和诗风充溢于政和诗坛的各个角落，这一重要文学现象在政和的文化史上是不可抹去的，其构成政和灿烂文化中的作用更是不容小觑。

附

星溪书院记[1]

〔明〕林　雍

　　成化十五年乙亥，提学佥事庐陵周公时可，考课至政和，邑人致仕教谕吴宪，进县志言；宋政和七年，韦斋先生由郡庠贡京师，同上舍出身，授迪功郎，尉是县，建书院于星溪之南正拜山下，以供职事之馀读书观理，而养其高大之趣，于以风化县人子弟，使知向学。其院岁久荒芜废坏，谋厥址重修建，以成仰止之心，以待夫学古有志之士。分巡建南道佥事河南高公钟秀实赞襄之勤，乃命知县沈明请文以记其事。雍顾不文，将辞不敢，乃惟是举，吾党分内事，乌可不尽其愚而已于言哉。先生有俊才，下笔语辄惊人，肆力经史，期为有用。复游龟山杨氏之门，闻河洛之学，益自折节以趋本实，日用力于致知诚意之地，辨义利，察伦理，孝于亲而忠于君，高志大节，确乎不可尚矣。故其子晦翁先生得道学之传，承先圣之统，实家庭之训有以启之也。周公时可自少有大志，尝以圣贤之学，自期待于先生父子之道，固已信之笃而契之深矣。则夫藏修之地而为爱惜，宜乎其然也。高公鉴此为风化攸系，非托诸文字无以昭示永远，其向善乐义之意，则所谓协恭和衷者也。沈君克体周公之志，于院之北，建天光云影阁，奉祀晦庵先生，而勉斋、刘云庄、蔡九峰、真西山为配。阁后开拓建光风霁月亭以临其上，则其中之所存，亦岂俗吏所能仿佛哉！

---

[1] 本文选自李熙等：《（民国）政和县志》卷十三，《中国地方志集成·福建府县志辑》第8辑，上海：上海书店出版社，2000年，第581—582页。由罗小成标点。

抑学校之官,汉唐以来,固所不废,惟所习者世俗之书,所攻者进取之业,竟不知圣贤大学之教为可重,此白鹿、石鼓、星溪之庐,所以又别有作,以高其为世之志,而自不混于时俗。洪惟太高祖皇帝,建学造士,以五经、《孟》《论》《学》《庸》之典,即二帝、三王、周公、孔子以及程、朱之道之所在也,涵濡成就,超越前古。学者正宜尽心以求其至,亦不待于学官之外有他求焉。惟或思之不审,是以多忽其所重而趋其所轻。其能卓然以圣贤修己治人、经国济世之道自期许者,盖亦间见而特出也。周公之为是则亦不能不为此虑,有望于来学者深矣。若谓静处于斯,不夺外诱为可尔。若徒务博洽纂组之学以为折桂之资,则已误矣。凡我八闽之士,宜亦有闻风而兴起者,以副周公之至意。

梧桐书院：乡村书塾先行者

◎ 罗小成

梧桐书院不仅是政和最早的书院，也是闽北、闽东最早的书院，创建于唐懿宗咸通二年（861），位于澄源乡上洋村东钟山麓下。在闽北，梧桐书院与另外两座书院齐名，一座是唐代乾符年间（874—879）唐兵部尚书熊秘创建于建阳的鳌峰书院，另一座是唐工部侍郎黄峭（871—953）弃官归隐时创建的邵武和平书院。相比于这两座书院，政和梧桐书院创建时间至少还要早十几年。

一

上洋梧桐书院是唐大中年间（847—860）银青光禄大夫、政和五大开拓者之一许延二创建。书院历经沧桑，从唐、宋、元、明、清历朝以来都进行多次修葺和扩建。一千多年来，梧桐书院作为中国古代民间兴办的教育场所，发挥了传统论道、养心修性、民风教化的重要作用，培养了一代又一代学人士子和乡绅乡贤。直至20世纪50年代，书院依然是附近地区活跃的学校。1937年，书院改为澄源乡国民中心小学，1942年校迁至澄源洋头庵。1958年，梧桐书院被彻底毁坏，屋瓦和木材被拆除他用，书院成了一片废墟，原址只剩下一口古井和一堵残垣断壁在诉说着过往的辉煌。

2017年9月，上洋梧桐书院在原旧址重建，2023年3月主体工程基本竣工。书院占地面积300亩，建筑占地面积3012平方米，主要有智仁堂、德宣厅、慈爱厅、博雅厅、状元楼、延二公祠、牌坊、门楼等建筑。书院的建筑群坐落于环形的山谷之中，南低北高，依山傍水，视野开阔，环境清幽，规模恢宏；采用仿古中式江南风格建筑，主体建筑呈中轴对称布局，南北向形成主轴，东西向形成辅轴；体现儒学文化，庄严肃穆，凝重高雅，宁静祥和，古色古香。

走进梧桐书院，首先映入眼帘的是宏伟壮观的品字形的石牌坊，正

梧桐书院全景（许荣华　摄）

面为"梧桐书院"四个隶体大字,背面为"国运遐昌"四个隶体大字。牌坊正门两侧的立柱题写两副书法楹联,正对写道"乡梦重燃中国梦,学风再振大唐风";副对写道"梧桐栖凤春光秀,庠序培才奎斗辉"。楹联书法苍劲有力,神采飞扬。穿过牌坊进入书院广场,沿广场北石阶拾级而上,呈现在眼前的是书院门楼,门楼一层高,前为庭院。越过门楼,登上登云桥,走过泮池,看到的是书院标志性建筑智仁堂。智仁堂乃讲学之所,是学子读书学习的地方。其右侧是聚状元楼,是学习住宿生活的场所。经过智仁堂,往北拾级而上就到了宽敞的雅院,其东西侧分别是慈爱厅和博雅厅。慈爱厅为研学之所,博雅厅为藏书之所。沿着雅苑往北,穿过院门,绕过书院遗址,站在院前广场中央,呈现在面前的是庄重的延二公祠。延二公祠是书院的祭祀场所,主要是祭祀书院创办人许延二公。延二公祠左侧,有廨院遗址和梧桐入闽始祖延二公及梁夫人墓冢。再往左侧走几十米就是"廨院坑",此处有北苑贡茶清平焙遗址和异品亭,亭后有片高大壮硕的千年古茶树。南宋副宰相许及之当年来廨院谒拜先祖时,作《白山茶》诗云:"白茶记异品,天曹玉玲珑。不作烧灯焰,深明韫椟功。易容非世力,幻质本春工。皓皓知难污,尘飞漫自红。"

梧桐书院依据自然地形,由南至北贯穿主轴且依次抬高地势,形成四进制院落;辅轴与主轴垂直,形成二进制院落。整个书院的建筑群沿轴线布置,形成合院式建筑,各建筑通过庭院连廊相互连通,形成步移景异的视觉。书院建筑吸收了民间建筑的特点,有朴实自然之美,含"善美同意"之义;书院的外观清水白墙,灰白相间,虚实对比,格外清新明快;重檐歇山顶,建筑外廊、游园亭子、牌坊、屋脊吻兽等均显露其内部构架特点,素雅大方。优游书院,躬行践履,移步观景,祭祀行礼,体现了"礼""乐""仁"的儒家思想,是传播传承中华优秀传统文化的重要场所。

二

兔葵燕麦几春风，松桧梧桐万古同。
帘外高山长不老，窗前流水漾无穷。
竹存旧绿添新绿，花有娇红间残红。
更有栽培丹桂客，人人有路透蟾宫。

这首《题梧桐书院》七律诗是浙江景宁人叶向辰，于清同治四年（1865）编修《上洋许氏宗谱》时所作。诗中借用"兔葵燕麦"的典故起兴，寄托绵延不绝的思古幽情；用"松桧梧桐万古同"指称"许叶一家亲"，万古同源。借用"高山""流水"，缅怀追思上洋开基始祖许延二公遗世的"不老""无穷"的功绩。描绘绿竹、红花、丹桂飘香的景象，寓意梧桐书院教化一方，人才辈出。"人人有路透蟾宫"实为点睛之笔，

梧桐书院旧址（余明传 摄）

盛赞梧桐书院为当地平民学子求学晋升、登科及第，开启了一扇"蟾宫折桂"的天穹，表达了对莘莘学子的期望和美好祝愿。

书院建造者许延二，字德勋，号次官，原籍河南光州固始县，生于唐文宗大和四年（830），是政和澄源许氏入闽始祖。

唐宣宗时，许延二是朝廷理财之官，拜从三品银青光禄大夫，与其兄许延一（字德猷，后跟母姓叶，生于唐大和二年）同掌皇室库钞。兄弟俩满腹经纶，为官清廉，两袖清风，却被奸臣诬陷，许氏兄弟感到愤恨不已，不久后许延二愤然弃官归隐。兄弟商议，效法先祖许由，南下寻找隐居去处。大中十年（856）正月十七日，兄弟二人携家口随从七十余人，辗转寻至关隶县南里境内，至楼下，见坐马下跪，即于此下驻，立石为记。一日转向前山，至何厝山头，忽见白牛卧于梧桐树下，三日不起，心乃欣喜若狂。因为昔日在扬州时，曾见金盆现梧桐，现变为现实，真正的梧桐宝地，终于显现于眼前，兄弟欣喜，如梦以偿。

此后，许延二于梧桐肇基繁衍为南里梧桐上洋（今澄源乡上洋村）始祖。隔着南山岗，兄弟比邻而居。作为政和五大开拓者之一的许延二与其兄叶延一携带家眷仆从32姓70余众归隐政和，这是一次人口的迁徙，更是一场中原文化的渗透和文明的传播。兄弟俩拓桑田，办农庄、建庙宇、创书院，给闽地带来了中原的先进文化和生产技术。许氏十分注重教育和人才培养，于唐咸通二年（861）在上洋村东兴办梧桐书院以教育子弟学习儒家典籍，崇学向善，做有学问的正直人。早期的梧桐书院，仅是许氏子弟诵读经书的私塾场所和许延二读书藏书之处。但因求学者众，不久就逐渐衍变成一所民办书院。许氏后人不仅聘请饱学之士到书院任教，而且置办学田，对外招收学子，澄源其他各姓氏家族也都捐钱粮和田地资助书院，并将子弟送入书院就读。渐渐地，梧桐书院的教学日趋完善，学子也越来越多，影响越来越大。

三

梧桐书院坐落在政和县澄源乡上洋村东,距离村子只有几百米的廨院坑,现在人们叫此地为"书院坑"。书院背靠一座小山,面向政和中部最高峰、海拔1466.3米的南山岗。背靠的小山叫钟山,似乎在无时无刻提醒着学子们:一寸光阴一寸金。相传,古时书院东面背靠的这座钟山建有钟山亭,而书院面向的西面小山岗上则有一座向书亭,南面通往澄源的路上还建有一座云山亭。如今,云山亭尚在,另两座亭台已风化在岁月的书声里。书院的山脚有条弯曲的小河,终年清水流淌,名曰"南溪",南溪边有块方石,人们谓之"官印",官印石旁边则是一鉴方塘,终年流水潺潺,谓之"墨丘"。书院如此多娇,引无数文人骚客竞折腰。

明代文学家冯梦龙在寿宁县任知县,以其"政简刑清、首尚文学、遇民以恩、待士有礼"的治政风格,深受当地民众和士人的尊敬。在寿宁主政的五年期间(1634—1638),冯梦龙每年到建宁府述职时,都要

梧桐书院牌坊(郭隐龙 摄)

经过政（和）寿（宁）古道边的梧桐书院，并作短暂停留，与书院先生交流，给学子讲学，至今还流传"书院声传百十里，子弟成才千万人，先生传书四五句，梦龙闲谈三二言"的佳话。这里的"四五句"说的是四书五经，"三二言"就是冯梦龙的"三言"和凌濛初的"二拍"。

书院在文人墨客的诗词里，无不充满了美妙的诗情画意。清代进士彭铭寿在游历讲学梧桐书院后，作诗云："梧峰气象倍雄强，荫育人才更异常。天马朝迎攀桂客，丹山暗拱读书堂。印浮水面文章焕，斗映棂前典籍光。圣泽涵濡资雅化，频年钟鼓听胶庠。"诗句的光芒中，让梧桐书院的晨钟和琅琅书声犹闻在耳。风声雨声读书声，家事国事天下事，在春暖花开中游宴、品诗、论文，研究著述，诗论时局的那些羽扇纶巾、长衫翩翩的文人士子似乎浮现眼前。

梧桐书院对当地人的影响不仅体现在诗词的记载中，还深植在乡民的文化自信里。澄源下村111号是一栋明清古民居，门楣青石上赫然阴刻着"汝南公评"四字，它下方左右两侧，分别阳刻"月""旦"两字。梧桐书院所在地澄源上洋村101号古民居门楣上也嵌有阳刻"评追汝南"四字。澄源乡石壁村车盘坑许成宝家古屋的大门条石上，镌刻着这样一副对联："月旦更评推汝水，睢易秉义显凌烟。"这些文字，体现的正是东汉年间许劭、许靖兄弟开展的"汝南评""月旦评"文化。像"梧树旧家风"这样的石刻门联，在澄源乡各个村落中随处可见，体现的正是当地乡民在梧桐书院教化下耕读传家的风尚，见证并传承了优秀中原文化和许氏优良家风。

四

遥想当年，延一公、延二公肇基梧桐之初，不仅带来了当时最先进的农业技术，而且用来自中原的汉唐文化璀璨之光，照亮了这片蛮荒之地。汉唐诗篇由此在梧桐故里奏响了华丽的乐章。在此后的200多年间，这座由唐集贤殿学士所办的梧桐书院，无疑是唐、五代时感德场地区的文化高地。梧桐书院如同在黑暗无边的夜里，在这片贫瘠的土地上，为有志向学、坚韧前行的学子，点亮了一束温暖而炽烈的火把。千百年来，为摆脱命运的困境，一代代人借由梧桐书院的启蒙，挥别故里，远走他乡，寻觅更宜居宜业之地，追求更美好幸福的生活。

为传承中华优秀传统文化，弘扬中华民族尊老爱老传统孝道文化，推进家庭家教家风建设，树立"孝贤典范"，形成文明乡村、文明乡风、文明家风的社会新风尚，福建省姓氏源流研究会许氏委员会暨福建省许氏宗亲联谊总会，在全省许氏中开展"孝贤之家"评选活动。2023年2月，政和县镇前镇梨溪村许达清、黄媚媚伉俪被评为福建省首届七个"孝贤之家"之一。2024年2月，政和县澄源乡上洋村许显俊、范隆爱伉俪

延二公祠（郭隐龙　摄）

被评为福建省第二届四个"孝贤之家"之一。

一千多年来,梧桐书院培育了无数政邑儿女,延续着梧桐文脉。"更有栽培丹桂客,人人有路透蟾宫",澄源人求学尚学蔚然成风。如今,上洋村是远近闻名的"教师村",小小的一个村子从事教师职业者竟有两百多人。20世纪50年代至今,从澄源乡先后走出10多名博士,30多名硕士,近千名大学毕业生。近年来,澄源乡考上重点大学的学子不断增多,其中有3人考上北京大学。

"凤栖梧桐鸣高岗,士临疏桐染墨香。"梧桐书院在澄源子子孙孙的心里,无不充满了美妙的诗情画意;让千年之后的我们,依然能感受到那幽静风雅院落中俯拾诗的碎片与光芒。相信,梧桐书院重建的文化自觉与自信最终将是人民的福祉,奏响乡村振兴的强音。

附

重建梧桐书院记

林文志

一位人物，开创政和一片城邑街市乡寓村堡；一座书院，见证政和一个家族长盛不衰人济才盛。

此人物者，乃许延二公也。唐咸通年间，官皇室库抄，拜从三品级，赠银青光禄大夫。其为官，勤政清廉，两袖清风；其为人，温良恭俭，入孝出悌；其为学，博览经书，著述成帙；其为事，身体力行，无分巨细。因厌倦官场，为躲避权争，一路向南至闽地，兄弟树下分许叶。许延二公，择上洋而居，置田产以资生计，修路桥以通四方，筑寺庙以佑众生，建书院以育子孙。乃见代代繁衍，开枝散叶，遍布九州，远及海外，儒者辈出，能人济济。

此书院者，乃梧桐书院也。位政和县澄源乡上洋村，开闽北乡村书塾之先驱，立宗族教育之榜样。唐咸通二年（861）肇建，后有损有补，有毁有复，2018年开工重建，2023年主体工程基本建成。一千二百年来，书院声传百十里，子弟成才万千人。书院依旧址在廊院坑，前低后高，拾级仰望；背靠钟山，面朝南岗；一路经过，状如腰带；五峰连绵，峰峰升高。此山形水势，方圆罕见，遐迩难寻，天地造化，乾坤生赐。

进入新时代，文化新篇谱。梧桐有历史，许氏人杰鼎。俊者登高呼，众亲应无数。一朝规划成，化作竣伟图。族人彰自觉，世上多赞慕。

书院首建曰牌坊。四柱三门，宽广凌霄，上额"梧桐书院"四字，有牛斗金光之气，呈马啸长空之雄。联书曰：乡梦重燃中国梦，学风再振大唐风；梧桐栖凤春光秀，庠序培才奎斗辉。

牌坊之后曰门楼。敦实诚毅，简约大方，笑迎八方学子，喜接四海宾朋。

门楼之后曰智仁堂。端稳厚健，雍容华贵，是为讲学明伦之要所。门联寄寓：精思博学宏谋远，厚德高行福泽长；孔子行教图高挂中堂，至圣先师"德侔天地道贯古今"精神常在，"删述六经垂宪万世"伟业永存。

智仁堂后曰延二公祠。塑许延二公像，头戴银青光禄帽，身着银青光禄服，面色红润，双眼炯然，贵享子孙千秋祭祀、荣尊族裔万代景仰，祈愿族人薪火永续，族风代代相传。

延二公祠两侧曰遗存。左侧前方，保存一方旧书院土墙，历年久倍感沧桑，跨时空更觉可贵。右后侧方，保护完好延二公墓冢。上洋许氏宗谱记载，许氏裔孙、南宋参政许及之，嘉泰四年（1204）廨院山谒墓诗："凤栖最下势居中，左有清平右定风。三寺团圞围廨院，共闻暮鼓带晨钟。"诗中地名景物证实，现保护下来的墓冢，正是延二公墓。幸哉幸哉！

梧桐高千尺，政府功勋殊。政和县呵护，澄源乡支持。领导常调研，政策多倾斜。立项马上批，事情及时办。供地二百三十亩茶园渔塘以作学田，拨金七百万元以配套道路交通园林绿化公共设施，召开会议团队研学大众旅游百余场次，书院朝着办活用好方向健康发展。

蝉立梧桐声自远，上洋村里许氏长。祭祀先祖行忠孝，育人立德大弘扬。文化振兴更自信，美丽乡村宏景展。

甲辰年孟夏写于南平

西垣书院：一水护田书香浓

◎ 范渠森

范渠森，教授级高级农艺师、中国园艺学会会员、福建省农学会会员、福建省民间文艺家协会会员、南平市作家协会会员、政和县作家协会常务理事。在《武夷文化研究》《政和资讯》《佛子山》等发表文章十余篇，主编和参与编辑政和县《劳模纪事》、《一水护田》等文学和文史作品。

西垣书院位于政和县东平镇护田村，创建于清光绪十八年（1892）。"西垣"为唐宋中书省的别称，因设于宫中西掖，故称西垣。书院位于护田村西部，因此取名"西垣书院"。

护田村历史悠久，人才辈出，是政和县著名书香古村。1986年9月，福建省文管会、省博物馆普查组在护田村郑源新厝林发掘西汉古墓，出土了石锛、印纹陶豆、罐、瓮、鼎等商周时期文物，证明早在商周时期，护田村就有人类居住。《（民国）政和县志》载，明万历举人、山东武城县令游应运所作《云峰寺碑记》中的云峰寺，位于东平里护田乡，是护田富户游文与僧人慧足于唐文德元年（888）所建，这说明在唐代，护田就是一个人烟辐辏、繁荣富裕的村庄了。宋代有蔡姓在此成为望族；

元代杨姓迁入，后成为大姓；明代范姓迁入；清代周姓、魏姓、朱姓、陈姓陆续迁入。

杨相，字仲昭，生于明洪武十年（1377），少年时谈吐就与众不同，长大后善于经商，贸易四方，每次都能获得倍利，资财日丰，因而富冠邑里。其平生性醇质厚，乐善好施，乡里贫困者都得到他的周济。正统六年（1441）陕西闹饥荒，皇帝诏令民间有愿意出稻谷赈济饥年者给予表彰。当时杨相和本县王镇、吴伯起各运谷一千一百余石到陕西赈灾。当年九月二十二日皇上颁赐敕书表彰杨相三人为义民，清雍正朝表彰杨相为尚义大夫，命建坊立匾"杨老尚义之门"，犒劳以肥羊美酒。杨相一生积德行善，助人不倦，对族亲姻戚的资助和爱护更加周到。他在村中建祠堂、设祭田。祠堂春秋两祭作为祭祀祖先的场所，平时作为本族子弟的私塾，延请塾师以儒学思想和朱子孝道启蒙教育本族子弟。他还划拨部分祭田收入设立"六十酒"，每年八月十六日以羊羔美酒宴请族中六十岁以上老人，成为护田杨氏独特的族规，"沿以为例，派轮设馔"，一直沿袭至20世纪50年代。护田人重视教育，据有关史料记载，护田游氏在明万历之前就已建家庙（祠堂）；范氏于清乾隆年间建祠堂，设私塾，为本族子弟启蒙教育提供场所。

自杨相的孙子杨永晓入选增贡后，护田英才辈出。据护田《杨氏族谱》《范氏宗谱》和《政和县志》统计，护田村明清时期有文武生员（秀才）105人，贡生（准举人）35人，举人1人，进士1人；奉直大夫（从五品散官）5人，奉政大夫（正五品散官）3人；省议员3人。他们中最突出的是游应运，任官期间，建学宫，修城隍庙；荒年施粥济赈，救活无数饥民；父母丧事回乡丁忧，行李萧然，百姓拥送，直至大哭而别。清代中后期，进士杨汝为任安肃知县、广平知县等，任职期间不逢迎上司，不趋炎附势。他说："为政之道，教化为先；欲教民，必先养民；欲养民，必先卫民。"因而锐意浚筑城池，以防贼寇；实行联保甲制度，以团结民心；制造军器，以强卫力；建立赏罚制度，以发展农业；设立书院，以授儒业，正人心，息邪说。

清乾隆以后陆续有周、朱、魏、陈姓和另一支范氏迁入护田定居，原有宗族私塾满足不了全村其他姓氏儿童启蒙教育的需要，光绪十八年（1892），杨光元（字礼煌，岁贡，奉直大夫，省议员）与其堂妹夫范光威（字定邦，号静山，恩贡）为首兴办西垣书院。书院的形式按照规制设计建造，是当时全县最标准的书院之一。

西垣书院造型自然淡雅，古朴大方，结构严谨，厚重实用。主体建筑为单体结构，呈长方形，南北面宽26米，东西进深41米，四周建围墙，墙基用河卵石砌成，墙身白灰粉刷，墙头以薄砖砌马头墙，屋面四水归堂，雨水全部落进天井或墙内"干沟"。

书院呈中轴线分布，四进五开间，由东向西层层递进，寓意学子步步高升。大门青砖门框，硬木门扇，门额楷书"西垣书院"四个大字，白底黑字，格外醒目。

第一进以门厅为中心，门厅宽8米，深6米，两侧各一间讲堂。门厅上方建魁星阁，面向大成殿，阁上供奉木雕魁星像。魁星是中国神话中所说的主宰文章兴衰的神，每逢农历七月初七，儒士学子都要集中到书院，在魁星阁下向魁星神像顶礼膜拜，祈求文运咸通，科举高中。

第二进以廊桥为中心，南北两侧对称，依次排列泮池、天井、讲堂。从门厅登三级台阶上廊桥，廊桥长8米，宽3米。天井宽6米，长8米，深50厘米，天井内各种一株紫荆树、一株夹竹桃树、一株福橘树。天井靠廊桥一侧挖一口半月形泮池，半径3米，深1.5米，两口泮池通过廊桥下的涵洞相连。书院地势高于四周农田，泮池在春夏季节才有积水，秋冬季节是干的，涵洞内冬暖夏凉。

第三进从廊桥登三级台阶上大厅（大成殿），大厅宽8米，深12米，中间竖立4根合抱大木柱，高大宏伟。大厅西壁正中神龛供奉孔子塑像，平时为大讲堂，春秋两祭时为祭祀孔圣人的场所。大厅两侧各两排房间，第一排两间，前面明间是先贤祠，供奉孔子72位弟子和历代圣贤以及本地有声望的乡绅牌位。后面暗间为储藏室。第二排4间学斋。大厅后面是后厅。

第四进中间一天井，宽5米，长10米，种满月季、栀子、美人蕉等花卉，花开时散发出诱人的香气。天井两边各一间讲堂，讲堂两边各设走廊。

第一进门厅及两侧讲堂屋顶为单坡屋顶，第二、第四进两侧讲堂屋顶为硬山顶，大厅屋顶为单檐歇山顶。地面除门厅两侧讲堂和前天井两侧讲堂外，全部铺方砖，非常干燥整洁、宽敞明亮。

西垣书院创办后，面向全村和周边几个村少年儿童招生，杨光元和范光威亲自坐席讲学，延聘名师授课，涵儒教泽，开化乡人子弟，培养了不少人才。据护田《杨氏宗谱》《范氏宗谱》统计，仅护田杨范两姓在光绪、宣统年间取得生员功名者30多人、贡生功名者10多人，约占总数的三分之一。如杨在堤两个儿子都是例贡，13个孙子4个生员，7个贡生，可谓书香满门。

最出名的有一代贤绅杨颂南，他历任江西黎川、定南二邑知县，从政二十五年，秉性耿直，不畏权贵，抑豪强，除恶吏，革弊政，敢于犯颜强谏；回乡后，敬老爱幼，敦邻睦里，热心地方公益，为造福乡梓竭尽全力；革命战争时期，联合本县议员以确切证据状告国民党顽固派柴毅部烧民房、劫民财、滥杀无辜，历数其罪，迫使上级把柴毅撤走；支持共产党革命事业，掩护与帮助游击队，为国为民做出了贡献。

书院创办者之一的范光威，淡泊名利，一生行善积德，以教书育人为业，当书院教席和私塾先生50多年，培育学生300多人。他曾考取恩贡生，授广东直隶州通判，但看破晚清腐败现状，谢绝到任为官，隐居万松庵继续当私塾先生，直至去世。

1966年以前，西垣书院保存完好，只是因时代变迁而多次改名。光绪二十九年（1903）改为西垣学堂，光绪三十三年改为西垣初等高等小学校，1918年改为第八区公立第一高等小学校，1947年为纪念贤绅杨颂南改为颂南国民学校，1949年改为护田初级小学，1950年停办两年，1952年初复办，1956年升级为完全小学，称护田小学至今。1966年，由于学生人数增多，原有教室不够用，拆除内部木质结构，改建为两进土木结构校舍，保留外墙和门楼。第一进为平房，南北各一排教室，每排3间；第二进为两层楼房，楼下中间大礼堂，大礼堂两边各两间教室，二楼为教师宿舍。1999年另外择址建设新校舍，书院遗址改建民房。

民国期间，护田小学毕业的学生有6人考上北京大学、厦门大学等高等学府，10多人考上师范等中专学校，10多人考上省立五中（今建瓯一中）、政和中学。

中华人民共和国成立后，护田小学发扬西垣书院尊师重教、学以致用的学风。从护田小学毕业后走上各级党政领导岗位的有10多人，大中专毕业生300多人，硕士、博士20多人，评上中高级职称50多人，还有许多走出校门，经商办企业，在各个行业做出优异成绩的精英才俊。

· 后记 ·

后　记

　　书院是儒家传道授业解惑的"大学",是中华文明以教立国的典范,是古代读书人寄托情怀与理想的精神家园,也是南平历史文化中极具代表性的符号。

　　2021年3月22日,习近平总书记考察武夷山朱熹园,并发表重要讲话,使我们对中华优秀传统文化价值的认识,提升到一个新高度,对书院文化的挖掘和整理,也进入了一个新阶段。中央文明办领导对南平书院在新时代精神文明建设中的作用提出重要指导意见。中共南平市委书记袁超洪强调要加强书院保护建设,充分发挥书院功能作用,开展新时代中华文明学习教育,推动南平绿色高质量发展。《弦诵悠长——南平书院古今》一书的成功出版,就是在这样一种浓厚的氛围中,在南平市委、市政府的高度重视下,通过全体参与人员的集体奉献而完成的。

　　编撰本书,目的在于深入学习贯彻习近平文化思想,落实南平市委市政府关于打造优秀传统文化传承发展标杆、打响世界级朱子文化品牌的部署要求,挖掘书院文化,助力新时代中华文明建设,为南平创建文明城市做贡献。

　　本书的编写,正式启动于2023年12月18日在谭召开的第一次座谈会。南平市本级和10个县(市、区)不同岗位、不同年龄的作者,迅速成立起一支文化志愿者队伍,大家满腔热情,齐心协力,紧紧围绕本书的编撰指导思想，以赓续文化薪火为己任，立足于南平和各县（市、区）的实际和特色，严谨考据，精心创作，反复修改，历时半年，至2024年5月底，全部书稿完成。

本书收集的40余篇文稿，在注重历史性、学术性的基础上，综合运用记述、引用、描写、联想、抒情等多种写作手法，或诗文并茂、文采飞扬，或点面结合，思接古今，并配以生动直观的图片资料，汇聚成一部兼具文化散文和学术研究特点、适合各层次读者阅读、为文旅结合宣传闽北发挥作用的文史作品，凝聚了各位作者的辛勤劳动、才华情怀和文化自信。

在创作编写过程中，邱建彬、李琦、张建光、马照南、王文谦、朱胜勇、刘东海、吴其群等领导、专家学者都对此书非常重视，并给予了重要指导。尤其是福州理工学院朱子文化研究中心主任、研究员方彦寿，花大量的时间精力，对本书的史实做了审核把关。福建教育出版社为本书出版付出艰辛工作。在此一一表示诚挚感谢。

由于水平有限，工作疏漏在所难免，敬请读者批评指正！

本书编委会

2024年6月16日